Detlev Werth, in Paris geboren, machte zunächst eine kaufmännische Lehre im Groß- und Außenhandel, verbrachte vier Jahre in Frankreich und trat dann in das familieneigene Handelshaus ein. Im Rahmen der Städtepartnerschaft engagiert er sich in der deutsch-französischen Arbeit.

Schon früh begann er mit dem Import von Orientteppichen. Heute ist er auf diesem Gebiet ein vielgefragter Kenner und Sachverständiger und hat in zahlreichen Fachpublikationen veröffentlicht.

1994 erschien sein erstes Buch *Orientteppiche – von Persern, Türken & Co. – Das Handbuch für Einsteiger.*

Dieses Buch wurde auf chlor- und säurefreiem Papier gedruckt.

Originalausgabe September 1995
© 1995 Droemersche Verlagsanstalt Th. Knaur Nachf., München
Das Werk einschließlich aller seiner Teile
ist urheberrechtlich geschützt.
Jede Verwertung außerhalb der engen Grenzen
des Urheberrechtsgesetzes ist ohne Zustimmung des Verlages
unzulässig und strafbar.
Das gilt insbesondere für Vervielfältigungen, Übersetzungen,
Mikroverfilmungen und die Einspeicherung und Verarbeitung
in elektronischen Systemen.
Umschlaggestaltung Agentur ZERO, München
Umschlagabbildung AKG, Berlin
Satz Ventura Publisher im Verlag
Druck und Bindung Elsnerdruck, Berlin
Printed in Germany
ISBN 3-426-60437-X

2   4   5   3   1

Detlev Werth

Höhlen, Trüffeln, dunkle Wälder

Geliebtes Périgord

Geleitwort

Trinkt, oh' Augen, was die Wimper hält,
von dem goldnen Überfluß der Welt!
(Gottfried Keller)

Gewidmet

meiner Frau, die die eigentliche
Entscheidung fällte für den Einzug
in ein kleines Paradies.

Inhaltsverzeichnis

Aufbruch

Einsteigen

Umsteigen

Aussteigen?

Aufbruch

Einstimmung für Périgordphile
und solche, die es werden wollen

Eine südländische, fruchtbarkeitsstrotzende Region wie das
bezaubernde, kaum entdeckte Périgord ein wenig ins Rampenlicht zu rücken ist ein Freude spendendes Vergnügen.
Zumal wenn diese Region von so heiteren, bejahenden
Menschen geprägt wird. Ein mystisch-märchenhaftes Land
im abgelegenen Südwesten Frankreichs, das seinen Charakter, seine Traditionen und seinen Charme bewahren und in
unsere Zeit hinüberretten konnte.
Man hört und liest gegenwärtig noch recht selten etwas über
die so ausgewogenen Schönheiten seiner Natur, seine einmaligen Attraktionen und Sehenswürdigkeiten, seine bo-
denständige Kultur und den dort heimischen, liebenswerten Menschenschlag stolzer Aquitanier mit auch bei uns so
bekannten Ahnen wie dem *Cyrano de Bergerac,* den außer
dem Namen und seinem hitzigen, aquitanisch anmutenden
Temperament rein gar nichts mit dieser südwestfranzösi-
schen Kantonshauptstadt verbindet, dem *mousquetaire d'Artagnan* und der unbändigen, bewundernswerten *Eleonore von
Aquitanien,* Herrin über riesige Kronländereien, die durch
Heirat und Erbschaften von England beansprucht wurden
und so den Hundertjährigen Krieg auslösten. Ohne nun
aber behaupten zu wollen, das Périgord sei noch immer ein
völlig unbeschriebenes Blatt oder gar ein weißer Fleck auf
der Landkarte. Schon lange nicht mehr. Glücklicherweise

aber ist es noch weit davon entfernt, überstrapaziert zu sein. Und obwohl schon bei der bloßen Erwähnung des Namens Périgord allen mir bekannten Franzosen zumindest das kulinarische Herz merklich höher schlägt und man über Küche, Land und Leute – ja, in genau dieser Reihenfolge – immer nur höchstes bis schwärmerisches Lob vernimmt, ist man dann jedoch um so verwunderter, daß nur wenige dieses landschaftliche Kleinod besucht haben. Das mag wohl an seiner Abgeschiedenheit jenseits der großen Verkehrsrouten liegen und daran, daß es bei allen Industrialisierungswellen großzügig übergangen wurde. Das aber ist heute sein größtes Kapital.

Über das Périgord zu erzählen ist also eine Möglichkeit, diese Lücke zu füllen und es – möglichst behutsam – aus seinem Dornröschenschlaf hervorzuzaubern – und für alle zugänglich zu machen. Die Tourismusbranche ist auch bereits erwacht, was sich an den stetig wachsenden Besucherzahlen des In- und Auslandes und der immer größeren Begehrlichkeit an Grund und Boden ablesen läßt. Der seit Jahren aufwärts weisende Preistrend für restaurierwillige, urige Bauernhäuser ist wohl der verläßlichste Indikator für aufkeimende Beliebtheit von Land und Leuten.

Das Périgord ist nicht Frankreich, und doch ist es Frankreich, diese recht homogene, aber dennoch sehr facettenreiche Nation, in deren Stadtbevölkerungen ständig neue Bürger von der *campagne*, also aus den ländlich-bäuerlichen Provinzen, einsickern und dadurch die Ballungsgebiete mitprägen. So schenken wir auch der Nation am Rande unsere Aufmerksamkeit, denn Franzosen mit Leib und Seele sind sie alle. Nicht, daß *la douce France* und sein verschwiegenes Périgord nun unbedingt nach Fremdartigem lechzen, aber man ist den Besuchern und Neuheiten gegenüber aufgeschlossener als in vielen anderen Gegenden. Man ist stolz auf seine alte, aquitanisch geprägte Gastfreundschaft und hat den Auswärtigen, egal welcher Nation, viel zu bieten. Man bleibt typisch französisch und integriert gefällige Dinge – so wie im übrigen Frankreich auch – gern und bereitwillig. Dabei wird manchmal bis zur Unkenntlichkeit französisiert. Schon bei der Aussprache. Kaum jemand gibt sich die Mühe, fremdländische Namen im Originalton auszusprechen. Und im Périgord dann natürlich liebenswert dialektgefärbt, ohne das uns sonst so vertraut klingende, nasale N, das hier wie unser N im Wort »eng« intoniert wird. In der Region des Dordogne-Kantons Sarlat wird es sogar zu einem deutlichen M: *bom, demaim, téléfom* … Wenn dann ein Ausländer so weit geht, diese N/M-Färbung zu adaptieren, hat er – schmunzelnde – neue Freunde gewonnen.

Die Beispiele für Lehnworte sind ebenso zahlreich, wie es neue Begriffe gibt: Ein Wohnmobil bleibt Englisch *mobilome*. Aus dem Versandhaus »Quelle« wird dann *Kell,* aus Maastricht dann *Matritsch,* aus dem englischen »gasoil« *gasoall,* aus »fuel« *fioul,* aus »Lufthansa« *Lüftansa,* »zick-zack« spricht man *süigh-saagh* aus, usw. Selbst die in Frankreich kreierte Comic-Figur des lonely cowboy »Lucky Luke«, der schneller als sein Schatten zieht, wird *Lüki Lük* ausgesprochen. Aber New Orleans war wirklich einst *Nouvel Orléans.* Und *Baton Rouge,* die Hauptstadt des US-Staates Louisiana müßte korrekterweise französisch ausgesprochen werden. So wie das kanadische *Montreal,* eine französische Gründung und Kultur- und Wirtschaftsmetropole der heutigen Frankokanadier, original ebenfalls ein französischer Name ist.

Eines der augenfälligsten Integrationsbeispiele einer ausländischen Sitte ist wohl der urdeutsche Weihnachtsbaum mit seinen Lichtern, Kugeln und Lametta, der bei unseren Nachbarn, wenn auch in den sechziger Jahren schon bekannt, trotzdem noch etwas absolut Exotisches war. Nur die von in Paris lebenden Ausländern eingerichteten Läden an den Seinequais boten zur Weihnachtszeit vereinzelt so etwas Ausgefallenes. Heutzutage findet sich der Christbaum in vielen Wohnungen und ist aus dem Weihnachtsschmuck des Straßenbildes nicht mehr wegzudenken.

In Ermangelung von Tannen und Fichten in diesem südlichen Landstrich, stellt man im Périgord dann langnadelige Pinien auf, hängt lebenslustige Blinklichter hinein und singt, sehr schön, in Anlehnung an den Originaltext, weihnachtlich fröhlich dazu: *» Un beau sapin, un beau sapin …«*[*]

In einer kleinen *tour d'horizon*, die zwar auf das Périgord ausgerichtet ist, aber das gesamte Frankreich einbezieht, geht es eben voran mit Europa, denn sogar die akkurat ineinander gelegten Einzelblätter des traditionellen Toilettenpapiers wurden inzwischen von den bequemeren Abreißrollen weitestgehend verdrängt. Erst vor kurzem hat man nun auch die gelben Autoscheinwerfer – eine nationale Individualität als leuchtendes Fanal französischer Besonderheit – dem Harmonisierungsanspruch der Brüsseler Eurokraten opfern müssen. Wieder so eine liebgewonnene Außenseiterrolle *perdu*. Während im Gegenzug bei den Nachbarn heutzutage kaum ein Neubau ohne *Bidet* erstellt und *Nouvelle Cuisine* als besondere Zubereitungsart und nicht etwa als neue Kücheneinrichtung begriffen wird. Ja, auch so profan wächst Europa Tag um Tag zusammen.

Handel und Industrie, Kultur und Wissenschaft, genaugenommen alle Lebensbereiche, verzahnen sich immer mehr unter den beiden großen Nachbarn. Was tut man nicht alles, um der europäischen Völkerfamilie zu zeigen, daß man es

[*] *»O Tannenbaum, o Tannenbaum …«*

14

ernst meint mit einem endgültigen Europagedanken. Aber immer sachte und streng bedacht auf Wahrung der eigenen Identität. An de Gaulles Vision des vereinigten Europas der Vaterländer halten sich alle im Parlament vertretenen Parteien – von links bis rechts. Dabei befürchten die Périgordiner nicht im geringsten, durch die Öffnung nach Osten eines schönen Tages an den Westrand Europas abzudriften. Selbstbewußt auf ihr Kleinod schauend, wissen sie, daß ihr wunderschönes Land erst am Anfang seiner Entdeckung steht.

Persönliche Gastfreundschaft gegenüber Fremden, besonders die unterentwickelte der hektischen Pariser, nicht die übergreifende, allgemeine Gastlichkeit der Franzosen, wird – ob zu Recht oder zu Unrecht, mag hier dahingestellt bleiben – hin und wieder bemängelt. Die herzliche Gastlichkeit der Nation, insbesonders die landauf, landab gerühmte des französischen Südwestens jedoch ist unbestritten von angenehmster Aufnahmebereitschaft und großer Toleranz gegenüber allen Miteuropäern geprägt. Sie ist geschichtlich in vielfältiger Form belegt und überbrückt auch verzeihend die Erlebnisse und Gewalttaten der jüngeren Vergangenheit gerade mit uns Deutschen, die jetzt als echte Freunde gern gesehen werden und sehr geachtet sind. Ein Erlebnis mag hier als eine Art beispielgebendes Privatdokument angeführt sein.

Als wir in den siebziger Jahren im dünn besiedelten Mittelfrankreich einmal abseits einer stark befahrenen Nationalstraße mittags an einem sonnigen Waldrand picknickten, näherte sich uns ein älterer Bauer auf seinem Traktor und hielt unvermittelt an, drosselte den Motor, beugte sich zu uns herab und fragte, unser Nummernschild betrachtend: »HH, ist das nicht Hamburg?« Als wir bejahten, strahlte er und verblüffte uns: »*Tiens, c'est mon coin. J'étais Kriegsgefange-*

ner à Wilhelmsbourg.« [*] Natürlich waren wir ziemlich perplex, auch leicht unangenehm berührt und betroffen, denn es gibt nun weiß Gott angenehmere Anknüpfungsmöglichkeiten. Unsere braundeutsche Geschichte hatte uns wieder einmal eingeholt. Da hilft auch keine Gnade der späten Geburt. Es ist fatal, aber unsere nicht einmal dreizehn Jahre tausendjähriges Reich verdrängen immer wieder die geschichtsträchtigen Jahrhunderte davor. So nachhaltig wirkt Barbarei.

Doch der freundliche Landmann beruhigte uns sofort mit einer alles wegwischenden, verzeihenden Geste und meinte gelassen und vielsagend, uns fast tröstend, es sei doch Krieg gewesen und seine Deutschen, die ihn nach seinem französischen Nachnamen *Estève* typisch norddeutsch Steffen nannten, hätten ihn immer korrekt behandelt. Er habe hart arbeiten müssen, aber sein *patron*, noch ein Sozialdemokrat von altem Schrot und Korn, habe nie etwas Ungebührliches von ihm verlangt. Und er als Franzose habe die fürchterlichen Hamburger Bombennächte mit ihnen durchstehen müssen. Die Deutschen hätten doch ihre Strafe bekommen – und nicht zu knapp –, und man müsse auch vergeben können. Die Menschheit, nicht nur die Deutschen, sollen solche Untaten aber nie vergessen, schon allein, damit sie sich niemals wiederholen. Ressentiments aber führen doch nur zu neuem Haß und neuer Gewalt. In der Erinnerung verblassen zum Glück die Abscheulichkeiten. Zudem sei er doch ein junger Mann gewesen, und – zwar könne er sich schönere Anlässe vorstellen – vielleicht wäre er sonst nie aus seinem Dorf herausgekommen. Und Heimweh – na ja, die deutschen Männer hätten doch an den Fronten gekämpft

[*] *»Sieh an, das ist ja meine Ecke. Ich war Kriegsgefangener in Wilhelmsburg.«* (Ein Stadtteil im Süden Hamburgs, Anm. des Verf.)

und so ein gut aussehender, drahtiger junger Franzose wie er …, *o là là*. Sie sind eben alle irgendwie und allzumal kleine Epikureer. Eine Lehrstunde in positivem Denken. Als sich dann auch noch herausstellte, daß er Kohlen zur Sternwarte nach Bergedorf, dem Hamburger Vorort, in dem wir damals lebten, kutschiert hatte und sogar unser Haus kannte, an dem er mit seinem Gespann immer vorbei mußte, sollte solch ein phantastischer Zufall auch ausgiebig gefeiert werden. Und auf dem Lande kann man feiern!

Nach diesem ganz persönlichen Versöhnungsfest, zu dem im Laufe des Abends immer mehr freundliche Dörfler stießen, erreichten wir unser geplantes Etappenziel mit weinschwerem Kopf erst spät am nächsten Tag. Aber wir hatten ein unvergeßliches Erlebnis mitgenommen, gewonnen unter herzlichen Menschen. Die uns beim Abschied aufgetragenen Grüße an seinen ehemaligen Wilhelmsburger *patron*, der fast in Tränen der Rührung ausbrach, als wir sie ihm überbrachten, provozierten dann die nächste Feier. Freundschaftsboten, das ist eine uralte Erkenntnis, müssen mit robusten Lebern gesegnet sein.

Das nun endgültig aufgelöste Spannungsfeld zwischen Franzosen und Deutschen spiegelt sich am eindrucksvollsten wider im gebeutelten Grenzvolk der Elsässer, die in den letzten 120 Jahren immer wieder unfreiwillig die Fahnen wechseln mußten und kaum noch wissen, wohin sie gehören sollen. Inzwischen sind einige sogar schon aufgebrochen zum Identitätstrip, sich als Elsässer europäischer Nation zu fühlen. Der in Frankreich sehr berühmte Schauspieler, *Germain Muller*, selbst Elsässer, erzählt hierzu eine amüsant-tiefgründige, aber sehr treffende Anekdote:

Als die Deutschen 1870–71 das Elsaß annektieren, wird es germanisiert – so nannte man das damals. Also alle französischen Namen werden eingedeutscht. Die Reichsbehörde vergibt die neuen Namen. »Wie heißen Sie? LAGUARDE? Auf Deutsch heißt das Wache. Also, ab jetzt führen Sie diesen Namen. Der nächste!« Aber schon 1918 kehren die Franzosen zurück und bestehen wiederum auf Namensänderung. Man macht das lässiger, eben französisch und übersetzt gar nicht erst. »Sie heißen Wache? Ihr Name lautet französisch jetzt *VACHE*!« 1940 dann marschieren wieder die Deutschen ein. Also zurück das Ganze: »*VACHE* heißt auf deutsch Kuh. Das ist jetzt Ihr Familienname!« Da aber erkennt der bisher stillduldende Elsässer die fürchterlichen Konsequenzen, und es reißt ihm nun doch der Geduldsfaden. »Nein, nur das nicht! Nicht mit mir! Denn wenn die Franzosen zurückkommen – und damit muß ich nach all dem rechnen –, werden sie diesen Namen wiederum französisieren, was dann ›Kü‹ ausgesprochen würde und phonetisch das gleiche Wort ist wie für französisch ›cul‹ – und das bedeutet schlicht und einfach Arsch! Und so will ich nun wirklich nicht heißen! Nein und nochmals nein!« Wir wissen allerdings nicht, ob die eher sturen deutschen Behörden ein Einsehen mit dem armen Mann hatten.

Für Zweisprachige ist das Elsaß auch heute noch sprachlich eine Schlitterpartie. Als ich einmal in Straßburg ein kleines Ersatzteil für mein Auto benötigte und in einer Tankstelle auf französisch nachfragte, entgegnete man mir äußerst pikiert, daß man im Elsaß als Deutscher doch bitte Deutsch sprechen möge. Man konnte mir aber nicht aushelfen und verwies mich an die Ersatzteilausgabe. Aus Erfahrung klug, fragte ich dort nun auf deutsch nach und handelte mir wiederum einen Verweis ein: »*Monsieur, vous êtes en France. Il faut parler français.*«[*] So kann's einem dort als Zweisprachiger ergehen.

[*] frei: »*Mein Herr, Sie sind in Frankreich. Sprechen Sie bitte Französisch.*«

Als gelernte, überzeugte und eifrige, aber immer noch ein wenig royalistisch angehauchte Republikaner – Adligen wird immer noch mit unverhohlenem Respekt begegnet – und praktizierende Demokraten, die es seit eh und je ausgezeichnet verstehen, die Obrigkeit kräftig zu piesacken, sprechen uns die Franzosen auch von daher in vielen Dingen aus der Seele. Wohl gerade, weil ihr Staats- und Nationalbewußtsein so ausgeprägt ist, geht ihr allgemeines Trachten instinktiv dahin, sich nur ja nicht von denen da oben einschnüren, gar überrollen zu lassen. Sie brauchen nicht erst wie die nun flügge gewordenen Deutschen zu skandieren: »Wir sind das Volk!« Das haben sie bereits 1789 beim Sturm auf die Bastille abgehakt. Und Bevormundung wird gerade mal nur so lange geduldet, wie sie keine spürbaren Einschnitte bringt. Ihr achtunggebietendes Aufbegehren als schwer manipulierbares Volk erleben wir staunend und mitfühlend immer wieder in den Tagesnachrichten. Und meist sind wir – heimlich oder offen – auf ihrer Seite. Eigenartigerweise sind wir das weniger bei unseren anderen großen Nachbarn, wie z.B. den Italienern oder Briten.

Welchen Demokraten freut es denn nicht, wenn er miterleben darf, wie französische Regierungen wieder einmal klein beigeben mußten, weil sie völlig am Volk vorbeiregiert hatten, und ein Franzose sich so etwas eben nicht bieten läßt. Das macht auch anderen Mut, ist beispielgebend für bekennende, kämpferische, aber dann auch anstrengendere Demokratie. Sicher, die Deutschen sind auch keinesfalls mehr so obrigkeitshörig und wissen inzwischen sehr wohl, ihre demokratischen Rechte zu wahren. Aber man ist weit weniger radikal, wägt immer wieder ab und sucht noch länger nach einem Konsens. Temperamentvollere Charaktere lassen sich eben nicht so lange hinhalten – oder sollen wir lieber sagen: »verschaukeln«? Franzosen sind europaweit wohl die Wachsten und begehren auch am schnellsten und heftigsten auf. Es ist also niemals verkehrt, ihrem hellwachen Demokratieverständnis aufmerksam zu folgen.

Kaum irgendwo sonst wird wohl so viel, so engagiert, ausgiebig und ernsthaft kritisiert und vehement geschimpft wie in Frankreich. Je südlicher man kommt – die kaum zu zügelnde Heftigkeit der Aqitanier ist im übrigen Frankreich fast sprichwörtlich –, um so temperamentvoller geht es dabei zu. Auf alles schießt man sich ein: die drückenden Abgaben und das staatliche Verprassen der sauer erwirtschafteten Steuern, die unfähige Regierung – egal, wer oder welches Spektrum gerade am Ruder ist, ob man sie nun gewählt hat oder nicht –, die Ämterpatronage – gern hätte man allerdings auch daran teil – und der offenkundige Nepotismus, die bummelige, arrogante Verwaltung, die gierigen Kaufleute, die raffigen, hochnäsigen Banken, das sich selbstbeweihräuchernde Management, die sogenannten *cadres,* und die selbstgefällig-prätentiöse, angebliche Nichtverantwortlichkeit aller Führenden, die doch nur zur eigenen Bereicherung an die Krippen drängen. Aber auch schon mal ehrlich selbstbekennend die eigene Disziplinlosigkeit kommt aufs Tapet. Auch Angst vor Überfremdung durch Andersgläubige und -ethnische ist inzwischen ein vorrangiges Thema.

Und dennoch hat ein jeder seine eigenen kleinen, sehr wichtigen Verbindungen zu gewissen nützlichen Schaltstellen, um oft Unmögliches für sich, aber auch seine Freunde zu bewerkstelligen, zumindest aber die Dinge zu erleichtern. Auf dem Lande, wo Abhängigkeiten weitaus zwingender und auch natürlicher sind, bekennt man sich viel offener dazu als in der unpersönlicheren Stadt. Ohne jedes schlechte Gewissen! *(un peu de piston*[*], wie es so schön heißt,

---

[*] frei: *Schützenhilfe*

schafft oftmals wahre Wunder.) Eine typische Umgehung wird immer eingeleitet durch die Formel: »Ach, Sie sind ein guter Freund von *Monsieur* oder *Madame telletelle*. Warten Sie, ich will mal sehen, was sich machen läßt.« Und es läßt sich fast immer etwas machen. Auch der widerwärtigste Beamte wird einen wirklich hilfesuchenden Mitbürger kaum im Regen stehen lassen. Um jedoch jedem Mißverständnis vorzubeugen – dieses System des Sich-gegenseitig-Unterstützens ist keinesfalls mit verwerflicher Bestechung zu verwechseln. Vom Nehmenden wird unausgesprochen erwartet, daß er sich später im Gegenzug ebenfalls und genauso erfolgreich in die Pflicht nehmen läßt. Auch wenn er kein Amt bekleidet, denn beispielsweise auch ein Automechaniker kann schnell mal seine pannenbereinigende Hand außerhalb der normalen Arbeitszeiten reichen. Und die Notwendigkeit, sich zu revanchieren, wird unweigerlich für jeden von ihnen kommen – und dann auch eingelöst.

Zur Abwehr und zum Inschachhalten setzen diese selbstbewußten, leicht aufbegehrenden Bürger, in denen immer noch ein klein wenig Revolutionär und Anarchist glimmt – man achte nur auf den kämpferischen Text ihrer Nationalhymne, der *Marseillaise* – in genialer Art und Weise ihre Umgangssprache ein, die viel würziger und direkter ist, als unser damit verglichen behäbiges, härter ausgesprochenes, aber auch präziseres Deutsch. Durch die temperamentvollen Sprachgewohnheiten in der wohlklingenden Modulation ihrer Phonetik, untermalt von einer uns völlig wesensfremden Gebärdensprache, erscheint uns diese kombinierte Ausdrucksform dann sogar noch aggressiver. Aber über diese luftmachenden, heftigen Lautäußerungen, gepaart mit lebhafter, armrudernder Gestik, braucht man sich wirklich keine ernsthaften Gedanken zu machen. Sie entsprechen vielmehr nur dem Fettgedruckten in der Schrift.

In ihrer sprachlichen Ausdrucksweise finden die Franzosen Drehs, die es ihnen ermöglichen, immer bei der »Wahrheit« zu bleiben. Ihre Sprachform erlaubt ihnen, sie zeitweilig mehr als dehnbar zu gestalten. So müssen sie den Bogen auch kaum einmal überspannen und können, will einer sie festnageln, auch noch im nachhinein geschickt interpretieren. Es ist so recht eine Sprache für die auf Offenhalten von Optionen bedachte Diplomatie. Wie sonst wäre es zu verstehen, wenn man Ungereimtheiten, augenfällig umgehend, in die beziehungsreiche, aber reichlich durchsichtige Formel gießt: *corriger la fortune!* – das Glück ausbessern, verbessern, ihm nachhelfen! So gesehen ist das geschickte Umschiffen prekärer sprachlicher Untiefen doch fast schon genial.

Die Franzosen leben deutlich bewußter mit und in ihrer klangvollen Sprache. Jeder scheint eine innere Bindung an sie zu haben, sich unbewußt wohl auch an ihr zu berauschen, so daß ein Ausländer immer wieder vermuten wird, daß sie wohl in ihre eigene Sprache verliebt sein müssen, sich wohlig in ihr baden. Deshalb achten und bewundern sie auch alle Nichtfranzosen, wenn diese fließend ihre schwierige Sprache beherrschen und sich dabei auch noch die entsprechende Gestik zu eigen machen. Spätestens dann hat man ihre volle Zuneigung gewonnen. Eine solche, fast intellektuell anmutende Akzeptanz auf gleichsam höherer Basis aber widerfährt einem sonst in keinem anderen Land.

Wer die Franzosen aufmerksam beobachtet und miterlebt, welch große Bandbreite zwischen hoheitlichem Anspruch und täglicher Anwendungspraxis besteht, wird erkennen, daß sie sich offenkundig einander doch mehr schätzen und dabei immer wieder auf alles, was Staat ist, maßvoll pfeifen. Ganz besonders auf dem Lande. Zwar gibt es immer noch die von der Regierungszentrale eingesetzten Präfekten, die die Departements verwalten, aber Paris ist weit. Überhaupt, die Hauptstädter sieht man gerne kritisch. Ein gemächlich auf der Landstraße daherzuckelnder Périgordiner, den ein heranfegender *Parisien* überholte, bemerkte ebenso verschreckt wie herablassend: *»T'a vu cet abruti de 75? Il m'a doublé comme un fou. Normalement si je vois un 75 sur la route, je me planque tout de suite. Tu comprends pourquoi?«*[*]

Um so verwunderlicher ist es, wie das Parlament immer mal wieder mit überzogenen Gesetzen, wie letztlich dem wenig bis nicht beachteten Raucherregulativ, am Bürger vorbeigaloppiert. Auch wenn sie temperamentvoll verbal aufeinander eindreschen, sie halten sofort wieder zusammen wie Pech und Schwefel, wenn Druck von oben oder außen droht. Dabei genießen sie es ganz besonders, dem Staat und dessen Bütteln immer wieder mit hämischer Freude ein Schnippchen zu schlagen. Manchmal gewinnt man fast den Eindruck, daß die kämpferische *Marianne-la-République* ihrem Volk diesen Freiraum zuweilen belassen muß – als Ventil wohl sogar auch gern gewährt. Ein abwägender Konsens zwischen Volk und Regierung – insgesamt jedoch ein überwiegend im Gleichgewicht ruhendes Staatswesen mit zeitweise heftigen Turbulenzen, denn wenn der selbstbewußte Bürger einmal aufbegehrt, geht es richtig und ohne Pardon zur Sache.

Wird ihr Land von außen beurteilt, hören Franzosen – zum Erstaunen aller – sehr aufmerksam zu und sind bereit, berechtigte Kritik anzunehmen, ohne sich lange zu winden. Umsetzen ist dann allerdings eine andere Sache. Das Selbst-

---

[*] *»Haste diesen 75er Blödian gesehn? Er hat mich wie ein Verrückter überholt. Normalerweise, wenn ich einen 75er* [Autokennzeichen von Paris] *auf der Landstraße seh', verdrück' ich mich sofort. Verstehst du nun, warum?«*

bewußtsein, in einer nach ihrem Verständnis *Grande Nation* zu leben, gibt ihnen diesen Rückhalt. Dabei sollten Nichtfranzosen erkennen, daß der Begriff *Grande Nation* lediglich eine rein innerfranzösische Angelegenheit und Betrachtungsweise ist und ganz und gar nicht dazu dient, sie anderen als Beispiel oder gar in ihrer Größe vorzuhalten. Heutzutage versteht er sich weniger militärisch, vielmehr kulturell. Und Napoleon, auch einer von denen, die das Heil militärisch in die Welt tragen wollten und dafür eine *Grande Armée* ins Verderben führte, wird im kontinentalen Frankreich nicht unbedingt hoch verehrt. Das zeigt sich schon darin, daß nur ein einziges, wirklich bedeutendes Denkmal von ihm existiert: seine Statue hoch oben auf der Siegessäule über der *Place Vendôme* in Paris. In seiner Heimat Korsika begegnet man dem größten Sohn dieser Insel verständlicherweise auf Schritt und Tritt. Es ist also wie mit dem eigenen Haus, das man über alles schätzt und in dem man gern ungestört leben möchte. Die *Grande Nation* verbleibt schön in den Grenzen des innig geliebten *hexagone,* aber bitte dann auch als künftiger Bankettsaal im europäischen Haus Gorbatschows.

Ein gewisser Klassengeist hat in der französischen Gesellschaft immer noch Bestand. Beispielsweise lassen viele Adlige, besonders die immer noch von einem Wiederauferstehen des bourbonischen Königreiches träumenden Royalisten, es sich nicht nehmen, auch noch heute alljährlich am 21. Januar Messen zu lesen für den unglücklichen, an diesem Tag auf dem Schafott hingerichteten französischen König Ludwig XVI. Dieses traurige Ereignis liegt nun immerhin schon über zweihundert Jahre zurück.

Ein Arbeiter fühlt sich als ein solcher mit überzeugtem Sozialprestige. Ein *cadre*, also die Allgemeinbezeichnung französischer Führungskräfte, die in Eliteschulen und Technokratenschmieden herangezogen werden, wird tunlichst an seiner gesellschaftlichen Position für alle sichtbar festhalten. Je höher, desto mehr ein kleiner *roi soleil*, ein Sonnenkönig (verschnitt). Dabei verbleibt Neid in normalen Grenzen. Jeder bewegt sich einigermaßen abgegrenzt und selbstbewußt in seiner sozialen Schicht, und kaum einer will in des anderen Bereich wirklich eindringen.

Bis plötzlich ein unwissender deutscher Volontär, direkt unterstehend der Geschäftsleitung, daherkommt und dieses festgefügte Miteinander einfach übergeht. Er will, als Arbeiter im Blaumann verkleidet, an den Webmaschinen zu seiner Ausbildung mitarbeiten. Entweder ist der etwas verrückt – meinen übrigens beide Seiten –, oder er ist vielleicht von der Geschäftsleitung als *agent provocateur* eingeschleust, meint man unten. Wie sich dann aber zur Erleichterung aller herausstellt, ist er wohl nur etwas exzentrisch. Vielleicht doch ein Engländer? Nein, nur ein typisch wißbegieriger, arbeitseifriger Deutscher. Die sind eben so. (Übrigens wohl das einzige Mal im meinem Leben, daß mir diese Beurteilung widerfuhr.) Laß ihn nur machen. Er wird auch wieder gehen. *D'accord*[*], pumpen wir ihn also voll mit unseren Techniken.

Einmal von meinen Arbeitern akzeptiert, war ich aufgenommen, wenn auch nicht als einer der Ihren. Sie waren einfühlsam, fühlten sich geehrt und lehrten mich mit Geduld und großer Hingabe, die Seidenstoffe für die *Haute Couture* zu weben, ihre Arbeitssystematik anzuwenden, ihre kleinen, manchmal genialen Verfahrenstricks, ihre Materialsicherheit zu bewundern und ihr Abstandsbegehren gegenüber denen da oben zu tolerieren. Begriffen habe ich diese Verweigerungshaltung allerdings nie, denn auch von oben

---

[*] *einverstanden, also gut,* (hier sinngemäß:) *meinetwegen*

hat sie keiner provoziert. Ihr kraftvoller Sprachschatz als Lebensschule in Ergänzung meines farblosen Schulfranzösisch aber wurde für meine Lehr- und Wanderjahre ein unverzichtbares Gut und hilft mir noch heute aus heiklen Situationen heraus. Meine Schimpfkanonaden waren damals so ausgepicht, daß selbst ein Pariser Taxifahrer im Streitgespräch vor Scham rot anzulaufen drohte. Nur meine das Französisch so sehr verehrende Mutter war entsetzt – der Vater hingegen begeistert.

Einem Exkurs über die berühmte französische Küche, die sich aber auch durch das gesamte Buch wie ein roter Faden zieht, ist zusätzlich ein eigenes Kapitel gewidmet – »Périgord mit Gaumen« –, das sich jedoch vorwiegend unserem hier im Vordergrund stehenden Landstrich verpflichtet. Einer Kochkunst, die schon höchste Weihen erfahren hat und immer wieder Meisterköche in die Kapitale und rund um den Globus entsendet. Diese Botschafter der Geschmacksnerven, die den Ruhm périgordinischer Kochkünste mehren, trifft man in allen Himmelsrichtungen dieser Welt. Wer auch kann schon sonst so etwas Außergewöhnliches wie die geheimnisumwitterte Périgord-Trüffel aufbieten? Einen betörend duftenden Würzpilz, der als Diamant der Gourmets geführt, mehr und mehr zum Kultprodukt der *Haute Cuisine* herangereift ist.

Mit all diesen Voraussetzungen in Frankreich beruflich engagiert zu sein und immer wieder Urlaub zu machen muß dann wohl eines Tages ganz zwangsläufig zu einem Ankerplatz führen. Meine Frau schlug den ersten Nagel ein. Sie war glücklicherweise die treibende Kraft, sich im Périgord mit einem Feriensitz anzusiedeln. Völlig ungeplant und sehr spontan. Und so sind wir nun seit fast zwanzig Jahren hin und her gerissen zwischen unserem geliebten Hamburg, in dem wir uns fest verwurzelt fühlen, und dem südländischen

Périgord, das uns mittlerweile ans Herz gewachsen und zur zweiten Heimat geworden ist. Das wir auch nicht mehr missen wollen und können. Die Gestaltung dieses zweiten Hafens könnte allein schon Bände füllen und findet sich in einer freudig lebendigen Schilderung in diesem Buch, über mehrere Kapitel verteilt, wieder.

Vergessen wir über all dem nicht die aquitanischen Menschen, geboren in eine Landschaft, über deren Reflexion auf sie man ähnlich philosophieren könnte wie über den ewigen Ursprungsstreit von Henne oder Ei: Hat nun die liebliche Landschaft die Leute geprägt? Oder ist ihr jahrhundertelanger, gestalterischer Eingriff in ihre Umwelt, die Wechselbeziehung des aktiven Sicheinbringens in die sie umgebende Natur, das eigentliche Geheimnis ihres zugänglichen Wesens und ihrer von innen kommenden Herzlichkeit? So oder so, es bleibt immer eine Rückkopplung. In jedem Fall prägen sie dieses Land nachhaltig, erfüllen es mit Leben und gezügeltem bis heftigem Temperament, bereichern es mit Frohsinn, sind stolz auf ihre unverwechselbare Heimat und standfest erdverwachsen in ihrer nach außen strahlenden Gemessenheit. So wie man es von einer bodenständigen, im Umgang mit der Natur erfahrenen Landbevölkerung auch erwartet, wie man sie allerdings heutzutage durch die bewegte Fluktuation Land-Stadt-Land immer seltener im weiten europäischen Umkreis findet. In etwa so bodenständig, erdverwachsen und naturverbunden, daß Seelenheiler hier Hunger leiden würden.

Jahrhunderte hin und her gerissen zwischen englischen Erbschaftsansprüchen an Aquitanien und der Verbundenheit mit der französischen Krone, der wiederholten Auflehnung in blutigen Bauernaufständen gegen die ausbeuterische Obrigkeit, hat sich hier auch ein recht kämpferischer Menschenschlag herausgebildet, der bis heute ein überproportionales Kontingent in allen Waffengattungen des französischen Militärs stellt. Kurzum, ein wenig vom Geist des schlagfertigen, dabei gern temperamentvoll aufbrausenden und doch zugleich auch liebenswerten *Cyrano de Bergerac* schlummert noch immer in jedem echten Aquitanier.

Ihre friedfertige Devise und Lebensweisheit, Ungeduld und Hast tunlichst den verwirrten Städtern zu überlassen, schafft ihnen Freiraum und Überblick. Man kann es förmlich greifen, wenn sie so bei sich denken: »Wir Périgordiner werden sie lehren, daß nur in der Ruhe die Kraft liegen kann, dem zeitweisen Unbill des Lebens Paroli zu bieten. Sie sollen nur alle gern kommen, nervös und hektisch, wie sie sind. Wir krempeln sie schon um! Denn morgen ist auch noch ein Tag. Und, bitte, schau genau hin – das Gras wächst auch nur durch Zusehen.« Und wer einmal im Périgord gebaut hat, wird ein Lied über ihre Gelassenheit und Termintreue, aber auch ihre bewundernswerte Handwerkskunst und ihr natürliches Stilgefühl singen können.

Eigentlich müßte das Périgord heraldisch eine russische Madrioschka – die holzgedrechselte, ineinandergeschachtelte Puppe in der Puppe – im Wappen führen. Denn diese traditionsreiche altehrwürdige französische Provinz des königlichen Frankreich offenbart, verborgen und geschützt unter dem leicht zu öffnenden Innern, Hülle um Hülle, Facette um Facette, einen immer neuen, anders dekorierten Kern. Ein wenig ahnen lassend, was da denn jetzt kommen wird, wobei die Konturen immer konstant der umgebenden äußeren Nation Frankreich im Gesamtwesen entsprechen, sie verinnerlichend und auch auslebend. Ein Land und Volk, berechenbar, aber auch immer gut für Überraschungen, spannend und ruhig zugleich – rundum so recht zum Wohlfühlen.

Warum gerade Périgord ?

Vieles in unserem ganz persönlichen Leben wurzelt ja in Bereichen, die uns längst entfallen sind, in Vorgängen, die wir nicht weiter beachteten, die uns auch niemals so recht bewußt geworden sind, die wir ganz einfach zur Seite geschoben und oft erst sehr viel später bemerkt haben. Dann aber, wenn wir uns die Muße und Zeit nehmen, wenn es uns endlich gelingt, Streß, Hast und Druck abzuschütteln, um einmal ein wenig, nur ein ganz klein wenig mehr und nur über uns nachzudenken, werden uns doch plötzlich Erlebnisse, Randgeschehnisse und – übergangene – Erfahrungen bewußt, die einen gar wunderlichen und eigentlich vorwiegend angenehmen bis förderlichen Einfluß auf unseren Werdegang genommen haben. Tief verborgen, wie unter einer aufbrechenden Kruste, erscheint mit einem Mal Erkenntnis. Also mag hier die selbstgestellte, im Grunde genommen sehr subjektive Frage gestattet sein: »Warum nun ausgerechnet ins Périgord?« Hat denn alles eine besondere Fügung? Gar seinen tieferen Sinn? Wo doch das liebliche Frankreich – vor kurzem ja noch fast doppelt so groß wie die Altbundesrepublik Deutschland – noch etliche andere, schöne Ecken aufzuweisen hat. Fragen und Antworten sollen hier deshalb auch ganz persönlich gestellt bleiben. Einmal abgesehen von der im mediterranen Klima erstrahlenden Provence, dem Lichthof der Maler, und dem verführerischen Lockruf der Côte d'Azur, wo Palmen bereits von tropischen Gefilden künden, üben auch zahlreiche andere Gegenden Frankreichs auf viele Nichtfranzosen einen eigentlich mysteriösen Reiz aus. Sind doch Deutschlands Landschaften, eingestandenermaßen, abwechslungsreicher. Bei aller Bewunderung der raffinierten französischen Küche – schließlich wird sie heutzutage schon europaweit serviert –, der leichteren Lebensart, des Modeavantgardismus, der temperamentvolleren Mentalität und der durchweg lebens- und genußbejahenderen Einstellung unserer romanisch geprägten Nachbarn, ist es deutlich eine durch diese Gesamtheit begründete Emotionalität, die viele Ausländer so sehr anzieht, daß sie sich – einmal hiervon etwas ausgiebiger gekostet – gar nicht so selten zum langjährigen Verweilen entschließen. Und zudem oft auch noch, ohne anfangs dieser klangvollen aber doch so schwierigen Sprache mächtig zu sein.

Eine englische Freundin, die seit nunmehr zwanzig Jahren jedes Jahr drei bis vier Monate in ihrem Landhaus im Périgord verbringt, ist noch immer voller Staunen, wie Ausländer es überhaupt schaffen können, sich fließend auf französisch zu unterhalten. Sie vermag es nicht, hat es auch nie ernsthaft versucht und schüttelt immer ungläubig den Kopf über so viel Zungenfertigkeit und Einfühlungsvermögen. Eigentlich erwartet sie von den Einheimischen, daß diese ein wenig Englisch lernen, damit sie sich auch mit ihnen unterhalten kann. Und trotzdem liebt sie Land und Leute auf das Innigste, obwohl ihr sogar die Küche mit den vielen eigentümlichen Dingen suspekt ist. Sich demonstrativ schüttelnd, ist eine ihrer markantesten Feststellungen des Nichtbegreifens: »*And they eat frogs!*«[*] Aber das Empfinden, lie-

* »*Sie essen sogar Frösche!*«

benswerten Menschen zu begegnen, genügt ihr vollends – sagt sie.

Freuen und wundern wir uns darüber und lassen wir es ruhig dabei bewenden. Eine schlüssige Beantwortung fiele uns sicher zu schwer, um sie im Rahmen dieses Buches erschöpfend abhandeln zu können. Es ist ganz einfach so, daß die Summe all dieser Gesichtspunkte sehr individuell zu werten ist. Oder mit dem Alten Fritz, dem Französisch eine zweite Natur war, gesprochen: »*Chacun à son goût*« [*]. Dieser Individualitätsanspruch, also diese ausgeprägte Geisteshaltung der Franzosen – noch deutlicher zutage tretend bei den bisweilen hitzigen Périgordinern –, birgt wohl das eigentliche Geheimnis ihres sehr persönlichen Freiheitsempfindens bis hin zum Störrischen. Es mag diese ein wenig epikureische, ichbezogene, dabei aber nicht unbedingt störend individuelle Einstellung sein, die eine wichtige und sehr akzentuiert geschliffene Facette in der Attraktivität ihrer lebens- und liebenswerten Nation ist. Mit diesen in die tagtägliche Praxis umgesetzten Ansprüchen läßt es sich auskömmlich leben. Sich erregen und trotzdem alles leicht zu nehmen ist eine hohe Kunst, die sie eben vielen voraus haben. Insbesondere den Eiferern.

In jungen Jahren, beim Start ins Leben, gibt es gewiß viel pragmatischere Ansätze und Gründe, nach Frankreich zu gehen: In erster Linie will man die Sprache erlernen, auch wenn sie einen in der Schule noch so gequält hat. Man spurt es ganz unbewußt, daß sie einen Bezug zu einer besonderen Lebenseinstellung haben muß, den es zu ergründen gilt. Wissensdurstige möchten mal gern auf Universitäten jenseits der zu eng gewordenen Landesgrenzen studieren. Andere vielleicht folgen ganz simpel nur der Einflußnahme

---

[*] »*Ein jeder nach seinem Geschmack.*«

frankophiler Eltern oder Freunde. Einige wiederum träumen – sehr zu Recht – vom schönen, charmanteren anderen Geschlecht. Oder man will in den so wichtigen Wanderjahren der inneren Unruhe dem Drang nach Neuem seinen Lauf lassen und den Ausbildungs- und Erfahrungshorizont im Ausland weiten. Ein fruchtbares Unterfangen, diese Walz, wie uns die wandernden Handwerksburschen seit Jahrhunderten beweisen. Fahrende Gesellen in ihrer traditionellen Kluft, über die *Champs Elysées* flanierend, erregen zwar große Aufmerksamkeit, aber ihre althergebrachten Zunfttraditionen sind europaweit bekannt, gewürdigt und hochgeachtet. Mit ihren unverfälschten Gebräuchen führen sie uns seit langem vor, wie wichtig jede Toleranz, jeder Austausch, jedes Verweilen – will ich ihn denn ernsthaft verstehen – im Alltag des Nachbarn ist.

La douce France hält sich also bereit und ist eine dafür bestens geeignete Plattform. Letztendlich so geschehen auch mit mir, den der Magnet Paris vier prägende, wundervolle Lehrjahre in seinen Bann zog. Es ist ein großes Glück, daß diese Zuneigung ein Leben lang bestehen bleibt. Eine Bindung, die fest und dauerhaft durch alle Fährnisse geleitet. Sie wirkt fast wie ein schöpferischer Quell, aus dem man späterhin, ganz nach Bedarf und Laune, neue Energien tanken und nachladen kann.

In dieser faszinierenden Stadt gibt es zudem ideale Studentenbuden, die sogenannten *chambres de bonne*. Ehemals Dienstbotenzimmer in den obersten Stockwerken, werden diese Kleinstwohnungen heutzutage anderweitig vermietet. Dienstpersonal ist mittlerweile sowieso ausgestorben. Man wohnt herrlich sturmfrei über den Dächern von Paris, meist in engster, fröhlicher Nachbarschaft mit Gleichgesinnten und ebenfalls unter einem recht internationalen Völkchen, das es auch hierher gezogen hat. Diese Freiheit aber kostet

Puste, denn man muß leider meist über unsäglich steile, enge und kräftezehrende und deshalb immer wieder verfluchte Dienstbotenstiegen in nie endenden Schneckenwindungen seine kostbare Freiheit keuchend erklimmen. Nach einer durchbummelten, bezechten Nacht ist diese Stiege wahrlich eine letzte Herausforderung und echte Kraftprobe zwischen meist schon alkoholschwankendem Parterre und dem in schwindelnder Höhe lockenden, wohligkuscheligen, heißersehnten Bett. Dann summt keiner mehr Gershwins »Ein Amerikaner in Paris«. Höchstens gerade noch die Zeile »… *ici gît le roi des buveurs!*«[*] aus dem französischen Trinklied »*Chevaliers de la Table Ronde*«[**]. Spätestens dann darf man sich Luft machen mit dem landesweiten Dauerfluch »*merde!*«, was am ehrlichsten zu übersetzen wäre mit dem plattdeutschen »Schiet«, also nicht gar so schlimm klingt, wie hochdeutsch ausgesprochen. Um unnötiges Treppensteigen zu vermeiden, wird dabei in einem dankenswerten Nebeneffekt zudem das Gedächtnis rabiat trainiert – mit der drohenden Schreckensvorstellung: »Vergiß bloß nichts, sonst mußt du wieder runter!«

Nicht nur diese schnuckeligen *chambres de bonne* sind über die gesamte Metropole verteilt, auch kleine, sehr individuell geführte Spezialitätenrestaurants aller französischen Landsmannschaften und gastronomischer Nationen gibt es in jedem Winkel von Paris. Manche solcher Gaumenfreuden werden wichtigtuerisch wie Geheimtips oft nur unter der Hand verraten, zumal wenn die Preise relativ moderat sind. Und so ein bescheiden-renommierter Gourmettempel lag, klein und beschaulich, ausgerechnet genau gegenüber, unterhalb meines Dachjuchhes in der Rue de Tocqueville im

[*]   »… *hier ruht der König der Trinker!*«
[**] »*Ritter der Tafelrunde*«

siebzehnten Arrondissement. Dieses seine Kochdüfte ins Umfeld aussendende Lokal hieß – wen wundert's – *Le Péri-gord*. Das sagte mir zu der Zeit noch gar nichts, um so mehr aber meinen Franzosen. Erster, indirekter Berührungs-punkt also auf rein kulinarischem Feld, was gerade in Frank-reich wegweisend ist und gewissermaßen einer Art Initial-zündung gleichkommt.

Wie oft habe ich, immer dann, wenn ich meine Wäsche aus der benachbarten Reinigung abholte – Madame bügelte mir damals noch meine Hemden extra mit akkuraten Falten per Hand –, mit wässerigem Mund die wundersame Speise-karte in ihrem kunstvoll geschmiedeten Türständer be-staunt und verschlungen und überlegt, wie ich mir ein solch reizvolles Menü nur finanzieren könne. Von wegen zu teuer! Madame gab die nie vergessene Lebensweisheit aus: »*Jeune homme* *, wer sinnvoll spart, und das kann jeder, genießt an anderer Stelle mit um so höherer Achtung!« Wer aber animiert in Deutschland einen jungen Mann zum Sparen, allein um sich ein aufwendiges Essen in einem renommier-ten Restaurant zu leisten? Das lag seinerzeit unserer Nation und meiner Erziehung (lieber schiefgelaufene Absätze als Schulden!) wahrlich noch sehr fern. Heutzutage, wo auch in Deutschland ein jeder ohne Reue genießen will und darf, wohl weniger. Im Frankreich der Genießer jedoch galt schon immer die ironische, nationale Selbsterkenntnis: »*Le Français vit pour la bouffe!*« **

Nun ging es zwar nicht so weit, daß ich wegen unerfüllter Menüträume Tantalusqualen litt. Wie aber sollte ich dage-gen ankommen, wenn die mich besuchenden französischen Freunde – es waren übrigens meist eher Freundinnen, die

---

* *Junger Mann*
** (frei:) »*Vor allem lebt der Franzose fürs Essen!*« (genauer:) *Fressen*)

unweigerlich an diesem kulinarischen Dreh- und Angelpunkt vorbei mußten – mit glänzenden Augen schwärmten von so fremdklingenden, périgordinischen Köstlichkeiten wie einer *omelette aux cèpes* (Steinpilzomelett), einer getrüffelten *foie gras* (Stopfleber), dazu einen lieblichsüßen *Montbazillac*, einem *confit d'oie* (eingemachtes Gänseklein) oder gar einem *magret de canard* (Entenbrust) mit *pommes sarladaises* (Bratkartoffeln nach Art *Sarlat*), gesottenen Pfifferlingen oder Morcheln und Maronen? Alles begleitet von einem roten, erdigen *Pécharmant.* Zum Abschluß einen *cabecou* (kleiner Ziegenkäse*)*, gefolgt von einem *gateau aux noix* (Walnußkuchen)?

Meine Welt allerdings war eher eine fruchtige *omelette à l'oseille*[*]: 3 Eier, schön mit einem Schuß Milch oder *Crème fraîche* verquirlt, etwas Butter in die Pfanne, eine Handvoll Sauerampfer frisch vom gegenüberliegenden Markt *Marché Lévis* dazugegeben. Bei mäßiger Hitze kurz braten, anschließend nach eigenem Gusto salzen, pfeffern, und in nullkommanix ist ein erstaunlich preiswertes und überaus schmackhaftes Junggesellenschnellgericht fertig, das sich auch der linkischste Selbstversorger hurtig zubereiten kann. Man kann noch mit einem Teelöffel gehackten Schnittlauchs raffiniert verfeinern. Alles begleitet von einer knusprigen *Baguette*[**] oder der kleineren *ficelle*[**], die für eine Person ausreicht. Dazu dann einen einfachen, kräftigroten, zwölfprozentigen Tafelwein aus dem Supermarkt und zum Abschluß einen herzhaften Munsterkäse mit ein wenig Kümmel bestreut (sehr gut für die Verdauung). Das, Leute, ist Leben!

Zwar habe ich keineswegs wie ein *Clochard* gelebt, aber in

[*] *Sauerampfer* (scherzhaft auch für Geld)
[**] mittleres und kleines französisches Stangenbrot

puncto Finanzen waren wir uns volkswirtschaftlich oft recht nah. Jedoch, wenn man nur wirklich will, finden sich natürlich auch Mittel und Wege, und bei genügenden – an sich schon zu ausufernden – Verzichtübungen und Eingriffen in andere Etatposten, so wie *Madame* empfohlen hatte, ergibt sich dann – wenn auch leider viel zu selten – irgendwann eine Möglichkeit auch für darbende Kapitalschwache. Allerdings leider in Ausgabenrelationen, die hierzulande mit Sicherheit noch immer ein ernstes Kopfschütteln hervorrufen würden. Dann merkt man bald: Der Sinnengenuß eines opulenten, widersinnigerweise auch noch vom Munde abgesparten Mahls mit vor Freude vibrierenden Geschmacksnerven, den Genuß schon vorab verinnerlichend, währt ewig. Man glaubt, fast den Reiz des Périgord herauszuschmecken. Gewissermaßen und im wahrsten Sinne des Wortes erlebt: Périgord mit Vorgeschmack.

Nicht nur die Speisekarte war so ganz anders, nein, auch der Einblick in die Landschaft auf den aushängenden Postern und Fotos im Restaurant machte neugierig: sanftwellige, grüne Hügel, bestanden mit weiten, dichten Laubwäldern, felssteingemauerte Häuser und Bauernhöfe, herrschaftliche Schlösser und wehrhafte Kastelle zuhauf, anheimelnde, lieblich gewundene, pappelgesäumte Flüsse, sich abwechselnd mit schroffen, hochaufragenden Felskliffs und Dörfer, die wie hineingezaubert in dieses Szenario wirkten. Eine gewaltige Urlandschaft, aber trotz allem mit einschmeichelnder Sanftmut. »Na ja«, sagte ich mir, »da fahre ich eines Tages ganz bestimmt mal hin.« Und wenn ich sie dann schon haben sollte, mit meiner Familie. Doch dann hat man bald alles vergessen. Und üblicherweise pflegt es beim Wunsch zu bleiben. Aber, wie wir sehen werden, er sollte doch Wirklichkeit werden.

Die nächste Berührung mit dem Périgord kam unweigerlich

durch mein Interesse an europäischer Vor- und Urgeschichte. Die Steinzeithöhlen mit ihren so ungeheuer beeindruckenden Malereien des Jüngeren Paläolithikums sind ausgerechnet und dicht an dicht vorwiegend im Périgord anzutreffen. Schon der Urmensch wußte eben, wo es angenehm war, und die Archäologen sprechen pfiffig vom Paradies der Vor- und Urgeschichte. Allerdings ein sehr kaltes Eiszeitparadies mit Tundralandschaft und nur handhohen Zwergbirken als Waldbestand, jedoch überaus wildreich, wie die Funde und die vielen Felsbilder eindeutig bezeugen. Also wohl doch ein Garten Eden für nomadisierende Jäger und Sammler.

Klangvolle Namen wie *Lascaux, Font de Gaume, Combarelles, La Mouthe, Bernifale, Rouffiniac-La Grotte aux 100 Mammouths* und *Bara Bahau* graben sich unauslöschlich ins Gedächtnis ein. »Also«, hämmerte ich mir ein, »die mußt du unbedingt eines Tages besichtigen.« Auch dies meist ein bloßer Vorsatz. Doch nicht in unserem Fall. Wenn auch noch Jahre vergingen und andere Länder und Gegenden Frankreichs vorerst für uns Vorrang genossen, bis wir, nach allen Umwegen, letztendlich die Kurve nach Aquitanien bekamen.

Beruflich zog ich damals fast jedes Jahr durch den Vorderen Orient. Marco Polo im Westentaschenformat. Und ausgerechnet auf einem iranischen Inlandsflug von Isfahan nach Teheran machte ich – Zufall oder ein Wink des berühmten Schicksals – die Bekanntschaft eines Périgordiners aus dem kleinen Flecken Mouzens, der als Wasserbauingenieur im Auftrag der zur UNO gehörenden FAO einem Forschungsbegehren im Iran nachkam. Das erste Mal also von Angesicht zu Angesicht mit einem Einheimischen, und ulkigerweise weitab und so fern vom Périgord, hoch über den Wüsten Persiens. Da muß doch etwas dran gewesen sein. Er war ein fest in seiner Heimat verwurzelter Mensch, der mit

Begeisterung und der so wichtigen Authentizität das schilderte, was in unseren Köpfen – inzwischen war nun auch Familie da – im Laufe der Jahre bereits recht deutlich Gestalt angenommen hatte. Trotz allem gingen noch vier lange Jahre ins Land, bis wir 1976 endlich in die Périgord-Gerade einschwenkten.

Kurz nach Rückkehr von unserer ersten Urlaubsreise ins Périgord trafen wir zufällig im Geschiebe der Großstadt unsere seit langem in Hamburg lebende französische Freundin, Marie-Pierre, die wir inzwischen aus den Augen verloren hatten. Auch sie war zu unserer großen Überraschung zwei Jahre zuvor mit einem Feriensitz in diesem idyllischen Landstrich bei der mittelalterlichen Stadt Domme vor Anker gegangen. Wieder so ein Zufall?

Eine Aneinanderreihung vermuteter oder eingebildeter, vielleicht auch zurechtgekneteter, aber von uns doch unbeabsichtigter Umstände und Zufälle wiesen uns, so scheint es im nachhinein, den Weg ins zauberhafte Périgord. Und gerade heute, bei all der uns umgebenden Ruhelosigkeit scheint es besonders wichtig und angebracht zu sein, immer mal wieder aufmerksam nach innen zu horchen, der inneren Stimme bewußter zu lauschen und – uns allen eine Chance gewährend – ihr auch vertrauensvoll nachzugeben. Das haben wir dann – damals noch ganz unbewußt – getan und so ein kleines Paradies, ganz ohne die Hektik des sonstigen Lebens, abseits der großen Routen und doch so nah, gefunden.

Sie können es auch – denn fortwährend ergießen sich aus dem satten Füllhorn des Périgord im Wechsel seiner Jahreszeiten sich ablösende Saisonfreuden auf uns hernieder:

Das Frühjahr mit seiner wiedererwachenden, erblühenden Natur und seiner seidenweichen Luft läßt die Erde aufbrechen und kraftvoll duften. Wenn die auf französisch *prime vert*, erstes Grün, genannten Schlüsselblumen am Boden der jetzt noch unbelaubten Wälder ihre Knospen aufsprengen und die eingestreuten Wildkirschen wie weiße Wattetupfer die Hänge zieren, zeigt sich, in welch erwartungsvoller Pracht und Vielfalt sich das Périgord entfalten wird, von den Überraschungen kündend, die es in der nun nimmermüden Wachstumszeit noch hervorzubringen gedenkt. Erste, zarte Frühjahrsmorcheln recken ihre Köpfe jetzt schon aus der Erde und warten nur darauf, fürs Omelett gefunden zu werden.

Wenn die Wälder – nun voll belaubt – die Hügel beschirmen, den nahenden Sommer anzeigen und die reichen Farbkleckse der vielen Wildblumen das Auge erfreuen, steigen Thermometer und Stimmung. Die ersten unter südlicher Sonne gereiften Erdbeeren versüßen das Leben.

Im Juni, wo es schon recht heiß werden kann, kündigt sich den Fremden bereits der Hochsommer als begehrteste Jahreszeit an. Monate, die die Touristen zum Wandern, Baden, Sonnenanbeten und Faulenzen am meisten anlocken. Die lauen Sommerabende laden zum vertrödelnden Plaudern ein. Immer mehr Gemüsesorten bereichern die Küche.

Wenn im Spätsommer dann die Felder abgeerntet werden, die Scheuern reich gefüllt sind und der Tabak in den Darren trocknet, gelangen aus den Bauerngärten saftige, zuckersüße Früchte auf die Tische. Die Weinlese naht. Und jetzt beginnt endlich die von manch einem schon sehnlichst erwartete Pilzzeit. In feuchteren Jahren werden dann kapitale Pfifferlinge, Steinpilze und Wiesenchampignons in ansehnlichen Mengen in die Körbe gesammelt.

Der den Kreislauf beendende Herbst, in dem die Edelkastanien aufgelesen werden, bäumt sich in aller Farbenpracht der nun bald fallenden bunten Blätter noch einmal gegen den unaufhaltsam einziehenden Winter auf. Nur der *Indian-*

summer der Neuenglandstaaten leuchtet noch intensiver. Die Natur begibt sich zur Ruhe. Alleingelassen von ihren Besuchern, finden die Einheimischen allmählich wieder zu sich selbst und bereiten sich, erschöpft von der sommerlichen Plackerei, jetzt auf die ruhige, für sie erholsame Winterzeit vor.

Im warmen Südwesten – zwar eine Jahreszeit ohne Schnee und Eis, jedoch in manchen Jahren auch mit empfindlichen Frösten, herübergesandt vom nahen, schneereichen *Massifs Central* – kann es auch schon mal so empfindlich frieren, daß man nach Frostperioden von bibbernden Einheimischen hören kann: »Tagelang war ein so schneidender Frost, daß die Vögel aus dem Himmel fielen.« Überwinternde Strichvögel, die der Frost dann doch noch eingeholt hat. Und trotzdem erwarten einige die ungemütliche Winterszeit schon mit fiebriger Ungeduld, bringt sie doch eine begnadete, besonders hier heimische Saison mit sich, eine typisch périgordinische: Jetzt reift die begehrte und so schwierig aufzuspürende Trüffel – Landessymbol für Mystik und Genußfreuden, die geheimnisvollste aller Waldfrüchte, die dem Périgord zu Achtung, Ruhm und Ehre bei sämtlichen Gourmets dieser Erde verhilft.

Einsteigen

Heiteres Périgord

Auf kleiner Fahrt

Um für einen neuen, unbekannten Landstrich gut vorbereitet und gewappnet zu sein, sucht man rechtzeitig nach Informationen, Literatur und Schriften über ihn. In den siebziger Jahren waren die über das Périgord – wo das denn liegen soll, wurden wir mehrfach gefragt – in deutscher Sprache sehr dünn gesät und sind es immer noch. Uns sollte das recht sein, denn dann würden wir dort gewiß mehr Zurückgezogenheit, Ruhe und Erholung finden als in vielbeschriebenen und allseits bekannten Urlaubsgebieten mit ihrer Propaganda und der durch sie gleich Kettenreaktionen bewirkenden Touristenströme.

Da unser damaliges Urlaubsthema – das ist es übrigens auch heute noch – altgeschichtlich orientiert war, fing die Reise auch entsprechend historisch einführend an. Übers Römisch-Germanische Museum von Köln hinüber auf die Katalaunischen Felder der Champagne Ostfrankreichs, wo die vereinten Kräfte von Römern und Germanen in einer gewaltigen Verteidigungsanstrengung 451 n. Chr. zum ersten Mal das Abendland vor den bislang unbesiegten Erobererhorden der Steppenreiter Asiens retteten. In dieser hin und her wogenden, zähen, aber dann doch noch siegreich auf seiten der Verteidiger geführten Völkerschlacht unter dem römischen Feldherrn Aetius, schlug man die bis dahin nicht zu stoppenden Hunnen verlustreich, aber endgültig zurück. Ihre Nachfahren leben heute in unseren friedlichen Anrainern, den Ungarn, fort. Attila, dem bis dahin unbesiegten Hunnenkönig, wurde als König Etzel ein literarisches Denkmal im Nibelungenlied gesetzt. Ein am Rande dieser für das gerade am Anfang der Christianisierung stehende Abendland so bedeutenden Walstatt später aufgerichtetes Schild des französischen Romanciers Victor Hugo verkündet dort noch heute mit dem Stolz des Siegers: *Ici la Champagne devora les Huns!*[*] Ausgrabungen haben das Schlachtfeld eindeutig belegt. Geschichte als ewiges Kaleidoskop hin und her wogender Völker.

1976, in unserem Reisejahr, hatte eine erbarmungslose Dürre beinahe das gesamte Westeuropa fest im Würgegriff. Insbesondere der Norden Frankreichs, ein überwiegend agrarisches Land, wurde von diesem Desaster heimgesucht. Verbrannt und nach Wasser lechzend, lagen die hitzeflimmernden Felder und Weiden darnieder. Die Ernte verdorrte. Ein erschütternder Anblick. Die weiten, welligen Hügel des Teils der Champagne Blanche, den wir durchfuhren, waren hauptsächlich mit Mais bebaut, der nun ausgiebig künstlich beregnet werden mußte, damit man überhaupt noch einige Kolben in die Scheuern einfahren konnte.

Wo aber waren nur die berühmten Weinberge, die den prickelnden, edlen Champagner hervorbringen? Bei den riesigen Maisanbauflächen konnte man wirklich zu der scherzhaft-abwegigen Annahme gelangen, daß dieses edle Getränk wohl aus Mais gewonnen wird. Als meine Frau das aber spaßeshalber später einmal – durchaus mit ernster Mine – behauptete, erntete sie sofort Entrüstungsstürme, und ihr wurde mit allem Nachdruck versichert, daß sie sich

---

[*] *Hier hat die Champagne die Hunnen verschlungen.*

hundertprozentig darauf verlassen könne, daß französischer Champagner ohne den geringsten Zweifel aus Weintrauben und nur aus Weintrauben gewonnen wird. Dafür könne man sich verbürgen. Ja, wer weiß, *qui sait,* ob die Deutschen wirklich so viel Durchblick haben und wissen, woraus Champagner eigentlich besteht. Besser ist es jedenfalls schon, man klärt das noch einmal ganz genau. Um nun hinfort nicht als völlig Ungebildete dazustehen, hat keiner von uns beiden sich nochmals getraut, diesen verwegenen Scherz zu wiederholen.

Durch die Trockenheit waren die Ernteeinbußen bei den Kartoffeln so einschneidend, daß Frankreich zur Deckung des Eigenbedarfs dieses Basisnahrungsmittel zusätzlich importieren mußte. Schließlich ist das Nationalgericht *Steak frites,* und auf Pommes frites als Beilage kann keinesfalls verzichtet werden. Doch die Skepsis gegenüber allen nichtfranzösischen Nahrungsmitteln sitzt tief, und so mußte der Landwirtschaftsminister höchstpersönlich und unter Aufbietung des ganzen mit seinem Amte verbundenen Ansehens wiederholt in den Medien versichern, daß sich die Importkartoffeln, die man mit großer Sorgfalt vorgetestet habe, ebensogut für die Zubereitung französischer Pommes frites eignen wie die heimischen Erdknollen. Man könne Tests des »Nationalen Institutes für Fritesforschung« vorweisen, glaubten wir vernommen zu haben. Wir haben ihn selbst im Fernsehen bei diesem die Nation bewegenden Manifest erleben dürfen und ihm ebenfalls andächtig gelauscht. Nicht nur die Liebe, auch die Nation geht, wie man sieht und hört, durch den Magen.

Urzeit

Alles zwar höchst interessante Zwischenstationen, doch was uns magisch anzog, waren die vorgeschichtlichen, hochkünstlerischen Höhlenmalereien und die archäologischen Ausgrabungen aus der zig Jahrtausende zurückliegenden Altsteinzeit. Zeitlich fast unglaublich weit entfernte, vorgeschichtliche Stätten, die massiert in den wie Schweizer Käse durchlöcherten Felsmassiven des Périgords auftreten. Diese doch recht erstaunliche Zusammenballung auf einem relativ kleinen, überschaubaren Gebiet gibt der Wissenschaft bis heute ungelöste Rätsel auf. Nur allein durch die höhlendurchsetzte, einladende Landschaft kann diese Ansammlung wohl kaum bewirkt worden sein. Offenbar war diese Region ein Zentrum des Neopaläolithikums. In unserer Zeit wurden die Höhlen zu sehenswerten Attraktionen für alle Périgordbesucher – nicht nur für die mit diesem Thema vertrauten.

In Jahrmillionen erdgeschichtlicher Vorzeit hat das Wasser bizarre Grotten – jede anders in ihrer Art –, Aushöhlungen und Felsüberhänge, sogenannte *Abris*, aus dem weichen Kalksandstein herausgewaschen und formt ihn ständig weiter. Naturgebildete, schützende und somit einladende Siedlungsplätze für Leute ohne feste Behausung, von Nomaden, die ihrer jahreszeitlich wandernden Jagdbeute über weite Strecken über den Kontinent folgen mußten. Tief im Innern des Berges verborgen, liegen geheimnisvolle, rätselhafte Kultstätten mit jahrtausendealten Fresken, die aber vom Eindruck her oftmals so frisch, bisweilen so verblüffend gegenwartsnah wirken, als seien sie erst gestern an die Wand geworfen worden. Doch sie zeigen Tiere wie beispielsweise den mit einem dichten Fell behaarten Mammut, das schon mit dem Ende der Eiszeit ausgestorben ist. Unerklärlicherweise sieht man aber nur selten menschliche Darstellungen, und die sind dann eigenartigerweise recht primitiv, staunenswerte, in ihrer künstlerischen Vollendung uns immer noch unbegreifliche Relikte unserer Urururahnen. Bereits in Vollendung beherrschten sie stilistische Kunstrichtungen, die wir heute beispielsweise mit Impressionismus und Expressionismus bezeichnen: Vermächtnisse aus der Morgenröte unendlich langsamer Menschwerdung. Fundamente und phänomenale Ansätze sich erstmals voll entfaltenden, kulturellen Aufstiegs. Betrachten heißt gleichsam, zurück zu den Wurzeln zu blicken.

Schon die Neandertaler und die später auf sie folgenden Cromagnon-Menschen nutzten diese von der Natur in idealer Weise geschaffenen Unterstände und hinterließen uns auf zahlreichen Siedlungsplätzen ihres nomadisierenden Daseins ihren in Jahrzehntausenden angesammelten Kulturschutt, Schicht auf Schicht gelagert, so daß die Archäologen fein säuberlich die nacheinander abfolgenden Zeitepochen eine von der nächsten trennen können. Sie tragen klangvolle Namen wie Acheuleen, Abbevillien, Mousterien, Arignacien, Périgordien, Solutréen und so weiter. So wurde das überschaubare Périgord im letzten Jahrhundert Auslöser eines neuen Wissenschaftszweiges und damit zu einem Eldorado für Vorgeschichts- und Höhlenforscher. Mit seinen Fundstätten steht es weltweit Pate für sehr viele Namensgebungen dieses prähistorischen Abschnitts der Menschheitsgeschichte. Bis hoch in den Norden Europas, auch ganz in der Nähe unserer Heimatstadt Hamburg, haben Archäologen zum Beispiel die Steinzeitepoche des Magdalenien – erstmalig entdeckt unter dem Abri de la Madeleine bei Tursac im Périgord – auf etlichen Ausgrabungsplätzen nachgewiesen.

Bücher über diese nebulöse, noch immer weitestgehend im

dunkeln liegende, rätselhafte Vorzeit hatten wir zur Genüge gelesen, waren also bestens präpariert und wußten nur zu gut, wohin wir uns begeben mußten: in das Zentrum der Vor- und Urgeschichte Europas, in den kleinen Ort Les-Eyzies-de-Tayac, der sich stolz und selbstbewußt »Welthauptstadt der Vorgeschichte« nennt. Wir fanden das anfangs zwar recht anmaßend, konnten später aber erfreut feststellen, daß diese Eigenklassifizierung seiner tatsächlichen Bedeutung entspricht und von daher keineswegs übertrieben ist.

Während des Baus der Eisenbahn im letzten Jahrhundert fanden Streckenarbeiter beim Anschnitt des Berghanges bei Tayac im Norden von Les Eyzies Skelette eines bis dahin der Wissenschaft noch unbekannten Menschentypus. Wie sich bald darauf herausstellen sollte, war dieser der Schöpfer der beeindruckenden Höhlenmalereien. Nach dem ersten Fundort wurde diese menschliche Spezies Cromagnon-Rasse getauft. Es waren hochgewachsene, im Äußeren uns schon sehr ähnelnde Leute, die lässig unsere heutige Durchschnittsgröße erreichten. Direkt an den Felsen geschmiegt, der auch seine Rückseite bildet, und mit Blick auf das liebliche Tal der Vézère, steht heute dort am Ortseingang ein renommiertes Hotel gleichen Namens – landauf, landab auch bekannt und gerühmt wegen seiner vorzüglichen, empfehlenswerten Küche.

Unser Hauptanliegen auf dieser Ferienreise, die unverhofft dann zu einem Ankerplatz führen sollte, war also, uns die staunenswerten, unglaublich lebendigen und lebensnahen Höhlenmalereien unserer Altvorderen, eben dieser beeindruckenden Cromagnon-Menschen, im Original in diesen Urzeittempeln einer bis zu 25 000 Jahre zurückreichenden Vorgeschichte vor Ort anzuschauen. Jeder, der die Wurzeln unserer im Nebel der Urzeit liegenden Herkunft spüren möchte, dem Staunen Freude bereitet und dem die Achtung vor der Kunst ganz allgemein noch Herzenswunsch ist, sollte diese unglaublich alten Stätten vollendeter, nicht vermuteter Ausdruckskraft unbedingt aufsuchen und sich in ihren faszinierenden Bann schlagen lassen. Die in zarten, wirklichkeitsnahen Mineralfarben gehaltenen, teils polychromen Höhlenmalereien aus einer schon vor vielen Jahrtausenden, noch weit vor dem Bau der Pyramiden versunkenen Welt werden ihm so viel geben, daß er diesen zeitlich eigentlich kaum faßbaren Kunstgenuß fortan niemals mehr vergißt. Man spricht von den über 10 000 Jahre alten, meisterlichen Felsmalereien der Höhle von Lascaux als von der Sixtinischen Kapelle der Vorzeit. Und das ist keineswegs übertrieben.

Zur plastischeren Gestaltung ihrer *chef d'œuvres* (Meisterwerke) nutzten die begabten prähistorischen Künstler mit bewundernswertem Einfühlungsvermögen die Unebenheiten der Höhlenwände, deren Wölbungen, Vor- und Rücksprünge. Kuhlen und Buckel markieren Flanken, Rücken oder Schultern des Jagdwildes. Auf dem Fels hernniederrinnende Stalaktiten werden zu Beinen. Natürlich vorhandene Felsformen – bisweilen ein wenig nachhelfend modelliert – werden geschickt in diese Kunstwerke integriert. Besonders eindrucksvoll ist dies zu sehen bei der vom natürlichen Fels gebildeten Pferdekopfsilhouette in der Grotte von Pech-Merle. Ein Loch im Fels und ein sich darüber beugender Rentierkopf beispielsweise vermittelt uns die Szene eines aus einer Quelle trinkenden Tieres. In Vollendung beherrschten sie bereits die abstraktes Denken verlangende Perspektive, deren Fluchtpunkt erst die Maler der noch gar nicht so weit zurückliegenden Renaissance in der Kunst perfektionierten. So gelangen die lebensnahen Felsbilder zu einer einmaligen Synthese aus Malerei, Flachrelief und

Skulptur. Jeder in den Fels gravierte Konturstrich mußte beim ersten Versuch sitzen. Korrigieren oder retouschieren auf dem »Malgrund« Kalksandstein war danach nicht mehr möglich. Man hat bisher unglaublicherweise noch keine Fehlstriche entdeckt, weiß aber inzwischen aus Funden, daß es in diesen Urzeiten schon so etwas wie Kunstschulen gegeben haben muß.

Am eindrucksvollsten allerdings wirken die Felsbilder bei diffuser Halbbeleuchtung, im schwachen Schein blakender Öllampen, wie sie den Schöpfern einst zur Verfügung standen. An ihren Wirkungsstätten ließen sie Steinschälchen zurück, die einst mit Tierfett und Docht Licht spendeten. Im flackernden Licht offen züngelnder Flammen gewinnt auch der heutige Betrachter bald den Eindruck, als hauchten die wabernden Schatten des unebenen, buckeligen Felsens den abgebildeten Beutetieren Leben und Bewegung ein. Dann geht auch heute noch ein bannender, fesselnder Zauber von ihnen aus, und versunkene Urzeiten werfen im wahrsten Sinne des Wortes ihre lebhaften Schatten bis in unsere Gegenwart.

Diese weit vom Höhleneingang entfernten, tief im Berg liegenden Kultstätten mit ihren Wandmalereien dienten in der absoluten Stille der vom weltlichen abgekehrten Stollen ganz gewiß religiösen Zwecken. Das erklärt auch, warum sie oftmals an sehr unzugänglichen, ja, teils kaum auffindbaren Orten liegen und deshalb auch erst in neuester Zeit wieder aufgespürt wurden. Da sie auch für die Schamanen und ihre Anhänger nur sehr schwer erreichbar waren – bisweilen mußten sie bäuchlings durch lange, enge Röhren kriechen, bevor sich der nächste Saal öffnete –, nimmt man an, daß nur Eingeweihte diese Plätze zu gewissen Zeiten und für ganz bestimmte Kulthandlungen aufsuchten oder betreten durften. Sogar Fußabdrücke, die von Tanzschritten herrühren müssen, hat man auf den Höhlenböden gefunden. Somit nur wenigen bekannt, konnten die geheimen Grotten im Laufe der Zeit glücklicherweise wieder in Vergessenheit geraten und unangetastet von Bilderstürmern oder anderen Narrenhänden perfekt erhalten auf uns überkommen.

Höhlen wirken selbst heute noch auf uns wie etwas Entrücktes, Unzugängliches, Mystisch-Geheimnisvolles, tief im Schoß der Erde Verborgenes – sicher und vor unberechtigten Zugriffen geschützt. Einige Religionswissenschaftler äußern daher die Vermutung, daß die wenig erklärbaren Krypten in unseren Kirchen eine letzte Reminiszenz und unbewußte Erinnerung an diese unvorstellbar fernen Urzeiten sein könnten.

Längst haben die Wissenschaftler das hohe Alter dieser vorgeschichtlichen Kunstwerke bewiesen. Das hindert aber einige verbohrte Einheimische nicht daran, ihren eigenen Theorien anzuhängen und die Authentizität der Steinzeitgemälde immer noch anzuzweifeln. Man kann sich eben nicht vorstellen, daß kaum nachvollziehbare Zeitspannen zwischen Entstehen und heutigem Wiederentdecken vergangen sein sollen, ohne daß zwischenzeitlich irgend jemandem etwas aufgefallen wäre. Viele der Grotten waren seit eh und je bekannt und wurden von den Landleuten auch immer mal wieder aufgesucht. Praxisnah hat man einige sogar in die Häuser integriert und als Stallungen und kühlende Kellergewölbe mitgenutzt.

Als Kinder spielten Yolande und Théophile oft in den ihnen wegen ihrer Gefährlichkeit an sich verbotenen Höhlen. Doch im Kerzenschein oder im schwachen Licht ihrer Taschenlampenfunzeln haben sie nie irgendwelche Gemälde, geschweige denn Gravierungen aufleuchten sehen. Da die meisten Bilder eben sehr unzugänglich, auch recht versteckt angebracht und nur von einem geübten Auge bei derart schwachem Licht auszumachen sind, haben die beiden die Wandzeichnungen ganz einfach übersehen. Das aber will man natürlich niemals eingestehen. Also können die Gemälde auch nicht dagewesen sein. »*Mon cher copain* (frei: ›Mein lieber Kumpel‹), ich sag's dir doch, die haben kunstbegabte Archäologen dort gekonnt hingefälscht, um dann den Entdeckerruhm für sich einzuheimsen. Warum wohl ließen sie uns bei ihren angeblichen Forschungsarbeiten in den Höhlen damals nicht zuschauen? Und gut gemacht sind die Bilder allemal. Viel zu gut, sag ich dir. So etwas Tolles konnte doch kein Steinzeitmensch vollbringen. Schau sie dir doch an, diese Burschen. Und die sollen diese Kunstwerke erschaffen haben? Lachhaft! Niemals! Uns kann man das nicht weismachen. Wir Kinder haben die Forscher damals bei ihrer Fälscherei sogar belauscht. Und du siehst doch in Lascaux II, dieser originalgetreuen Nachbildung, den erschlagenden Beweis dafür, was die Kunsthandwerker wirklich vermögen. Damit haben sie sich jetzt doch selbst verraten. Sieht hundertprozentig aus wie das angebliche Original. Und die überlagernden Kalzitschichten, das will ich dir sagen, die angeblich Jahrtausende brauchen, um ihre heutige Stärke über den Abbildungen zu erreichen, kann man sicher mit modernen Mitteln auch hinbekommen. Sie verraten uns nur nicht, wie. Auch wenn ich so seh', wie alles möglich ist bei den angeblich antiken Möbeln. Glaub mir, alles ganz bestimmt nur Tourismusmache!« Und wir bemitleidenswerten Trottel – so ihr ernsthafter Vorwurf – fallen auf diese durchsichtigen Tricks herein. Sie aber nicht!

Was man also nicht wahrhaben will, kann auch nicht sein. So einfach ist das. Die Malereien sind so unwahrscheinlich lebensnah und von so plastischer, unbeschreiblicher Ausstrahlungs- und Ausdruckskraft, muten so modern und

frisch an, daß einfach gestrickte Seelen sich dieser unge-
heueren Zeitspanne und ihren angeblich für solche Leistun-
gen doch noch viel zu primitiven Künstlern ganz einfach
verweigern. Selbst schlüssigstes Gegenargumentieren hilft
da gar nichts. Yolande und Théophile, inzwischen gesetzte
Mittfünfziger, werfen mir mit aquitanischem Temperament
immer wieder vor, daß ich mich auch nur verkohlen lasse,
obwohl ich doch sonst nicht so leicht an der Nase herumzu-
führen sei, wie die bisweilen recht einfältigen Touristen.
Übrigens: Das Belauschen beim angeblichen Höhlenausma-
len war ganz einfach der Vorgang des erklärlichen Abkopie-
rens für die Wissenschaft. So einfach kann man Tatsachen
verdrehen. Jeder Zweifel jedoch ist völlig unberechtigt: Die
Höhlenbilder der Steinzeitepochen des Aurignacien bis hin
zum Magdalenien entstanden nachweislich in der jüngeren
Altsteinzeit, im Neopaläolithikum, vor fünfundzwanzigtau-
send bis zehntausend Jahren. Sie öffneten uns ganz plötzlich
und unvermutet ein buntes Fenster in bisher graue Vorzei-
ten, offenbaren einen Ausschnitt und gewähren uns Einblick in die bereits hochentwickelte Kunst und Empfin-
dungswelt unserer angeblich so primitiven Vorfahren.

Die Mautstelle

Von Norden kommend, über die Autobahn Paris–Bordeaux
nach Tours und dann Poitiers – beide ebenfalls Meilenstei-
ne in der frühabendländischen Geschichte – nach Angou-
lême, vorbei an den direkt am Rande der *Routes Nationales* –
die Füße fast schon auf der Fahrbahn – picknickenden
Franzosen und weiter in die Departementshauptstadt nach
Périgueux, führt die Anreise. Wobei wir wieder einmal unsere Erfahrung bestätigt sahen, daß sich der Reiseverkehr

auf den wunderbar ausgebauten Nationalstraßen ballt und die fast parallel verlaufenden, zügig zu befahrenden und gut ausgeschilderten Departementsstraßen zweiter Ordnung meist so leer sind, daß man sich selbst zur Hauptreisezeit fast allein auf Frankreichs Überlandstraßen glaubt. Gepaart mit gekonntem Kartenlesen – meine Frau, besser gesagt, mein persönlicher *girlscout,* ist da ein Genie –, vermittelt Autofahren dann wahren Reisegenuß und wunderschöne, geruhsame Ausblicke in die durchreiste Landschaft – ohne Stau, Hektik oder nervöses Gedrängel.

Wenn allerdings ein Bruder Leichtfuß – so wie ich – der irrigen Meinung anhängt, die Herren Gendarmen tummeln sich nur auf den verkehrsreichen *Routes Nationales* und niemals auf so abgelegenen, gottverlassenen Nebenstraßen mit weit weniger Opferpotential, kann er unerwartet ins Messer laufen. Unter nonchalanter Mißachtung der Geschwindigkeitsbegrenzungen – in Frankreich sind auf Landstraßen neunzig Kilometer pro Stunde erlaubt – gaben wir Gas. Diese wunderschöne Route lud geradezu zu Schußfahrten ein. Voller Übermut die übersichtlichen Geraden und herrlich ausgebauten, einsamen Bahnen hügelrauf und hügelrunter. Weit und breit keine Menschenseele, geschweige denn Verkehr. Das noch ferne Ziel vor Augen, genossen wir diese freizügige Einsamkeit der leeren Landstraße, waren froh, daß wir dem Trubel der verstopften *Nationale 10* glücklich entronnen waren, und achteten nicht weiter auf den Tacho. Das sollte sich bald bitter rächen: es wäre ja auch nicht das erste Mal, daß Leichtsinn zu Fall kommt. Die Wächter der Republik lauern auch hier. Soeben mit Karacho über eine nicht einsehbare Hügelkuppe gebraust und kurz dahinter, mitten auf der *Départementale,* steht so ein lebendes Verkehrsschild mit unnachgiebiger Kelle und winkt uns erbarmungslos raus. Verflixtes Pech!

Das beste würde wohl sein, jetzt den dummen Ausländer zu mimen, auf seine Gastfreundschaft zu hoffen und mit betroffener Miene die Ermahnungen über sich ergehen zu lassen. Dann würde der Hüter des Gesetzes wohl zufrieden sein oder vielleicht sogar entnervt aufgeben und uns wieder laufenlassen. Eine trügerische Hoffnung; diesmal hatte ich die Rechnung ohne den Wirt gemacht. Für eine einfache Ermahnung war ich ihm wohl doch etwas zu schnell gewesen. Der erhobene Zeigefinger war dem schmucken Uniformierten mit seinem kleidsamen, kreisrunden *képi* bei meinem Vergehen zu wenig. Nix versteh'n half auch nicht. Und Zahlen, also auch Geschwindigkeitsübertretungen, kann man ja anschaulich aufmalen. Obwohl ich der Meinung war, daß es wirklich so eben noch anginge mit meiner Tempofahrt, lag ich nach seiner Feststellung aber erheblich über der zu verantwortenden Toleranzgrenze. Empört meinte er, ich sei wohl eher zu tief geflogen. Verschweigen wir also lieber verschämt die Tachohöhe meiner Missetat.

Präzise und knapp, mit unverhohlenem Stolz über die geschickt getarnte Radarfalle direkt hinter einer weiten, abschüssigen Rechtskurve, erläuterte er mir, daß ich die Verkehrsgesetze der Republik Frankreich verletzt hätte und daß die Gendarmerie für die Überwachung von deren Einhaltung verantwortlich sei. Des Französischen mächtig, verstand ich den Gendarmen zwar sehr gut, stellte mich aber lieber weiter sprachunkundig, um ihm so vielleicht doch noch zu entrinnen. Aber, wie gesagt, dieser abgegriffene Trick half mir keineswegs aus dem Schlamassel heraus. Im Gegenteil, allmählich wurde er unwirsch. Vielleicht war ich heute für ihn schon sein xter Ausländer, der es mit dieser platten Masche versuchte. Der schneidige Ordnungshüter der Republik schaltete also auf stur. Die Beweislast sei erdrückend und Widerrede zwecklos. Außerdem müsse ich froh sein, nicht Franzose zu sein, denn von dem würde er jetzt den Führerschein kassieren. Das saß. Dann bekundete er mir, daß nun 600 Francs fällig wären und drückte das so aus: »*La République et pas la Gendarmerie vous demande 600 Francs!*«[*] Also eine weitaus höhere Institution, hinter der er sich, seine Bedeutung unterstreichend, gut verschanzen konnte. Ich hätte hier vor Ort und jetzt sofort bar Kasse zu zahlen. Andernfalls – was andernfalls? Es folgte erst einmal nur ein alles offenlassendes Achselzucken. Umständlich – es ist gar nicht einfach, den Sprachunkundigen zu spielen, weil man aus dem Verstandenen ja doch irgendwie Kapital schlagen möchte, sich aber nicht verraten darf – versuchte ich ihm klarzumachen, daß ich weder Bares noch Schecks dabei hätte, um die Schuld zu tilgen. Aber auch das erweichte ihn in keiner Weise. Herzlich unbeeindruckt von all meinem Lamento, übergab er mir nun einen schon recht abgegriffenen Vordruck, auf dem in so ziemlich allen lebenden und wohl auch toten Sprachen und in den verschiedensten Schriftzeichen dieser Welt zu lesen stand: »Sollten Sie jetzt nicht zahlen können, macht die *Gendarmerie Nationale* von ihrem Recht Gebrauch, Ihr Fahrzeug so lange zu arretieren, bis Sie es gegen Begleichung des Strafmandats auslösen.« Punkt! Als ich ihm bedeutete, daß das ja Tage dauern könne, erklärte er äußerst gelassen mit immer mehr Oberwasser und wohl wissend, daß sich auf so etwas erfahrungsgemäß niemand einläßt, daß wir ja im nächstgelegenen Hotel Quartier nehmen könnten, bis das Geld aus der Heimat einträfe. Und etwas hämisch fügte er noch hinzu, wie schön die Gegend doch hier sei und daß sie auch ihre Reize habe. Diskutieren mit diesem Unmenschen und seiner machtvollen Republik im Rücken war völlig aussichtslos.

---

[*] »*Die Republik und nicht die Gendarmerie verlangt von Ihnen 600 F.*«

Für ihn war der Fall auch vorerst erledigt, denn er wandte sich schon seinem nächsten Opfer zu. Einem aufbegehrenden, zornigen Italiener, der ihm mit seinem südländischen Temperament und lebhaft mit den Armen gestikulierend nun erst richtig zusetzte. Fast konnte man den Gesetzeshüter jetzt bedauern. Aber des Gendarmen Vordruck erläuterte die Zahlfalle und Härte der republikanischen Gesetze auch auf Italienisch.

Der französische Staat zeigt seine Zähne. Gerade im sonst so streng demokratiebewußten Frankreich gewinnt man besonders als Deutscher immer wieder den Eindruck, daß Vater Staat nicht gerade zimperlich mit seinen Bürgern umspringt, ja hin und wieder sogar mit unverhohlenen Machtgelüsten auftritt und Respekt heischt. Oder läßt er sich nur nicht so verkohlen wie der unsere? Hier setzt der Staat seine Gesetze und Verordnungen stur und stramm durch. An sich ein Widerspruch, aber in der Konsequenz doch wohl sehr staatserhaltend – aus Sicht der Regierenden. Mit Verkehrssündern macht man nicht viel Federlesens, zumal wenn die Büttel der Überzeugung sind, die Meßergebnisse ihrer technischen Hilfsmittel seien unumstößlich und dulden überhaupt keine Kritik. In ganz Frankreich eilt den Gendarmen der Ruf voraus, korrekte Ordnungshüter zu sein, die es auch verstehen, sich Respekt zu verschaffen. Zu ihrer Ehre sei aber ergänzt, daß wir sie bei anderen Gelegenheiten auch als sehr zuvorkommend und äußerst hilfsbereit erlebt haben.

Im Moment allerdings spielten wir ein wenig Räuber und Gendarm und waren leider an einen sturen Bock geraten. Es blieb mir also nicht anderes übrig, als zu blechen. Da ich ja offiziell kein Geld dabei hatte, mußte ich so tun, als pumpe ich meine Frau an. Ein durchsichtiges Manöver. Also händigte ich ihm zwei Fünfhundertfrancsscheine aus und wartetet auf meine 400 Francs Wechselgeld. Es dauerte einige Zeit, bis er wieder auf der Bildfläche erschien, den Spieß umdrehte und nun auf seine Weise sein Spielchen mit mir trieb. Er bedaure, aber man könne nicht wechseln. Das konnte gar nicht stimmen. Nicht herausgeben zu können, war offensichtlich ein Ammenmärchen, denn mittlerweile hatte sich diese Radarfalle doch zur lukrativen Mautstelle gemausert. Soweit wir beobachteten, konnten die Gendarmen inzwischen schon auf satte Pfründe zurückgreifen. Schecks, aber auch Bares waren ausreichend eingenommen worden. Offensichtlich hatte ich ihn unterschätzt; er hatte mich sehr wohl durchschaut und rächte sich jetzt für die ganze Mühsal, die ich ihm bereitet hatte. Madame habe doch sicher einen Führerschein. Großzügig und mit einem süffisanten Lächeln auf den Lippen erlaubte er meiner Frau, in den nächsten Ort zu fahren, um die Scheine zu Kleingeld zu machen. Ich mußte als lebendes Pfand in seinem Gewahrsam verbleiben. Erst als wir ihm die Summe fein säuberlich abgezählt hingeblättert hatten, seine umständlich ausgefüllte Quittung in Empfang nehmen durften und nochmals eingehend ermahnt und belehrt wurden, verabschiedete er uns mit dem üblichen *»bonne route«*, gute Fahrt! Es klingt uns noch heute wie Hohn in den Ohren. Bloß weg von hier!

Zielgerade

Als wir im weichen Licht des sinkenden Nachmittags aus einer schwungvoll-zügigen Rechtskurve direkt in unsere Zielgerade einbogen, war es wie ein Wiedererkennen. Plötzlich und unerwartet fast hundert Meter atemberaubend hohe, steile Felskliffs zur Rechten, den Dordognezufluß, die romantische Vézère zur Linken und gleich, wie auf Abruf, die ersten steinzeitlichen Fundstätten *Laugerie Haute* (hoch/oben) – sie befindet sich auf gleichem Niveau wie die Straße – und nur dreihundert Meter weiter die *Laugerie Basse* (unten/niedrig), hoch oben am Sockel der Felswand gelegen. Dieser scheinbare Widerspruch in der Bezeichnung gab uns lange Zeit Rätsel auf. Bis wir endlich dahinter kamen, daß *haute* hier ganz einfach flußaufwärts und *basse* flußabwärts bedeutet und gar keinen Bezug zum Höhenunterschied hat. Man soll eben niemals zu schnell mit seinem Urteil sein.

Vorbei am steil ansteigenden Bergeinschnitt der *Gorge d'enfer,* der Höllenschlund, mit dem berühmten Steinzeitrelief eines Lachses, wo hoch im Felsen über der Straße demonstrativ die orange leuchtende Montur der Kletterpuppe eines Höhlenforschers hing, lag dann unvermittelt der reizende, kleine Ort Les Eyzies, hingeschmiegt am Fuß bombastischer, himmelhoher Felsüberhänge. Beherrscht von einer alten, wiederhergerichteten Schloßruine, die jetzt ein wichtiges Museum für Vor- und Urgeschichte und eine Außenstelle der Universität Bordeaux beherbergt. Sie wird ständig, wohl auch dem Anspruch des Tourismus und der politisch gewollten Dezentralisation folgend, weiter ausgebaut und ermöglicht vielen Archäologiestudenten echte, praxisnahe Forschung – auch im Feld direkt vor der Hochschultür.

Von den anderen Ortsseiten, beispielsweise Vézère-aufwärts aus Richtung Le Bugue kommend, ist die Einfahrt in diesen hinreißend schönen und weiten, rundum von steilen und nachts angestrahlten Felskliffs eingerahmten Talkessel auch recht eindrucksvoll. Schon von weitem grüßen die Kliffs mit der vor dem Museumsschloß errichteten Statue eines künstlerisch nachempfundenen Neandertalers. Von Sarlat her wiederum führt die kurvenreiche Straße, wie als gerechter Ausgleich, vorbei an den berühmten Höhlen von *Bernifale, Combarelles* und *Font de Gaume*. Letztere eine der heutigen Hauptattraktionen polychromer Steinzeitmalkunst im Original, und glücklicherweise immer noch den Besuchern zugänglich. Da nur eine begrenzte Anzahl pro Tag eingelassen werden kann, ist rechtzeitige Voranmeldung zu empfehlen.

Vollwertige Halbhäuser

Schon unter den überragenden Felsabris der beiden *Laugeries* und im Ort aneinandergereiht, sehen wir zum ersten Mal die eigentümliche, uns von Fotos her bereits bekannte Bauweise halber Häuser, von denen die Erbauer nur die Front und die beiden Giebelwände errichten. Den Rest stellt die Natur, denn der rückwärtige Teil – eine Dachhälfte und Rückwand – werden konstruktiv direkt vom Felsüberhang gebildet. Man baut also – sparsamer geht es nun wirklich nicht mehr – nur ein halbes Haus. Die äußere Seite wird einfach mit den ursprünglich gleich nebenan herumliegenden Bruchfelsbrocken aufgemauert. Innen, zur Felswand hin, werden dann noch feuchtigkeitshemmende Leichtbauwände eingezogen, und fertig ist eine komplette Heimstatt. Manche dieser Behausungen hat man in alten Zeiten gleich direkt vor Höhleneingänge gesetzt, die dann geschickt als Stallungen, Kellergewölbe und Kühlkammern mitgenutzt werden konnten. Einige Bauern züchten dort im Dunkeln noch immer ihren lichtscheuen Chicorée, in Frankreich *endives* genannt. Fehlendes Licht ist ja der Grund, weshalb er so schön knackig weiß bleibt.
Die braunrot bis schwarzgrauen, sehr steilen Dächer sind

mit gebrannten Flachpfannen, aber teilweise auch immer noch mit außerordentlich schweren, charakteristischen Bruchfelsplatten, den sogenannten *lauzes*, eingedeckt. Dieses gewichtige, tonnenschwere Deckmaterial erfordert allerdings einen sehr aufwendigen und gewaltig robusten, recht steilen Dachstuhl und äußerst stabile Seitenwände, um dem auf ihnen lastenden, ungeheuren Seitendruck überhaupt standhalten zu können. Immerhin rechnet man ca. eine Tonne pro Quadratmeter Dach. Am qualmgeschwärzten Fels darüber ist zu erkennen, daß die Kamine rauchen und diese pittoresken Häuser auch heute noch bewohnt sind.

Ganz gefangen von der eindrucksvollen Zierde des Périgord, sind wir schon oft in diese eigentümlichen Bauten eingekehrt und haben darin fröhliche Stunden mit den Bewohnern verlebt. Noch vor gut zwanzig Jahren aber hatten die Einheimischen ihre Häuser mehr als satt; sie wollten die alten abreißen und auch moderne Bungalows beziehen, so wie allerorts. Jedoch aufgerüttelt durch die staunenden Besucher, ist man jetzt glücklich und stolz, etwas so Außergewöhnliches zu besitzen und vorzeigen zu können. Inzwischen schmuck hergerichtet, stehen nahezu alle heute unter Denkmalschutz. Gerade im Périgord wird auch der Landschaftsschutz immer ernster genommen.

An der Felswölbung, kurz über den Dachfirsten und auch dort, wo die Felsen oft noch die Vertiefungen der Widerlager einstiger in ihr verankerter Tragbalken inzwischen verschwundener Häuser zeigen, sind horizontal verlaufende Querbänder eingemeißelt oder auch kleine, herausragende. Stürze angemauert. Es sind dies die äußerst sinnvoll angebrachten Wasserabrißkanten, die den am Fels niederrinnenden Regen an diesen Kerben wie ein Hindernis abfangen, so daß das Wasser genau hier auf das Halbdach abregnen muß, noch bevor es in den rückwärtigen Teil des Hauses eindringen könnte. Genial einfach und äußerst wirkungs-voll. Durch Material, Positionierung und Bauweise haben diese ungewöhnlichen Wohnstätten zudem den großen Vorteil, daß sie zu jeder Jahreszeit ein sehr ausgewogenes Eigenklima entfalten und besonders in den heißen Sommermonaten immer noch angenehm kühl sind. In Naturstein erbaut, ja fast in ihn eingelassen, erscheinen diese praktischen, spitzgiebeligen Halbbauten wie mit dem Kliff verwachsen und wirken durch ihre tarnende Mimikry ganz so, als hätte ein Steinmetz sie direkt aus dem Berg, aus dem warmtonigen, erdgelben bis - grauen Fels herausgehauen. Hierdurch fügen sich die Dörfer und Städte, alle mit diesem Kalksandstein aus ihrer Umgebung erbaut, in ungeahnt harmonischer Weise als integraler Bestandteil widerspruchslos in die ebenmäßige Landschaft ein. Ein Lehrstück für jeden Stadtplaner und Architekten. Sogar die sonst so störende Zersiedlung früherer Jahre, die auch vor dem Périgord nicht haltgemacht hat, wirkt hier kaum abweisend. Dabei ist allerdings zu bedenken, daß die Menschen früherer Siedlungsepochen in diesem Landstrich sich immer dort niederlassen mußten, wo in der Nähe eine ergiebige Quelle sprudelte. Die vielen Endsilben »-ac« weisen noch heute darauf hin.

Variation und Beständigkeit

Wie überhaupt diese in ihren Grundzügen einheitliche Landschaft, in der etwas Magisches ruht, dennoch für ständige Überraschungen gut ist. Denn nach jedem Sattel, jeder Bergkuppe, ja jeder größeren Kurve eröffnen sich dem Auge immer wieder neue, manchmal unverhoffte, zumindest sehr abwechslungsreiche Ausblicke auf ein nicht sehr dicht besiedeltes Land. Es ist fast unbegreiflich, daß sich auf so relativ kleinem Territorium wie dem des Périgord so viel Unterschiedlichkeit und Abwechslung konzentrieren kann. Und noch einmal vertiefend und besonders variationsreich in diesem Sinne stellt sich das *Périgord Noir* vor.

Hat da nicht jemand behauptet, Blau und Grün würden nicht miteinander harmonieren? Diese These wird hier auf natürlichste Weise widerlegt, denn das sattgrüne Laub der Wälder im Kontrast gegen den tiefblauen Himmel zu schauen, läßt jedes Malerherz höher schlagen. Die über ihn dahinziehenden, ständig zwischen Werden und Vergehen wechselnden Wolkenlandschaften und auch die herrlichen Sonnenauf- und -untergänge, werden von dieser Blaugrünfarbigkeit wie von einer wohltuenden Kulisse gerahmt. Sattsehen ist hier eines der preiswertesten und ergiebigsten Vergnügen und Erfüllung zugleich.

Städte wie das mittelalterlich ausschauende Sarlat und das auf einem Berggipfel thronende Domme, aber auch die seit dem Hundertjährigen Krieg fast unversehrte Bastion Monpazier oder die an die gewaltigen Uferkliffs der Dordogne geschmiegten, in sie hineingebauten Orte Beynac und Roc Gageac mit ihrer durchweg noch originalen, jahrhundertealten Bausubstanz bekommen durch die Natursteinbauweise einen besonderen, sehr anheimelnden Reiz. Aufgrund ihrer klassisch traditionellen Gebäude und ihres durchweg hervorragend restaurierten Zustandes – als Sehenswürdigkeiten eines nationalen Erbes gepflegt – stellen sie immer wieder lebensnahe Filmkulissen, ein Zielort mit Originalhintergrund. Auf dem Marktplatz von Sarlat werden vor diesen zauberhaften Fassaden jeden Sommer Freilichttheaterfestspiele abgehalten. Deshalb auch sind Fernsehantennen, Telefondrähte, Elektrokabel und andere verunstaltende Reminiszenzen der Moderne flink und mit wenigen Handgriffen leicht demontierbar angebracht.

Es regt schon kaum noch einen Einheimischen auf, wenn die Filmteams wieder einmal ihre Hektik in den geruhsamen Alltag der Périgordiner hineintragen. Eigentlich sind diese Wirbelmacher gern gesehen – allerdings nicht zu lange –, denn als Komparse kann sich der eine oder andere ein ansehnliches Zubrot mit meist nur Herumstehen dazuverdienen. Natürlich ist man gerechtfertigterweise sehr stolz, anderen eine so wertvolle Naturbühne bieten zu können. Immerhin sind diese Komparsen, die mit sehr viel Spaß bei der Sache sind, oftmals zugleich Eigentümer der begehrten Originalkulissen. Unter diesen uralten Mauern und Giebeln kommt man sich selbst bald vor wie weiland *d'Artagnan en miniature* und möchte ebenfalls die Klingen, zusammen mit seinen furchtlosen Fechtbrüdern aus der nahegelegenen Gascogne, blankziehen, um als königlicher Musketier dem Übel der Welt zu trotzen und ihm zumindest hier Einhalt zu gebieten.

Planter le mai – Ehrenbäume

Auf manchen Anwesen, auch an Hausfassaden in den Städten, fallen hin und wieder hochaufragende, schlanke Kiefernstämme auf, denen man den Nadelwipfel belassen hat. Manchmal rechts und links mit kleinen Trikoloren bis über die Toppen geflaggt, die ein Hinweisschild rahmen. Auf diesen Plaketten gut lesbare Aufschriften, alle gleich beginnend mit: »*Honneur à* ...«[*] Eine einzigartige und eigentümliche, aber nicht jahreszeitlich gebundene Regionalsitte –

---

[*] »*Ehre unserem* ...«

genannt *planter le mai* oder auch *planter le sapin*[*] – die meines Wissens in dieser Form nur im Périgord existiert. Solche Ehrenbäume, manchmal zusätzlich mit kleinen Kränzen versehen, die eine Art Beliebtheitsskala des Genannten dokumentieren können, werden unter großen Mühen und mit Anteilnahme und viel Spaß und fröhlichem Gelächter auch aller Nichtmitwirkenden errichtet.

Sorgfältig und kritisch werden die umliegenden Wälder schon Wochen vorher inspiziert, bis man eine entsprechend schlanke und hohe Kiefer für diesen Zweck zum Fällen ausgemacht hat. Mit ihr sollen der just gewählte Gemeinderat – jeder freut sich natürlich schon auf die nächsten Kommunalwahlen –, der Bürgermeister, der Abgeordnete oder nur ganz einfach der *patron* oder gute Freunde geehrt werden. Natürlich liefert diese Landessitte den lebensbejahenden Périgordinern zudem einen ganz wichtigen, ja fast dionysisch zu bewertenden Hintergrund, denn der so ins Rampenlicht Gerückte wird durch eine derartige Ehrenbezeugung dann auch kräftig in die Pflicht genommen. Er hat seine Truppe zu einem zünftigen Perigordiner Mahl mit Speis und noch mehr Trank zu bitten. Und eine solche Tafel, glauben Sie mir, biegt sich! Sie bietet im Périgord einiges, denn im Land der Gaumenfreuden hat sich noch niemand lumpen lassen, wenn man auch sonst durchaus sparsam sein kann. Das Leben ist eben teuer, aber es gibt anderweitige, nicht so bedeutende Felder zum Knausern. Und schon gar nicht knausert man an der Ausgelassenheit.

[*] *den Maibaum errichten, die Kiefer errichten*

Cabane à feuillard –
Holzschnitzelhütten

Eigenwillige, typisch waldbäuerlich aus den Ressourcen vor
der Haustür ganz einfach herzustellende Schutzhütten werden auch heute noch vereinzelt als schnell zu errichtende
Unterstände auf einfache Weise allein aus Holz erbaut.
Direkt an der Rohstoffquelle, schneidet man ausschließlich
frische, elastische Edelkastanienruten, neigt sie zu einem
direkt vom Boden ausgehenden Spitzdach und bindet alles
oben am First zusammen. Manchmal schlagen die Stecken
sogar wieder aus, so daß sich die Hütte belaubt. Zahlreiche
quereingeflochtene und - gebundene Streben aus dünnen
Zweigen bilden die Unterkonstruktion, um das locker auf-
liegende Dachmaterial zu tragen, das eigentliche, besonders
ausgefallen Fremdartige, die *feuillard* genannten Holz-
schnitzel. Gleich vor Ort wird frisch geschlagenes Astholz,
das meist schon bei der Verarbeitung ausreichend anfällt,
in grobe, handspannenlange Späne geschnitzelt, die als wild
durcheinandergeworfene, schmale Schindeln lose in meh-
reren Lagen übereinander aufgeschichtet das Dach decken.
Fertig ist der in Windeseile zu errichtende Unterstand, und
zudem ist's angenehm kühl darunter. Im Fahlweiß der Holz-
schnitzel glänzen diese Spitzdächer durch das dichte, grüne
Laub der Wälder. So problemlos, wie hier geschildert, ist der
Bau nun allerdings auch wieder nicht. Man muß schon über
ein gerüttelt Maß an Erfahrungen verfügen.
Leider aber ein aussterbendes Handwerk, und auch die
Destillerien von Cognac, die für ihren Edelbrand auf Lage-
rung in Eichenfässern mit Holzfaßreifen aus Edelkastanienholz nicht verzichten wollen, sind zur Zeit ratlos, wo sie
künftig ihren Handwerkernachwuchs rekrutieren sollen.

Aber noch wird unter diesen Waldbauernhütten eifrig ge-
werkelt. Längst nicht mehr so viel wie früher, aber nicht alles
kann durch Plastik ersetzt werden. Und mancherorts ist die
Erkenntnis eingekehrt, daß das Naturprodukt Holz für bestimmte Dinge unschlagbar ist, so daß es inzwischen eine
kleine, jedoch noch viel zu schwache Renaissance erfährt.
Derzeit ist kaum Nachwuchs in Sicht, so daß die feuillardiers
genannten Handwerker inzwischen das beachtliche Durch-
schnittsalter von sechzig bis siebzig Jahren erreicht haben.
Vereinzelt wird also wieder kräftig geschnitzelt, denn angeblich haben diese wenigen jetzt schon mehr Aufträge, als sie
bewältigen können. Mit Beginn der Saison bis in den März
hinein werden als Hauptprodukt unter den feuillardiers
nach wie vor die begehrten Faßreifen hergestellt – ausschließlich aus Edelkastanienholz. Auch Pfosten für Zäune
und Weinberge, Rechen, Gabeln, Kleingeräte, Körbe und
etliches andere für die Touristen entsteht mit Hingabe
unter den geschickten Händen der alten, erfahrenen Handwerker. Sogar die Austernzüchter der Atlantikküste haben
für bestimmte Bereiche ihrer Muschelbänke Holz wieder-
entdeckt. Und der drohende Begriff Rohstoffverknappung
ist ein Fremdwort, denn alles wächst unaufhörlich und
überreich im Umkreis des Arbeitsplatzes nach. Plötzlich
aufkeimende Umweltbegriffe wie Müllverbrennung, Abfall-
verwertung, gar Recycling, finden ebenfalls keine Anwen-
dung, sind fast unbekannt.

Gustave, der im fortgeschrittenen Pensionsalter sein Handwerk endlich an den besagten Nagel hängen wollte, hat
seine Fertigungskunst wiederaufgenommen. Aus den fünf-
bis siebenjährigen Trieben, stets am Vortag geschnitten,
fertigt er für die Austerngärten der etwa 150 Kilometer
entfernten Atlantikküste kräftige Kastanienholzstecken, auf
denen sich dann die Austernbrut ansiedelt. Nach Meinung

der Fachwelt wohl doch der beste, den Austern sympa-
thischste Ansitzplatz. Recht so, die Jungaustern sollen ruhig
Wohnwertansprüche durchsetzen, denn ob nun emotional
empfunden oder ökologisch sinnvoll – zu dieser Delikatesse
paßt Natur doch wirklich besser als der beste Kunststoff.

Rittlings auf einer Art Bock sitzend, spannt Gustave seine
frisch geschnittenen, ungeschälten Edelkastanienstecken
ein und spaltet sie mittels eines fest eingepaßten Dorns der
Länge nach in der Mitte in Hälften auf, so daß ihm zwei
gleichstarke Halbrunds verbleiben. Hierbei ist ihm ein Ensemble eigens dafür entwickelter, uralter und genial einfacher Spezialwerkzeuge zu Diensten. Anschließend wird der
dann freiliegende Splint spiegelglatt nachbearbeitet, damit
er den Jungaustern einen zusagenden Untergrund bietet.
Salzwasserresistent ist dieses Holz auch. So fertigt er geschickt und behende Bündel um Bündel und kann kaum
den Bestellmengen nachkommen. Sind diese Aufträge ab-
gearbeitet, geht es munter weiter mit der Fertigung von
Faßringen. Dabei lamentiert er ausgiebig, daß er für diese
Mühsal und seine bisher unerreichte Qualität, die die Au-
sternfischer über alles schätzen, nur mit einem Hungerlohn
abgespeist wird.

Villages troglodytiques – Höhlenstädte

Bis ins hohe Mittelalter hinein hat man ganze Höhlenstädte
in die Nischen, Terrassen und Überhänge der hochaufragenden Felswandmassive gebaut und besiedelt. In unruhigen Zeiten waren sie sogar fest bewohnte Orte, die teilweise
bis zu 1500 Menschen beherbergen konnten. Eingemeißel-

te Kreuze und Taufbecken belegen, daß auch Kirchen in diesen Hängen Platz hatten. Die Reste der lange aufgegebenen Behausungen sind noch heute als Ruinen hoch oben in den steil abfallenden Kliffs zu besichtigen.

Gerade während der gewalttätigen, brandschatzenden Normannenstürme, die mit ihren flachen Drachenbooten auch die Dordogne und Vézère zu Raubzügen bis weit ins Landesinnere hinauffuhren, ganz Westeuropa unsicher machten und mit ihren verheerenden Kriegsäxten die Bevölkerung in Angst und Schrecken versetzten, waren diese damals uneinnehmbaren, natürlichen Festungen schützende Fluchtburgen für Mensch und Vieh des gesamten Umlandes. Man zog sich hoch in die Wand zurück, die Leitern ein und war dort oben dann absolut sicher vor Überfällen. Selbst längerer Belagerung konnte man standhalten, denn für Notzeiten wurden ausreichend Proviant, Futter und Feuerung gehortet. Wasser sprudelte direkt aus den im Felsen vorhandenen Quellen oder wurde in Zisternen aufgefangen, so daß man den Angreifern getrost eine lange Nase machen konnte. Erst mit der Erfindung des Schießpulvers war dieser strategische Vorteil, wie auch beispielsweise der der Trutzburgen des Mittelalters, dann leider ein für allemal dahin.

Um vor Überraschungsangriffen sicher zu sein, hatten die Altvorderen sich hier sogar ein sehr ausgeklügeltes Frühwarnsystem über Hörnersignale geschaffen – man hat ein solches Signalhorn bei Ausgrabungen gefunden –, die eigens eingesetzte Wächter in ihren unerreichbaren Felskammern hoch oben in den Kliffs von Station zu Station weitergaben. Die zweiundzwanzig bisher entdeckten Wachstuben – sichtbar als ansonsten völlig sinnlos erscheinende, von Menschenhand hoch oben in die Felswände gebohrte Kammern – sind unübersehbar und haben alle untereinander direkte Blickverbindung mit der nächsten flußab - und flußaufwärts gelegenen Klause. Die Zweckmäßigkeit und Wirkungsweise dieser Warnkette hat man erst kürzlich in einem Feldversuch nachvollzogen und kam für die Entfernung vom Ausgangspunkt bei dem kleinen Ort Campagne, wo die Felshänge beginnen, bis hinauf zum größten Höhlenort, Roc St. Christoph bei Le Moustier auf eine Alarmlaufzeit von nur vier Minuten! Und das immerhin bei einer Distanz von über achtzehn Kilometern Luftlinie. So blieb also genügend Zeit, Mann und Maus, Kind und Kegel rechtzeitig auf den Felsterrassen vor den Plünderern in Sicherheit zu bringen. Wer es trotzdem nicht schaffte, flüchtete dann in die weglosen Wälder oder verbarg sich in den versteckt liegenden Grotten.

Auf »eigener« Scholle

Um ein solch anspruchsvolles Land wirklich intensiv erleben zu können, muß man sich ausgiebig Zeit nehmen und offenen Auges und Herzens in ihm verweilen. Hotels, Herbergen, Zimmervermietungen und Campingplätze gibt es zur Genüge. Will man intensiver in seine Geheimnisse eindringen, sollte man dichter ran, muß aus ihm leben, also dann auch möglichst nah am Alltagsgeschehen. Man muß gewissermaßen andocken. Das läßt sich, als nur vorübergehend verweilender Urlauber, nach unserer Erfahrung und Einschätzung am besten bewerkstelligen, indem man sich ein Ferienhaus mietet und so bald wie möglich gute Kontakte zu der benachbarten Landbevölkerung, einschließlich ihrer Cafés, ihrer Bistros, aufnimmt. Übrigens ein Wort, das angeblich auf die durstigen Kehlen einmarschierter, russischer Kosaken zurückgehen soll. *»bistrot, bistrot* – schnell,

schnell« sollen sie lauthals auf russisch in Paris komman-
diert haben, um hurtig serviert zu bekommen. Allerdings
aus heutiger Sicht schlecht vorstellbar, eine Bedienung so
unverschämt in Trab zu setzen. Sollte es zu napoleonischen
Zeiten wirklich anders gewesen sein? Siegerpose und Säbel-
rasseln der Steppenreiter des Zaren muß die Kellner sehr
beeindruckt haben, sonst wäre dieses Kommando sicher
niemals in die Umgangssprache eingedrungen. Es ist in etwa
genauso höflich wie unser Wort Kneipe.

Hier noch eine vielleicht für Städter eigentümliche, aber
freundemachende Empfehlung, die in großen Ballungszentren mit ihrem Massenverkehr schon von der Praxis her gar
nicht durchführbar ist: Auf dem Lande, wo sich die Leute
meist untereinander, wenn auch oft nur flüchtig, kennen,
grüßt man sich dennoch immer. Selbst dann, wenn man sich
nicht kennt. Insbesondere in Feld und Flur. Auch Auswärtige und auch Sie dürfen an dieser freundlichen Sitte ruhig
teilhaben. Und es ist immer wieder mit großer Verwunderung festzustellen, wie dankbar ein einfacher, eigentlich
unverbindlich hingeworfener Gruß erwidert wird und die
Herzen auf dem Lande öffnet – endlich einmal ein höfli-
cher Fremder.

Wir hatten das große Glück, für uns ohne Mühen, jedoch
unter großer Hilfe und Anteilnahme der Einheimischen,
ein uns von Anfang an außerordentlich zusagendes Domizil
zu finden. Ohne Voranmeldung waren wir im Périgord
eingefallen. Alles war ausgebucht. Als wir dem sehr bemüh-
ten Leiter des *Syndicat d'initiative,* des Fremdenverkehrsbü-
ros, einem schon würdigen Herrn im Pensionsalter, aber
klagten, daß wir doch extra von weit her, nämlich aus Hamburg angereist seien, um sein zauberhaftes Périgord kennenzulernen, horchte er unvermittelt auf: »*Hamburg, vous
dites? C'est vrai? Oh, que je le connais bien de mon temps comme*

marin!« Und jetzt verklärten sich seine Gesichtzüge. »Was haben wir Seeleute uns gut amüsiert auf der Reeperbahn, der Herbertstraße und überhaupt im ganzen *Quartier chaud*, im heißen Rotlichtviertel von St. Pauli. Hamburg war mein Lieblingshafen. Ich habe eine wundervolle Seefahrtszeit genossen, bis ich hier in meiner Heimat wieder vor Anker gegangen bin. Doch manchmal, wenn mich das Fernweh packt, fahre ich ans Meer, Duft und Getriebe eines Hafens zu schnuppern und schaue den Schiffen nach, wie sie auch ohne mich auf große Fahrt gehen. Die See ruft noch immer. Meine Leute hier lassen mich zwar, schütteln aber dennoch verständnislos den Kopf. Ihr als Hamburger könnt meine Sehnsucht sicher verstehen. Sie und ich, wir sind ja fast Landsleute. Keine Sorge, für euch finde ich etwas ganz Tolles.« Und nun legte er mit unglaublichem Elan so richtig los, bis die Telefondrähte rotglühten. Das Ergebnis war ein altes, hervorragend für Ferienbedürfnisse eingerichtetes, klassisch périgordinisches Felssteinbauernhaus, wie man es hier landauf, landab antrifft. Noch dazu mit dem für diese Gegend typischen riesigen, offenen Kamin, um den herum sich früher das häusliche Leben abspielte. Vor langer Zeit oben auf einem Hügel erbaut, am Rande eines vergessenen kleinen Weilers, umzingelt von Wald und mit einem herrlichen Ausblick – einer weitausladenden *vue panoramique* – über das laubbewaldete, weite, sanftwellige Land. Welch unverhoffter Vorteil, aus Hamburg zu kommen! Ganz richtig – besser, kein *hamburger* zu sein, denn spätestens seit der Fast-food-Kultur wird man mit dieser Bezeichnung im Ausland leider schnell zum Fleischklops degradiert.

Die ehemaligen Kleinbauern- oder Landarbeiterstellen eig-

---

* *»Hamburg, sagen Sie? Ist das wahr? Oh, wie gut kenne ich das von meiner Zeit als Matrose!«*

nen sich, umgebaut und mit modernem Komfort ausgestattet, hervorragend als Ferienhäuser für nach Unabhängigkeit dürstende Urlauber. Wir konnten sogar ein kleines Stück Land für diese Zeit als unser eigen betrachten. Eier, Butter und Gemüse, später auch Geflügel und périgordinische Leckereien bis hin zum selbstgebrannten *Eau de vie* (Trester/Branntwein) vom Nachbarn, bauten dann auch schnell eine für beide Seiten erfreuliche Geschäftsbeziehung auf. So saßen wir mitten im Wald und dennoch gar nicht weitab vom nächsten Supermarkt, hatten unseren eigenen Salat vor der Tür und wilderten ab und zu in den zuckersüßen Erbsen des angrenzenden Gemüsegartens. Umgeben von malerischen, uralten, die ererbten Besitzgrenzen dokumentierenden Trockenmauern, tagsüber den Schreien der Bussarde und dem Kreischen der Eichelhäher und nachts den Rufen der Käuzchen und Eulen lauschend. Bisweilen weckte uns frühmorgens das schreckhafte Bellen eines Rehbocks, der uns wohl als unwillkommene Eindringlinge in sein Revier betrachtete. Das Flöten der Amseln ringsum versöhnte uns dann wieder. In der Ruhe der Mittagshitze war nur noch das sägende Zirpen der höchstens nachts verstummenden Zikaden zu hören.

Gespensterstunde

Glücklich über diesen freudigen Zufallsbesitz auf Zeit, sanken wir wohlig müde in die Betten und schliefen voller Erwartung unserem ersten Périgordtag entgegen. Als plötzlich – kurz nach Gongschlag Mitternacht – auf dem Dachboden die Hölle losbrach. Wir waren hellwach! Licht an! Erschrocken – ein wenig mulmig war uns schon – schauten wir uns an. An Gespenster glauben wir nicht, also konnte da oben nur irgendwelches Getier mit fürchterlichem Gepolter herumtollen, ganz so wie Lützows verwegene Jagd. Aber was für Tiere? Würden sich diese Poltergeister aus Fleisch und Blut auf das oberste Stockwerk beschränken? Wie groß oder gefährlich waren sie? An Schlafen war überhaupt nicht mehr zu denken. Aus einer heimatlichen Erfahrung hatten wir da so eine vage Vermutung.

Also, den mutigen Mann herauskehren und nachschauen. Taschenlampe im Anschlag, Leiter anstellen, offenen Rückzugsweg im Auge behalten und dem Radau entschlossen auf den Grund gehen. Zu unserer großen Erleichterung bestätigte sich glücklicherweise unser Anfangsverdacht: Wie konnten wir auch so aufdringlich sein und die putzigen Siebenschläfer beim Liebesspiel stören! Im Lichtkegel funkelten mir zwei Paar Knopfaugen ängstlich entgegen. Die possierlichen, harmlosen Tierchen, die in den letzten Wochen allein und ungestört unser Haus bewohnen durften, waren genauso erschrocken wie wir und gaben schleunigst Fersengeld, um in Mutter Naturs freier Wildbahn ihr Werben fortzusetzen, und wir hatten endlich unsere wohlverdiente Nachtruhe. Die Römer, große Feinschmecker vor dem Herrn – ihr Lukullus ist noch heute ein Synonym für ausgefeilten Speisegenuß –, sollen früher diese kleinen Nager wie Kaninchen gezüchtet und verzehrt haben. Wohl bekomm's.

Morgenstund' ...

Endlich Ausklinken aus dem noch immer zäh im mitgebrachten Bewußtsein verankerten Alltagstrott, der uns die ersten Tage kaum loslassen will. Dem Leben, wenn auch nur für kurze Zeit, eine andere Wendung, eine neue Richtung geben. Für viele Menschen – im Urlaub sowieso erst mal ein wenig entwurzelt – ist die erste Nacht in fremder Umgebung meist kaum von tiefer Ruhe geprägt. Fester Schlaf stellt sich fast immer erst nach einer Umgewöhnungsphase ein. Doch wenn man sich hiergegen nicht wehrt, sich vielmehr beizeiten darauf einstellt, wird dieses Stadium zur erfahrungsreichen Lockerungsübung. Betroffene sollten nicht klagen, sondern sich besser in das unvermeidliche Manko fügen, es bejahend in einen Vorteil ummünzen. Bei allem Schlafbedürfnis eines erschöpften, erholungsbedürftigen Urlaubers – dafür ist doch später immer noch ausreichend Zeit –, kann man das viel zu frühe Aufstehen nun ausnahmsweise mal genießen. Als sonst mauerumgebener, eingezwängter Stadtmensch sich das beeindruckende Erlebnis eines Sonnenaufgangs auf dem Lande servieren zu lassen, kann so zum unvergeßlichen und prägenden Ereignis werden. Richten wir Blick und Gedanken auf das seit Anbeginn der Welt ewig Neue. Schärfen wir ihn für die kommende Wachablösung von Nacht und Tag – vom Dunkel zum Licht. Ein jeder auf seine Weise.

Frühmorgens, eigentlich für die meisten von uns Städtern doch lange vor dem Aufstehen, noch im fahlen Schein zwischen scheidender Nacht und anbrechendem Tag, wenn die Sterne am Firmament eben erst verblassen, wenn die Bodennebel dem kommenden Licht weichen und das Rascheln und Raunen in den Wäldern allmählich verstummt, der Tau sich in den Rädern der Spinnennetze verfängt und das Gras tropfenüberglänzte Frische verstrahlt, die Erde nach einer unglaublichen Gesundheit duftet und das Wiesenschaumkraut sein untadeliges Weiß entfaltet, die im Frühjahr blühenden Bäume den Insekten verschwenderisch ihren Duft entbieten und das Summen von Minute zu Minute vernehmlicher wird, die Vögel – noch aus der Dämmerung heraus – den reifenden Morgen jubilierend locken, die Spechte sicherheitshalber mit Salven noch einmal ihre Reviere eingrenzen und der über Nacht ganz heimlich zurückgekehrte Kuckuck aufmunternd ertönt, kann der anbrechende, jetzt so ganz andersartige Tag für uns nur eines verheißen: Urlaub – und alles wird jetzt anders!

Die jungfräulichen ersten Morgenstunden, sonst im normalen Stadtleben durchweg mit Hast, zumindest Eile beginnend, denn Arbeitszeiten sind nun einmal eiserne Vorgaben, gewinnen eine neue Bedeutung. Losgelöst vom Alltag, sind ihre Geschehnisse auch deshalb so eindrucksvoll, so bewegend, weil sie noch nicht die nun Stunde um Stunde immer stärker werdende Konkurrenz des unaufhaltsam anbrechenden Tages kennengelernt haben. Und die jetzt gerade über den Horizont lugende Sonne wird wohlige Wärme und sommerblauen Himmel verheißen. Mit einemmal dürfen wir passiv abwartend sein, gespannt der Dinge harrend, die da kommen werden. Das Sichentfaltende, das der jetzt nur für uns beginnende Tag uns ganz allein und persönlich bietet, wird deutlicher, ausgeprägter und intensiver erlebt. Natur, ganz egoistisch nur für uns! Balsam für verkümmernde Seelen und Jauchzen für offene Herzen.

Man muß kein Naturfanatiker sein, um zu begreifen, daß hier ein Kraftquell auf uns wirkt, eine Reserve förmlich auf uns lauert, damit wir zugreifen. Sind wir uns dessen nur ein wenig bewußt, brauchen wir uns nur anzuschließen, um unsere leergebrannten Batterien mit der sich hier freigiebig bietenden Energie wieder kraftstrotzend aufzuladen. Zwei- bis dreimal intensiv erlebt, fühlt man sich einbezogen in dieses stets wiederbelebende Ermunterungsritual.

Wandeln

Endlich Abstreifen von Hast und Hektik – es ist Urlaub. Entspannung. Natur und Landschaft. Felder, Wälder, Wiesen und Auen. Neue Eindrücke. Andere Menschen. Fremde Sprache und Ausdrucksweise. Verträumte Dörfer und Landstädte mit ihren zahlreichen Sehenswürdigkeiten. Prächtige Schlösser, wehrhafte Kastelle, und immer wieder verzaubernde, phantastische Grotten, tief verborgen im Schoß der Berge. Teilweise ausstaffiert mit neopaläolithischen Gravuren und Malereien. Krypten der Urgeschichte. Ruhig dahinmäandernde, unregulierte, klare und fischreiche Flüsse und Bäche. Neugierigmachendes Bauernland. Fremdländische Küche. Aber auch andere Sitten, Gebräuche und Marotten, mit denen sich so mancher Zugvogel erst anfreunden muß, die er zu respektieren hat, will er nicht als garstiger, fettnäpfchentrampelnder Tourist nur auf reservierte Zurückhaltung der Einheimischen stoßen. Man muß ja nicht sofort integriert sein wollen. Jedoch ein wenig Rücksichtnahme auf die Gastgeber ist angebracht. Nicht alle hier profitieren vom Fremdenverkehr. Viele müssen ihrem Tagwerk während der Touristensaison, also wenn die Fremden alles überrennen, unter erschwerten Bedingungen nachgehen. Ein wenig Beachtung dieses Umstands bedeutet doch schließlich für beide Seiten einen dauerhaften Vorteil.

Andererseits zeugt es schon von grober Roheit, ist zumindest mit einem heftigen, kopfschüttelnden Unverständnis zu quittieren, wenn ein Zugereister ganze Ländereien von den Einheimischen aufkauft und dann nichts Eiligeres zu tun hat als alles schleunigst einzuzäunen. Zum Teil riesige Areale, die den an zaunlosen Wald-, Jagd- und Fischzugang gewöhnten Dörflern plötzlich den Zutritt in angestammte, ehemals freie Reviere verwehren. Zwar kommt das Wort Forst vom lateinischen forestis – abgeleitet von foris (abgezäunt, nach draußen abgeschlossen) –, aber sind die Einzäuner wirklich so gebildet? Die immer wieder vorgeschützte Rechtsfrage ist zweitrangig bis nebensächlich, wenn es, wie in solchen Fällen, doch um weitaus mehr geht, nämlich um Gefühle, auf denen man tunlichst nicht herumtrampeln sollte. Es sind übrigens genau die Zugezogenen, die dann eigenartigerweise nicht verstehen können, daß man sie nicht will, daß sie vergebens auf eine gewisse Integration in ihre neue Heimat hoffen. Da die Einheimischen hier alle auch irgendwo Landeigentümer sind, können sie den Besitzanspruch ja verstehen. Aber wer will schon schamlose Egoisten ausgerechnet bei sich dulden!? Als Landleute kennen alle hier aus sich selbst heraus auch den Umlandanspruch des anderen als Teil der Gesamtgemeinschaft. Nichts natürlicher als das seit Ewigkeiten unausgesprochene Gesetz: Du streifst ungehindert durch meine, ich durch deine Fluren.

Wenn man hingegen normale Sensibilität gegenüber seinen neuen Nachbarn entfaltet, wobei man es natürlich nicht jedem recht machen kann und soll, und auch auf dem Lande gibt es genügend Querköpfe, so stößt man gerade im Périgord – so erleben wir es nun seit Jahren – überwiegend auf nachsichtige Toleranz bis hin zur spontanen Gastfreundschaft. Mit zunehmendem Touristenstrom wird sich diese schöne Neigung leider mehr und mehr legen. Wer kann's den Einheimischen verdenken. Trotz allem, es bleibt ein Land des sanften und willkommenheißenden Tourismus. Klotzige Hotels oder andere Gewaltbauten sind nirgends auszumachen und wohl auch für die Zukunft nicht mehr zu erwarten. Ausrutscher, gar fröstelnde Entgleisungen modernistischer Bauten sind hoffnungsvoll selten und stoßen durchweg auf einhellige Ablehnung.

Je mehr man sich im Urlaubsgebiet heimisch fühlt, um so mehr der neuen, oftmals faszinierenden Eindrücke, Gebräuche und Genüsse scheinen interessant und auch übernehmenswert zu werden. Wobei wir dann aber immer wieder vergessen, daß ein Baum seine Wurzeln hat und es nur sehr selten gelingt, ihn mit Stumpf und Stil zu verpflanzen. Vielleicht sogar zu sich nach Hause – über Hunderte von Kilometern. Zumal wenn Klima und Erdverwachsenheit seine Existenz bestimmen. Seiner Heimat entrissen, wird er Mühe haben, zu gedeihen und zu gefallen. In angestammter Umgebung jedoch wurzelt er gesund und fühlt sich dort am wohlsten.

Diese Gedanken seien gewälzt, um sich das Folgende schlüssig zu erklären. Wer hat es nicht schon selbst erlebt: Ein einfacher Landwein, in Urlaubslaune und -umgebung mit Einheimischen bei einem entspannten Plausch genossen und davon dann später zu Hause eine mitgebrachte Flasche entkorkt, ist fast immer eine herbe Enttäuschung. Es ist das nichtverbringbare Flair seines Umfeldes in seiner Gesamtheit, die Ausnahmestimmung, in der wir uns in der Erholungsphase befinden, die den Genuß beeinflussen, sogar bestimmen. Also ist es allemal besser, bald wieder die Schuhe zu schnuren und den Wein dort zu genießen, wo er so hervorragend gemundet hat. Und tröstlich allemal: Spätestens im nächsten Jahr ist ja wieder Urlaub. Neue Flaschen, neues Glück.

Verständnis

Dadurch, daß im Périgord – allerdings auch sehr zum Leidwesen der Einheimischen – so gut wie keine Industrie vorhanden ist, hat der Urlauber natürlich die gewaltigen Vorzüge, Landschaft noch in ihrer reinsten Form zu genießen, saubere Luft atmen zu können und nur wenig Überlandverkehr zu spüren zu bekommen. Obwohl das Périgord fernab der großen Routen liegt, ist es trotzdem kaum ein Geheimtip mehr, aber bei weitem auch nicht überlaufen und kann noch allerhand Besucher und Feriengäste verkraften. In der Vor- und Nachsaison ist das Fehlen des Touristenstroms besonders deutlich. Und ganz außerhalb jeder Saison gehört es ausschließlich den Einheimischen.

Es ist Bauernland mit kleinen Höfen, deren Rentabilität immer schwieriger aufrechtzuerhalten ist. Die Landwirte haben keinen leichten Stand und kommen fast nur mit Hilfe staatlicher Einflußnahmen und den einerseits verdammten Brüsseler Reglementierungen, andererseits auch deren begehrten Subventionen zurecht. Nebenerwerbsbauern werden immer seltener. Welche Frau will heute noch auf einen Bauernhof heiraten, immer gegängelt von den Vorgaben, aber auch Launen der Natur und nicht selten mit einem Vierzehn-Stunden-Tag, bei einer Sieben-Tage-Woche.

Viele Bauern stellen aus einer gewissen belächelten Protesthaltung heraus nie die Uhren auf Sommer- oder Winterzeit um, mit der belustigenden, aber durchaus auch ernstgemeinten Begründung, ihre Kühe verfügen über keine Uhrzeiger, die man nach Belieben drehen könne. Mag ja sein, meinen die Bauern, daß die von den Regungen der Natur abgekoppelten *ronds-de-cuir*[*] am grünen Tisch Milch trin-

---

[*] *Federfuchser,* (freier:) *Sesselfurzer*

ken, aber leider haben diese Ignoranten überhaupt keine Ahnung von den tierischen Produzenten, die doch keine Maschinen mit eingebautem Stundenglas seien. Städter, mit ihrer Gewöhnung an geregelte Arbeits- und Freizeiten, Fahrpläne und Naturferne, vergessen das nur allzu leicht. Sie sehen oft nur die Romantik des aber ansonsten arbeitsreichen und harten Landlebens mit seinen wirtschaftlichen Zwängen und Lasten. Andererseits ist aber gerade dieser naturverbundene Broterwerb Freude und Ausgleich für alle Mühsal.

Wenn außer Flächenkonzentrationen auf immer weniger Betriebe bald nichts Grundlegendes geschieht, die Politik sich nichts Vernünftiges einfallen läßt, und es sieht nicht danach aus, wird sich das Nachfolgeproblem auf den Höfen mit den kommenden Generationen wohl demnächst biologisch von selbst lösen, denn Bauern brauchen Erben mit der gleichen Bindung an die Scholle wie die Vorfahren. Und wo sollen die Jungbauern herkommen, wenn nicht auf den Höfen geboren, aufgewachsen und innerlich an sie gebunden? Grüne Traumlandwirte, wenn auch sicher bewundernswert engagierte Neubauern, sind hier sicher kein ausgleichender Ersatz.

Die jungen Leute, denen überreglementierter Ackerbau und Viehzucht keine Perspektive sind, die nicht in der Tourismusbranche unterkommen und denen das heimatliche, ansonsten magere Wirtschaftsgefüge keine Alternativen bietet, haben diese Sackgasse längst erkennen müssen und wandern, sehr zum Leidwesen der festgefügten Familien, ab in die großen Städte zur Arbeitssuche. Viele Höfe haben inzwischen aufgegeben. Die Dörfer und Weiler entvölkern sich, verwaisten und verödeten bis vor kurzem mehr und mehr.

Neusiedler

Jedoch nicht lange, denn diese wie aus der Landschaft gemeißelten, anheimelnden Häuser finden schon seit einigen Jahren einen ungeahnten Zuspruch. Sie werden jetzt zu Landhäusern sich niederlassender Auswärtiger, zu Zweitwohnsitzen und Ferienhäusern umgestaltet. Also für alle, die es in den milderen, sonnigeren Süden zieht und die der Natur näher sein wollen. Schon im Projektstadium hat der Eurotunnel die Bodenspekulation so angeheizt, daß sich viele Engländer inzwischen eingekauft haben. Von der praktischen Seite gesehen, kommen dem sich ansiedelnden Fremden dabei eine hervorragend ausgebaute, flächendeckende Infrastruktur und ganz besonders auch eine gute medizinische Versorgung auf dem Lande entgegen.

Die Wiederbesiedlung der bislang aufgegebenen Bauernhäuser stoppt deren weiteren Verfall und rettet diese lokale, alte, so anziehende und auf ihre Weise klassische Bausubstanz oft Jahrhunderte alter Anwesen vor der endgültigen Aufgabe und Zerstörung. Mancher Einheimische beklagt die heutige Zweckentfremdung und verkauft nur mit einem lachenden und einem weinenden Auge. Auch fällt es etlichen schwer, den ehemaligen ramponierten Besitz mit fremden Mitteln wieder ansprechend wohnlich und modern herausgeputzt auferstehen zu sehen. Aber besser so und dem Lauf der Zeit folgend einen neuen Inhalt gebend, als durch den Zahn der Zeit in Ruinen und Trümmern versinkend. Die zahlreichen, einfühlsam und mit viel Liebe durchgeführten, meist streng am althergebrachten orientierten Restaurierungen bewahren und erhalten so ganz nebenbei das überkommene Siedlungsbild mit seiner ererbten Bausubstanz und bringen Geld und Arbeit ins Land. Einmal schon beim Erwerb der Häuser, dann bei der Bau-

und Restaurierungsphase nebst Einrichtung und natürlich später beim Heimischwerden, bei Unterhalt und Pflege. Viele Handwerker und ihre Mitarbeiter werden so durch die Aufträge der Auswärtigen in Lohn und Brot gesetzt. So viele Neubürger allerdings, daß sie die Bevölkerungsstruktur auch nur annähernd beeinflussen könnten, sind es nun aber auch wieder nicht.

Unendliche Wälder

Neben den landesspezifischen Produkten Mais, sehr viel Tabak, ein wenig Topinambur und den üblichen Getreidesorten und Feldfrüchten, ist die Forstwirtschaft von weitreichender Bedeutung. Riesige, zusammenhängende Laubwälder – neuerdings auch Kiefernschläge, die man aber wegen der Brandgefahren wieder dezimiert – ziehen sich kilometerweit über Berg und Tal. Prächtige Eichen-, Hainbuchen- und Edelkastanienbestände werden wegen ihres Holzes und der Früchte gepflegt und dienen zudem ausgiebig dem französischen Volkssport, der Jagd. Die Edelkastanien, die Maronen, waren in alten Zeiten hier das Grundnahrungsmittel. Waldbrände sind selten. Wenn es doch einmal brennt, sind diese Feuer zum Glück begrenzt. Denn Laubwälder, immer erheblich feuchter als Nadelgehölze und ohne die sich fast gierig entzündenden Kiefernharze, fangen nicht so schnell Feuer wie Pinien, die wie Zunder zu auflodernden Fackeln entflammen können. Bisweilen wird dabei auch nur in einer sich rasch ausbreitenden Feuerwalze auf natürliche Weise das Unterholz verzehrt. Und das, so sagen die Waldbauern, tut dem Wald sogar gut, denn ausgewachsene, gesunde und stramme Bäume sind weniger gefährdet. Im Gegenteil, ihre Nahrungskonkurrenten fallen dabei in Schutt und Asche. Niedrig fliegende Kontroll-flugzeuge überwachen zudem ständig das gesamte Gebiet und können von oben jede verdächtige Rauchsäule umgehend den dann sofort eingreifenden Feuerwehren melden.

Vor noch nicht allzulanger Zeit konnte man die Holzkohlenmeiler der Köhler in den Wäldern rauchen sehen. Diese Forste waren einst mit die wichtigsten Lieferanten für die allerorts benötigte Holzkohle, die aus den hier wachsenden Hölzern von besonders herausragender Qualität war. Holzkohle, die eine größere Hitze als einfaches Brennholz entfaltet, war nicht so teuer wie Bergwerkskohle. Aufmerksame Beobachter werden immer wieder die im Waldboden verbliebenen Köhlerkreise entdecken. Niedrige, im Lauf der Zeit eingeebnete, kreisrunde Erdwälle mit bis zu zehn Metern Durchmesser markieren die hier einst vor sich hinkokelnden Meiler. Der Boden dort ist fast schwarz und humusartig locker. Immer noch finden sich an diesen Stellen zurückgelassene Holzkohlestückchen. Die Périgordiner behaupten, daß auf diesen Plätzen besonders gut Pilze gedeihen.

Früher, als man noch Ziegen und Schafe in großer Zahl züchtete, die Herden frei weiden ließ und die Schweine im Herbst zur Eichelmast in die Wälder trieb, waren die Forste licht und von Unterholz befreit. Heute, wo sie nicht mehr beweidet werden, ist dagegen alles so stark verkrautet, daß einem das Querfeldeinlaufen durch das dickungsartige Unterholz sogar beim Pilzesuchen verleidet wird. Vielleicht aber hat dadurch das Wild mehr Deckung und weniger Störung, damit es dann gewappnet ist, wenn ihm zur Jagdsaison halb Frankreich eins auf den Pelz brennen will. Für französische Verhältnisse sind die riesigen Forste des Périgords sogar recht wildreich, was verständlicherweise viele saisonale Freizeitjäger anlockt. Schaut man abends auf versteckte Lichtungen oder pirscht, Geräusche vermeidend, gegen den Wind durchs Holz, kann man Hirsche, Rehe, Wildschweine, Füchse, Wildkaninchen, Hasen, Marder und Dachse, ja sogar die seltene und versteckt lebende Ginsterkatze entdecken. Rebhühner sind inzwischen völlig ausgerottet. Viele Strichvögel Nord- und Mitteleuropas überwintern hier im Südwesten Frankreichs. Durch Besatz, verstärkte Hege und strenge Schutzmaßnahmen nimmt der Wildbestand allgemein – allerdings auch sehr zum Leidwesen der Bauern – immer mehr zu. Denn Mais und Hackfrüchte sind auch Lieblingsspeise von Wildschwein, Dachs und anderen wildlebenden Feinschmeckern, die Rüssel und Klauen sehr effizient als Rodungswerkzeuge einsetzen und viel Schaden an den Kulturen anrichten.

Als Nichtfranzose und Nichtjäger, der aber durchaus nicht gegen die Jagd eingestellt ist, bin ich immer wieder verblüfft, mit welch enthusiastischer Leidenschaft diese Waidgesellen frankreichweit der Jagd fronen; die Ausübung erinnert Außenstehende allerdings mehr an eine Art geselligen Schießsport mit *Pastis*. In der Jagdsaison – so muß es jedem Beobachter erscheinen – kommen auf ein Stück Wild mindestens eine Handvoll mit modernsten Gewehren bis an die Zähne bewaffneter, bisweilen in militärischer Tarnkleidung auftretender, bestens gerüsteter Schützen mit ihren Hunden, die sich häufig nur gegenseitig im Weg stehen. Jedes Jahr fordern tragisch ausgehende Jagdunfälle ihren Tribut unter diesen jagdfiebernden Nimrods.

Die Geschichte, wie Antoine im ersten Büchsenlicht des Morgengrauens eine unschuldige Kuh erlegte, wird sicher nicht nur hier passiert sein.

Gleich am ersten Tag der Jagderöffnung auf Rehwild noch in der Morgendämmerung, hatte besagter Antoine ganz früh am Morgen seine Büchse geschultert und war allein in den Wald gezogen. Mit welcher Ungeduld hatte er das ganze Jahr schon diesem Tag entgegengefiebert! Immer wieder schaute er sich um, ob ihm auch keiner folgte, denn *Antoine le chasseur*[*] war dafür bekannt, daß er die besten Einstandsplätze des Wildes kannte. Er wußte ganz genau, daß auf der Waldlichtung hoch oben vor den hohen Eichen der Bock, wie er ihn schon so oft beobachtet hatte, zum Äsen heraustreten würde. Hoffentlich auch heute. Er würde ihn erlegen müssen, und zwar bei erster Gelegenheit. Denn er war sicher, daß auch andere den kapitalen Sechser kannten. Warum sonst wurde über dieses schöne Stück im Bistro nie gesprochen? Also hatten auch Konkurrenten es im Visier. So in seine Gedanken vertieft, pirschte er sich – einen weiten Bogen schlagend, um den Wind gegen sich zu haben, und alle verräterischen Geräusche meidend – vorsichtig in Richtung der Eichen voran.

Mit dem Wind in den kleinen Tälern ist das so eine Sache. Unverhofft kann er drehen, das Wild bekommt Witterung, hetzt in langen Fluchten davon, und alles behutsame, mühevolle Anschleichen war umsonst. Nicht so heute. Es fächelte nur ein wenig und glücklicherweise auch noch aus Nord. Je mehr Antoine sich der Lichtung näherte, desto gespannter, aber auch nervöser wurde er. Nun hatte ihn das Jagdfieber voll im Griff. Als er nur noch etwa zwanzig Schritte vom unteren Waldrand entfernt war und die freie Fläche bereits durch das Laubwerk schimmern sah, bemerkte er ganz deutlich – wie er sich später verteidigte –, genau an der Stelle, wo sonst gewöhnlicherweise der Bock zum Äsen heraustrat, eine Bewegung im Laub. Sogar einen Kopf konnte er schemenhaft erkennen und bräunlichrotes Fell. Die

---

[*] *Antoine der Jäger*

86

Büchse hoch, anlegen und zielen war eins. Der Schuß brach. Dann folgte ein ungewöhnlich satter Plumps.

Antoine eilte, seine Strecke zu bewundern, und erbleichte vor Schreck, als er eine durch seine Kugel verendende Kuh vorfand. Welche Schande! Welche Schmach! Er konnte nicht wissen, daß der Bauer tags zuvor diese Lichtung eingezäunt hatte, um auf ihr zwei Limousin-Fersen weiden zu lassen. Und diese Rinder sind auch noch rehfarben! Größe und Umriß der Tiere wurden durch Blatt- und Buschwerk aufgelöst.

Dieser Volltreffer sprach sich herum wie ein Lauffeuer. Das ganze Dorf lachte und ergeht sich noch heute, Jahre danach, immer wieder in Anzüglichkeiten. Wenn Antoine Käse bestellt, bekommt er die Marke »La vache qui rit« serviert. Ein Ausruf der Staunens lautet auf französisch: »Oh, la vache!«* – und ist zu seinem Spitznamen geworden, sobald er das Bistro betritt. Aber es hat auch sein Gutes: Er darf niemals mehr Milch trinken, denn alle Kühe auf Erden seien ihm seither gram und boykottieren ihn. Und immer wieder erläutert ihm jemand lang und breit – insbesondere zu Beginn der Jagdsaison – worin der auffälligste Unterschied zwischen Reh und Kuh besteht. Er hatte den Schaden und nun den Spott dazu und muß viel leiden unser »pauvre cowboy«**, wie er oft genannt wird. Ein Gemütsmensch aber, wie er ist, trägt sein Schicksal mit Fassung. Nur Auswärtige dürfen ihn nicht hänseln.

Überall breiten stattliche Walnußbäume ihre sattgrünen Kronen aus – ein hier heimischer Nußbaum, der sich ja als Welschnuß über Frankreich einst nach Norden verbreitete. Die Bäume stehen weit auseinander in ansehnlichen Hai-

---

*   (frei:) »Ach, du liebe Güte!« (vache=Kuh) «
**   »armer (hier: bedauernswerter) Cowboy«

nen oder auch vereinzelt als Solitärbäume und werden mit großer Sorgfalt gehegt und gepflegt. Walnüsse sind eine der wichtigsten Erwerbsquellen in der hiesigen Landwirtschaft. Daher werden Eichhörnchen von den Bauern als höchst unwillkommene Konkurrenz empfunden, so daß man den possierlichen und intelligenten Tierchen intensiv und sehr listenreich nachstellt. Hat ein Jäger eines entdeckt, wird er versuchen, es auf einen Einzelbaum zu scheuchen, um es dort zu isolieren. Da der Eichkater durch Flucht nun nicht mehr entkommen kann, setzt er sich, den Jäger genau im Auge behaltend, schutzsuchend hinter einem Ast fest und schimpft keckernd auf den Feind herab. Sobald dieser um den Baum herum geht, um zum Schuß zu kommen, dreht sich der Eichkater mit um den Baum, immer den Ast als Deckung zwischen sich und dem Schützen nutzend. Um dennoch das Tier zu erlegen, wird der Nager folgendermaßen überlistet: Der Jäger zieht seine Jacke aus und hängt sie – ähnlich einer Vogelscheuche – über ein schnell gefertigtes Holzkreuz. Danach begibt er sich selbst auf die andere Seite des Baumes. Das verwirrte Tier kann nun nicht mehr einschätzen, von welcher Seite ihm die wirkliche Gefahr droht, denn es hält beide – Kittel und Jäger – für gleichermaßen bedrohlich. Seine Chancen sind jetzt gleich Null.

Zur herbstlichen Jagd-Hochsaison, die ständig verkürzt wurde und sich demzufolge auf immer weniger Tage konzentriert, fühlt man sich durch das ständige Knallen der Büchsen und die zahlreich umherstreifenden Waidgesellen mancherorts fast wie im Schuß- und Stellungswechsel einer Hauptkampflinie. Daß überhaupt noch eine Kreatur überlebt, grenzt schon an Wunder oder ist auf die mittlerweile sehr strengen Jagdregulierungsgesetze mit ihren harten Strafandrohungen bei Übertretung, eine strikte, staatliche Überwachung zur Einhaltung und die saftig erhöhten Jagdgebühren zurückzuführen. Auch die Intimfeinde der Jäger, die Jagdgendarmen, sind auf der Hut und ständig auf der Pirsch. Und wehe, sie erwischen einen Gesetzesbrecher. Die Strafen sind hoch – was ist schon schmerzhafter als ein mehrjähriger Jagdlizenzentzug, – und es wird ohne Pardon durchgegriffen.

Das Wild allerdings scheint zu wissen, zu welchen Zeiten es sich blicken lassen darf und wann es sich besser verbirgt. Am vertrautesten ist es während der Schonzeiten im Frühjahr zu beobachten. Dann lassen insbesondere die Rehe bisweilen sogar alle Vorsicht beiseite und scheinen wie unter Drogen zu stehen. Angeblich sind hierfür die zarten Triebe einiger Bäume, insbesondere die saftigen Knospen und Triebe der Wildkirschen *(mérisiers)* und Schlehen *(prunelliers)* verantwortlich, deren alkoholisierende Säfte direkt in die Blutbahn schießen und die Angstschwelle deutlich herunterschrauben. Wir hielten das lange Zeit für das übliche Jägerlatein, mit dem man andere so gern verkohlt, bis wir selbst erlebten, daß die Rehe, gemütlich durch unseren Talgrund dahinziehend, fast bis auf die weitausladende Terrasse unseres mitten im Wald gelegenen Hauses kamen, verwirrt zu uns hinaufsahen und erst in letzter Minute in recht behäbigen Fluchten das Hasenpanier ergriffen. In den angrenzenden Wäldern stehen zahlreiche Wildkirschenbäume, die im Frühjahr die Luft mit ihrem Duft schwängern und deren Früchte den Vögeln als willkommene Nahrung dienen.

Mutter Natur

Die kraftvolle Natur des Périgord, gepaart mit ausgeglichenen Jahreszeiten und weniger heftigen Temperaturunterschieden oder gar -sprüngen als im nördlichen Europa, nährt alle mit und in ihr Lebenden aus vollem Füllhorn. Auch diejenigen, die uns nicht so in den Kram passen, denn allein der Mensch maßt sich an, zwischen nützlich und schädlich zu unterscheiden. Nirgendwo sonst haben wir bisher Brombeerhecken, Schlehenbuschwerk, Wildrosenhecken und Brennesselfelder gleicher Uneinnehmbarkeit, Wucht und Schönheit entdeckt wie im Périgord. Die fruchtbare Erde und das gedeihliche Klima lassen eben auch diese Pflanzen gesund und kräftig – allzu kräftig – ins Kraut schießen. Und ein brachliegendes Feld ist nach drei, spätestens vier Jahren nicht mehr wiederzuerkennen. Diese kurze Zeitspanne genügt hier Mutter Natur, alles wieder zurückzuerobern. Man weiß schon heute, daß die jetzt auf Initiative der Brüsseler Eurokraten in Brachen fallenden Felder in spätestens zehn Jahren wieder voll bewaldet sein werden.

Dem aufmerksamen Wanderer wird in den schattigen Wäldern, aber auch auf den sonnengetränkten Fluren immer wieder die für Europa einzigartige Fülle an – manchmal auch etwas unscheinbaren – Orchideen auffallen, die speziell die hier recht kalkhaltigen Magerböden so gut gedeihen lassen. Auch die anderen Kleinpflanzen, Büsche und Bäume sind, begünstigt durch das wachstumsfördernde Klima, von ungeahnter Pracht und Vielfalt. Farbige Flechten überziehen Fels und Baumborken.

Unzählige, fast von Monat zu Monat wechselnde Wildblumen aller Größen, Farben und Formen werden von lebhaften, bunten Schmetterlingen umgaukelt. Das Summen bestäubender Insekten erfüllt die Luft. Die heute sonst allerorts schon seltenen Mai-, Hirsch- und Nashornkäfer leben im Blattwerk und im Unterholz und sind, zusammen mit einer Vielzahl anderer Insektenformen Ernährungsgrundlage der vielen Vogelarten, deren Gesang im Frühjahr die Luft erfüllt. In den heißen Sommern zirpen nimmermüde Zikaden und verstummen jählings, wenn man sich ihnen nähert. Verhält man sich ganz ruhig, heben sie wieder an. So kann man sich Schritt um Schritt auf sie zubewegen, bis man das relativ große Insekt am Geräusch lokalisiert hat. Sie flüchten selten, da sie sich durch ihre Mimikry wie unter einer Tarnkappe geschützt glauben.

Aber auch Beutegreifer wie die bizarre, gemeingefährlich aussehende Gottesanbeterin lauern auf ihre Chance. Sogar Löwen gibt es – Ameisenlöwen. Winzige Raubinsekten, die, am Grunde ihrer kleinen, trockenen Sandtrichter lauernd, den lockeren Feinkies auf unvorsichtige Ameisen schleudern, bis sie zum Trichtergrund herabrutschen und unentrinnbar in den Fängen des Räubers landen. Ständig huschen Eidechsen über die Steine. Große Smaragdeidechsen, die Männchen mit ihren türkisfarbenen Köpfen noch prächtiger anzuschauen als die Weibchen, lassen unvermutet innehalten, wirken sie doch fast schon wie Leguane im Miniformat. Und wenn man nicht aufpaßt, fressen monströse, eklig-glitschige Nacktschnecken in kürzester Zeit die Beete kahl. Im Spatsommer, wenn plötzliche warme Gewitterregen herniederprasseln, tauchen wie aus dem Nichts überall schwarzgelb leuchtende, tapsige Salamander auf. Nach kürzester Zeit ist diese Schau wie ein Spuk schon wieder vorbei.

Sicher, auch diese Natur – zwar noch nicht so direkt bedroht – hält sich gerade noch einigermaßen im ökologischen Gleichgewicht. Der Rückgang der Ackerchemie wirkt augenfällig. Dennoch ist Sorglosigkeit im Umgang mit der zerbrechlichen Umwelt leider noch immer weit verbreitet. Sie ist jedoch nicht mehr zeitgemäß, auch wenn das Land dünner besiedelt ist. Einsicht und Widerstand wachsen zwar zusehends, doch Entwarnung wäre verfrüht. Früher waren die Grünen, *les Verts,* ausschließlich die im grünen Dreß kickenden Fußballer des Oberligisten aus St. Etienne. Heute ist diese Farbklassifizierung auch in Frankreich Synonym der Ökologiebewegung. Der Mensch und seine Politiker lassen also hoffen. Sie scheinen sich jetzt endlich zu besinnen und dazu aufzuraffen, daß dieses Naturgeschenk mit allen verfügbaren Mitteln unbedingt erhalten, verteidigt und geschützt werden muß.

Sich selbst besinnend, sollte sich die gesamte Menschheit mahnend die Einstellung der *Amish-People* zu eigen machen, die das Dilemma weit vorausblickend schon immer am treffendsten nicht nur formulierten, sondern sich selbst auch ohne Wenn und Aber danach richten: »Wir haben diese Erde nicht geerbt von unseren Vätern, sondern nur geliehen von unseren Kindern!« Diese Verpflichtung sollte jeder einzelne verinnerlichen, ihr, bei sich beginnend, auch selbst nachkommen und nicht allzu bequem alles auf Vater Staat oder andere Organisationen abwälzen. Denken wir darüber nach. Die Jugend ist da glücklicherweise viel mehr sensibilisiert.

Atlantikwinde

Wie jedes Paradies, hat auch das Périgord eine, wenn auch nur kleine und nicht jeden störende Schlange: Ununterbrochene Sonnengarantie im Sommer, so wie im *Midi,* an den Gestaden des Mittelmeeres, kann nicht gewährt werden. Auch in der ansonsten gewiß regenarmen Sommerzeit kann es schon mal heftig gewittern. Zwar selten ausgiebig und Landregen schon gar nicht, aber das Klima wird vom etwa hundertfünfzig Kilometer entfernten Meer beeinflußt. Die Atlantikwinde – ausgewachsene Stürme sind selten – treiben ihre Wolken landeinwärts, wo sie dann durch die Westhänge des Zentralmassivs zum Abregnen kommen. Die Temperaturen fallen auch nie unerträglich ab. Ein Vorteil dieses Klimas wiederum liegt glücklicherweise darin, daß man immer von sattem, verschwenderischen Grün umgeben ist, während im sonstigen Süden Europas in den heißen Monaten meist alles so nach und nach verdorrt und saftig grüne Natur zur großen Ausnahme wird. Und eine erfrischende, den Staub wegwaschende Dusche bringt in der Sommerhitze mit den dampfenden Feldern und Wäldern und der klaren, duftenden Luft danach auch Labsal und Kühlung.

Bereits Tage vor einem Wetterumschwung, wenn es den einen oder anderen in alten Narben, dem Bein oder sonstwo zwickt, vermelden es im Périgord nachts die in den Wäldern heimischen Unken mit ihren metallisch klingenden, auf- und abschwellenden, melodischen Rufen: bing, bing, bing … Ganz so als schlüge man mit einem leichten Hammer auf einen kleinen Amboß.

Nur unserem guten Freund Hippolythe geht auch dieses weiche Klima in die Knochen, wie er sich auszudrücken pflegt. Das Wetter aber, das diesem überaus liebenswerten Hypochonder genehm wäre, würde eigens für diesen Bereich noch einen achten Schöpfungstag verlangen – und auch dann müßte sich der Schöpfer sicher noch der harschen Kritik Hippolythes stellen. Dieser aber wollte er wohl bisher ausweichen. Denn egal ob die Sonne scheint, ob eine sanfte Brise weht, ob es erfrischend regnet, heftig stürmt oder der Himmel nur bedeckt ist, ein eingebildeter Kranker wie er wird immer etwas zu mäkeln haben, denn ihm ist auch das angenehmste Wetter noch suspekt bis abträglich. Dabei ist Hippolythe eine Sinnbild für strotzende Gesundheit, was er natürlich nie wahrhaben will. Es ist schon verwirrend, wenn er – zwar sehnig und klapperdürr – mit seinem elastisch wiegenden Gang eines südamerikanischen Kaffeesackträgers daherschreitet, zäh wie Rindsleder, und sich mit seinen über einen Meter fünfundachtzig beklagt, daß er schon wieder die fünfundsiebzig Kilo überschritten habe. Der Liebenswerte ist so ausgemergelt, daß selbst mutige und genügsame Mikroben keine Nahrung mehr vorfinden würden und elendiglich zu Grunde gehen müßten. Zudem ist seine ausgeklügelte Medikamentenstrategie so subtil angelegt, daß die präventiv eingelagerten Abwehrmittel bei der kleinsten Störung wie hypersensible Tretminen hochgehen würden. Also keine Chance für wie immer geartete Erreger. Nichtsdestotrotz, die überflüssigen Pfunde müssen sofort weg, denn jedes Gramm Fett verkürzt das Leben. Und ein Hypochonder – das meinen wir inzwischen von ihm gelernt zu haben – wird und muß lange leben. Länger als einer ohne so schöne Krankheiten, wie er sie mit Genugtuung erträgt. Denn wie sonst würde er Zeit und Gelegenheit finden, seine vielen eingebildeten Krankheiten und Zipperlein vital mit Liebe und viel Hingabe zu studieren und zu pflegen, Kurieren als Freude empfindend? Und das alles doch möglichst noch sehr lange.

Lang und breit erläutert Hippolythe uns immer wieder, daß es diesmal doch nicht die Leber oder die Nieren oder die Bauchspeicheldrüse oder sonst was waren, sondern der Fisch vorgestern, der wohl einen Knacks hatte. Trotzdem glauben wir, bisweilen hadert er mit der Schöpfung, die ihm nur die normale Anzahl Organe verliehen hat und nicht noch einige mehr – nur so zum Kränkeln. Ansonsten hat unser mit Freude Leidender so ziemlich alle Krankheiten bereits ausprobiert, und zum Glück entdeckt die Medizin ja auch laufend neue mit immer komplizierteren Symptomen, die den ganzen Mann erfordern. Nur Kindbettfieber – und das wurmt ihn offensichtlich – kann er nun wirklich nicht bekommen. Um ihn aber bei Laune zu halten und stets um sein Wohlbefinden besorgt, haben wir uns voll und ganz auf seine Marotte eingestellt und wünschen ihm immer wieder: »Bleib bitte krank, denn nur dann wissen wir, daß dir nichts fehlt!« Unbegreiflicherweise mault er manchmal dann mit uns.

Bescheidener Exkurs über Eßkultur

Und bitte nie vergessen: In Frankreich, mit seinen zahlreichen und recht unterschiedlichen Regionalküchen, ist mittägliches und abendliches Essen und Trinken, möglichst eingeleitet von einem appetitanregenden Aperitif grundsätzlich ein Lebenselexier, zugleich Entspannung, Plausch, Mußestunde und Ausruhen. Ein abschließender Espresso mit dazugehörigem Digestif als Verteiler, Abrundung und Beruhigung der Magennerven krönt diese in Gelassenheit zelebrierte Zeremonie aller Franzosen – zweimal täglich. Das französische Frühstück hingegen bedarf europanachbarlichen Nachhilfeunterrichts.

Keinesfalls aber ist die mittägliche Nahrungsaufnahme nur leistungsfördernde Unterbrechung des Tagesablaufs, wie sie besonders in Deutschland verstanden wird – Festessen einmal ausgenommen. Mit der ausnahmslos jedermann aus dieser Einstellung im Périgord aufgezwungenen Tageseinteilung in einen streng voneinander getrennten Vormittag und Nachmittag hat man sich abzufinden. Zwischen diesen beiden Tagesabschnitten ist mittags von 12 bis 14 Uhr alles geschlossen. Das öffentliche Leben und auch alles übrige machen erst einmal so richtig und ungestört Pause. Besonders Mittel- und Nordeuropäer kommen anfänglich nur schwer mit diesem Rhythmus zurecht. Es bleibt einem aber gar nichts anderes übrig, als sich hier den unumstößlichen Gepflogenheiten des Urlaubslandes zu unterwerfen und ebenso zu verfahren. Und Achtung, die Assimilierung dieser angenehmen Tageseinteilung greift recht schnell und verscheucht gebieterisch vorherige Gewohnheiten. Die spätere Rückgewöhnung an die heimische Mahlzeithektik mit ihrer Imbißnormalität kann dann manchmal sogar ihre schwer überbrückbaren Tücken in der unvermeidbaren Wiedereingliederung zeitigen.

Überall bieten herausragende Eßlokale ihre Kochkünste an, die schon so manchen Gastes Gaumen in Entzücken versetzt haben. In den verschiedenen Restaurantführern sind sie oftmals recht unterschiedlich, unter Umständen sogar gegensätzlich beurteilt. Man ist also gut beraten, eigene Erfahrungen zu sammeln. Auch ist längst nicht jedes ansprechende Lokal dort erwähnt. Vielfach nur zu einem kulinarischen Wochenende kommen die Schlemmer von weither angereist und speisen dann, umgeben von reizvoller Landschaft und vollreifer Natur. Und so ganz nebenbei können sie sich zur Verdauung dann auch noch die Füße in einer der sehenswerten Grotten vertreten. Gaumen-, Kunst- und Naturgenuß in einem. Was will der Mensch eigentlich noch mehr!? Und wo gibt's das noch?

Sinnenfreuden

Wo Herz und Gaumen, Augen und Ohr und alle anderen Sinne so ausgiebig in ihrer schönsten und allumfassenden Kraft und Möglichkeit gefordert werden – die einzigen, die übrigens hier keine Ferien machen dürfen –, muß man sich einfach wohl fühlen. Natur satt und Sinnenfreuden mit Entspannung und Mußeempfinden ist eine der begehrlichsten und gesündesten Möglichkeiten, abgearbeitete, termingeplagte Städter wieder aufzubauen, wieder zu sich selbst finden zu lassen und Kräfte zu tanken für die unweigerlich kommenden Runden.

Und so kehrt Ruhe und Gelassenheit in uns ein. Zufriedenheit wird wohl noch ein Weilchen auf sich warten lassen, aber wir sollen ja endlich einmal Zeit haben und uns auch in Geduld üben! Aus Geduld und Gleichmut werden urplötzlich wichtigste Tugenden, und Hast, gar Hektik wandeln sich fast zu Fremdwörtern. Der Tagesablauf wird dann nicht mehr von anderen bestimmt. Er gibt sich mit einem Mal unmerklich selbst vor, und man kann es anfangs eigentlich gar nicht so recht begreifen. Verstört fragt man sich, warum es daheim nicht auch so geht, und nimmt sich vor, nach der Rückkehr so einiges zu ändern. Welch frommer Wunsch! Der Vorsatz mit der sichersten Aussicht auf Erfolg ist wohl immer noch jener, besser erst gar keine Vorsätze mehr zu fassen. Das beruhigt und vermeidet unnötigen Streß und Schlagseite des Lebensschiffs.

Sich angenehm lässig den angeblich sonst so unwichtigen Dingen hinzugeben, zu trödeln, sich treiben zu lassen, wird merkbar mehr und mehr zur Grundeinstellung, zur Lust. Fast als würde man es am liebsten immer mit den Beatles halten wollen, die da so treffend einfühlsam – aber auch ein wenig weltfremd – schon in den sechziger Jahren »rockten«:

»Yesterday, all my troubles seem so far away ...« [*] Oder, wie Kurt Tucholsky es in einer seiner berühmtesten Metaphern ausdrückte: »die Seele baumeln lassen«.

Zu intensiv urlauben, zu viel Begeisterung und Neugier am Unbekannten und Sicheinbetten ins Fremdartige, kann jedoch auch plötzlich eine nie vermutete Wendung nehmen. Wir bürdeten uns unverhofft eine solche, aber dennoch sehr freudige Last und Chance auf. Eine, die wir nie bereut oder bedauert haben; eine, die wir so frühzeitig überhaupt nicht ins Auge gefaßt hatten, mit der wir gar nicht rechneten, die uns aber in den Schoß gelegt wurde. Ja, auch das kann dann verwegenerweise plötzlich aus Urlaub werden: Anker werfen. Doch darüber mehr im nächsten Kapitel, dem einer freudigen, zähen, aber dennoch erfolgreichen Erwerbsstory mit gefälligen Folgen.

[*] *»Gestern noch schienen all meine Sorgen so weit entfernt ...«*

Eine Erwerbsstory

Glücklicherweise gibt es im Leben auch Fälle, bei denen sich im nachhinein dann herausstellt, daß leichtfertig hingeworfene und keinesfalls ernst gemeinte Bemerkungen nicht gleich unangenehm zurückschlagen, sondern – wenn auch nach einigem Hin und Her – auch mal eine begrüßenswert erfreuliche Richtung nehmen können. So wie es uns passieren sollte. Und wie wunderbar erhebend und befreiend ist dann erst das Gefühl, sich nicht den Mund verbrannt, sondern unbewußt mit solch einer nicht kontrollierten Äußerung das – vielleicht heimlich? – erwünschte Gegenteil bewirkt zu haben und plötzlich einen unvermuteten Erfolg in Händen zu halten.

Inzwischen hatten wir uns in unserem Leihdomizil angenehm eingelebt, fühlten uns wohlig und geborgen und hatten schon eine tüchtige Portion Périgord, bestehend aus leckerer Küche und den zahlreichen Sehenswürdigkeiten freudig engagiert verinnerlicht. Man beachte die Reihenfolge. Wir genossen die erholsame Landluft und die friedvolle Landschaft in vollen Zügen, freundeten uns mit den Nachbarn an und aalten uns im weichen Frühsommerklima unter südlicher Sonne oder im Schutz unseres schattigen, weitausladenden Walnußbaums, ungestört von stechenden Insekten. Das strenge Aroma seiner ätherischen Öle ist so derb und abweisend, daß sich keine Mücke oder anderes stechendes Getier darunter wagt. Einheimische raten aber, nie unter einem Walnußbaum zu schlafen, denn man könnte mit empfindlichen Kopfschmerzen erwachen. Wir haben es nie ausprobiert, aber von verschiedenen Seiten immer wieder diesen wohlmeinenden Rat erhalten.

Kaum eine Grotte oder andere steinzeitliche Attraktionen waren uns noch fremd. Beeindruckt hatten wir alles Besichtigte in uns aufgenommen. Immer wieder bewundernd standen wir in den kleinen und großen, bilderbuchgleichen Périgord-Gemeinden vor den reizenden Häusern, die die Kunsthistoriker unbeeindruckt, fast schon abfällig-arrogant, Profanbauten nennen. Für unsereins jedoch sind sie anheimelnde Klassiker bäuerlicher, von Generation zu Generation weitergetragener Baukunst des Alltäglichen. In den Wiesen und Feldern bestaunten wir die landestypischen *bories*, die kunstvollen, aus Trockenmauern errichteten Nursteinbauten, deren Silhouetten an afrikanische Rondavels erinnern, und empfanden alles wie eigens plaziert in ein Freilichtmuseum, jedoch erfüllt mit pulsierendem Leben und ländlicher Geschäftigkeit. Rundum Schlösser und Burgen aller Stilrichtungen und Epochen. Im gesamten Departement Dordogne sollen es über tausend sein. Die trutzigen Wehrkirchen, zwar als Sakralbauten gedacht, muten eher kriegerisch an und waren es einst auch. In unruhigen Zeiten, deren es leider übergenug gab, mußten sie der fliehenden Bevölkerung vor Räubern und Überfällen einer ungezügelten Soldateska Schutz bieten. Behäbig flanierten wir durch die mittelalterlich anmutenden Ortschaften und Städte und die hier anzutreffenden wehrhaften Bastiden, die eigens im Hundertjährigen Krieg angelegten Festungsstädte mit Besatzungen je nach wechselndem Kriegsglück. Auch Wettrüsten, so konnten wir sehen, ist ein alter Hut. Wenn die Engländer an der heißumkämpften Grenze, auf dem Dordogne-Südufer, ein Kastell errichteten, bauten die

Franzosen in Sichtweite gleich gegenüber die Abwehrburg und umgekehrt. Wer lernt auch schon aus Geschichte!?

All diese Attraktionen hatten wir also wie weltreisende Japaner und Amerikaner gewissenhaft bestaunt und abgehakt. Mit anderen Worten, wir hatten unser Pensum übererfüllt und spürten keinerlei Neigung, Tourismus weiterhin in anstrengendes Herumrennen mit noch mehr Besichtigungstouren in dieser Sommerhitze ausufern zu lassen. Wozu also noch viel bewegen. Endlich und mit Vehemenz und Überzeugung gönnten wir uns das ersehnte Nichtstun und gaben uns ganz locker dem erholsamen Faulenzen hin.

Ein Plausch im Bistro, ein Schwatz über den Zaun oder am Wegesrain entspannt und ist Ergänzung des Gesehenen, erfüllt es mit persönlichen Inhalten. Bei intensivem Zuhören mehr als man gemeinhin vermutet. Jeder hier hat über sein Ländle etwas Interessantes mitzuteilen. Beim Plaudern mit den Nachbarn erfährt man so viel Neues und Wissenswertes, eingebunden in persönliche Ansichten, die man ja nicht teilen muß. Manchmal auch abwegig bizarr, bisweilen aber auch so anregend, daß man schon wieder aufbrechen möchte zum nächsten Besuchsprogramm. Nur standhafteste Faulenzer halten durch. Es sollte nun vorerst reichen.

Unser Tag begann, wenn sich frühmorgens die hagere Gestalt der steinalten Léonie – kaum einer wußte, wie alt sie wirklich war, und sie selbst anwortete immer: *»Je suis une centenaire«* [*] – mit ihrem Tagesbedarf Brennholz auf dem Buckel aus dem Wald löste und uns auf *patois* freundlich *»bon sour«*, einen guten Morgen, wünschte, wobei sie sehr schwer zu verstehen war. Zum einen, weil sie ein Gemisch aus Französisch und dem Landesdialekt sprach, zum ande-

[*] *»Ich bin eine Hunderjährige.«*

ren aber auch, weil ihr die Luft durch die nicht mehr vorhandenen Zähne beim Sprechen unkontrolliert entwich.

Als engagierte und vollüberzeugte Kommunistin servierte sie uns immer wieder auf nüchternen Magen ihre recht verkorkste, eigeninterpretierte Weltanschauung, selbst nicht wissend, was das eigentlich genau ist. Eine sehr eigentümliche Privatideologie, die sicher auch ihr Idol, Monsieur Charles Marx, amüsiert hätte, war er doch für sie ein neuer Charlemagne, ein Karl der Große aller Proletarier. Aber trotzdem hatten wir als seine Landsleute von Anfang an bei ihr einen Stein im Brett. Zum Abschluß sang sie uns dann noch mit fester durchdringender Stimme *a capella* die Internationale vor – aber auf *patois périgordin*, einem Dialekt, der angenehm vokalreich und schon sehr katalanisch klingt. Unser kleiner Sohn Alexander starrte ihr dabei unentwegt auf die Lippen und wollte immer wieder ihr leidenschaftlich vorgetragenes Kampflied hören. Bis wir eines Tages dahinterkamen, daß es weder Melodie noch Text waren, die den Kleinen so fesselten. Nein, er wartete gebannt und fasziniert darauf, daß der guten Léonie dabei doch nun endlich auch ihr letzter Schneidezahn herausfallen würde. Der aber blieb ihr und hielt bis ans Lebensende mit ihr durch. Im stolzen Alter von neunundneunzig Jahren – also doch noch im hundersten Lebensjahr – wurde sie sogar mit ihm beerdigt. Immer wieder hatte sie uns eingeschärft, mit dafür Sorge zu tragen, daß kein Pfarrer an ihrem Grab predigen dürfe. Denn Gott möge die Kirche nicht und habe deshalb auch verfügt, daß deren Diener ihr Leben lang Schwarz tragen müssen. Bis zum Schluß hat die gemütvolle Greisin fast alle Hilfe ihrer Verwandten und Nachbarn stolz zurückgewiesen und ganz allein ihren Haushalt bestellt.

Als eines Tages eine heftige Bö die klapperdürre Léonie zu

Boden riß und ihr Nachbar Marius, von dem wir noch viel hören werden, das beobachtete und ihr sofort zur Hilfe eilte, wobei er, anspielend auf ihre kommunistische Überzeugung, in einem spitzfindigen, auf Französisch phonetisch absolut gleich klingenden, ja fast schon genialen Wortspiel bemerkte: »*Marchée (Marchais) et (est) tombée (tombé)!*« Die erste Version lautet: »Gelaufen und hingefallen.« In der zweiten Bedeutung – in Klammern – kann es aber auch heißen: »*(Monsieur) Marchais* [der seinerzeitige Generalsekretär der *KPF*] ist gefallen!« Letzteres zu verstehen im Sinne von »wurde gestürzt«.

Marius beherrschte die seltene Kunst, störende Situationen auf unkonventionelle Art und Weise in seinem Sinne so zu beeinflussen, daß man eigentlich nie aus dem Staunen herauskam. Die beiden Alten dieses abgeschiedenen Weilers, Léonie und Georgette, kehrten oft zu einem Schwatz und auf ein Gläschen Wein bei ihm ein. Doch manchmal waren ihm die Tratschtanten dann doch zu schnatterhaft. Und heute hatten wir beide auch etwas zu bereden, kamen aber kaum zu Wort. Marius, ganz Herr der Lage, blinzelte mir zu und bedeutete mir, daß er eine Idee habe, die beiden Alten, ohne sie zu beleidigen, zum Schweigen zu bringen. Er griff zum Brot und zur *pâté,* würzte alles mit einigen Raspeln Trüffel, schenkte frischen Wein nach und reichte seinen schwatzhaften Nachbarinnen großzügig die fertig geschmierten Stullen. Verblüfft und fragend schaute ich ihn an, denn daraus konnte ich mir nun keinen Reim machen, zumal er vorher beide Damen immer wieder und zum Schluß schon recht unwirsch um Ruhe gebeten hatte. »Man versteht ja sein eigenes Wort nicht mehr!« klang es mir noch in den Ohren. Jetzt bewirtete er sie auch noch, anstatt sie hinauszukomplimentieren. Wer geht denn schon mit einem Imbiß vor die Tür? Marius' erläuternde, augenzwinkernde

Worte: »Siehst du, *mon pote,* mein Kumpel, nun haben wir Ruhe. Jetzt kauen sie und können vorerst nicht mehr quatschen.« Ja, so lächerlich einfach, gewitzt und effizient läßt sich so etwas regeln!

Begeistert von dieser fast magisch anmutenden Region, war es uns ein Bedürfnis, den Einheimischen unsere Bewunderung für ihr schönes Fleckchen Erde kundzutun. Das ging dann so weit, daß ich lässig – nur nett gemeint und bestimmt auch ganz unverbindlich und mehr als Hommage und indirektes Lob an das schöne *Périgord Noir* gedacht – bemerkte: »Wir sind so angetan von dieser wunderschönen Gegend, daß wir eigentlich gar nicht zögern dürften, hier ein Grundstück zu kaufen. Man sollte sich wohl beizeiten ansiedeln. Noch bevor die ganze Welt von diesem Kleinod erfährt und die Preise hochgetrieben werden. Zumindest einen Feriensitz, ein *maison de campagne,* ist die Überlegung wert.« All das war ganz bestimmt nicht so ernst gemeint, wie es sich anhörte. Ich wollte nichts weiter – meine Familie sei mein Zeuge – als die Freude am Hiersein auf nette Art und Weise anerkennend zu untermalen. Wenn ich gewußt hätte, welche Mine ich da lostrat, hätte ich vielleicht meine Zunge im Zaum gehalten. Aber so kam es, wie es kommen mußte – vorausgeschickt: zu unser aller Glück.

Ich hatte nicht berücksichtigt, daß zwischen einer lapidaren, nicht so ernsten, einfach hingeworfenen Äußerung und ihrer subjektiven Aufnahme und Auslegung durch den Angesprochenen, der sich nun als Betroffener aufgefordert fühlt, mehr als unterschiedliche Akzente liegen können. Denn einer von ihnen war so sehr erfreut über unsere Périgord-Begeisterung, daß er alles Gesagte entsprechend wörtlich nahm und uns zu unserem Glück verhelfen wollte. Mit aller Konsequenz, ausdauernder Zähigkeit und vielen nachfolgenden Freundschaftsdiensten, wie sich später noch herausstellen sollte. Auch er ahnte noch in keinster Weise, was ihn bald darauf alles ereilen würde.

Es war unser freundlicher Vermieter André Dupin – inzwischen sind wir dicke Freunde –, der diese Bemerkung, ohne daß wir es vermuten konnten, mit großer Ernsthaftigkeit aufgriff. Eine ganze Zeitlang drucksste er herum, bis er mich eines Tages zur Seite nahm und uns einen, wie er gleich zu Anfang versicherte, einmaligen Gelegenheitskauf anbot. Ein sehr großes Waldgrundstück ganz in der Nähe, das eine gute Freundin aber nur an seriöse Leute ohne langes Hin und Her verkaufen wolle. Zufrieden vernahmen wir, zumindest schon mal als seriös zu gelten, und Bonität war noch gar nicht gefragt. Mehr aus Höflichkeit hörten wir uns sein Angebot an und erfragten, neben dem Preis und den üblichen Informationen, was denn darauf stehe und so weiter; natürlich auch die Größe. »Ungefähr dreihundert Ar«, wurde uns beschieden. »Was heißt das denn? Wieviel ist das?« »Ach, das ist eigentlich recht groß«, war die auslegungsbedürftige Antwort. Da wir sowieso schon leicht erschrocken über diese ernst gemeinte Offerte waren, die wir ja eigentlich gar nicht wollten, trauten wir uns nicht, noch mehr Interesse zu heucheln und weiter nachzufragen. Was ein Ar ist, weiß hier in Frankreich sicher jeder; nur wir wußten es nicht. Lieber schweigen und sich keine Blöße geben ist zwar ein gröblicher Fehler, aber wir machten ihn. Und was bedeutete eigentlich »groß«?

Wenn man sich auf dem Landvermessungssektor wenigstens ein ganz klein wenig auskennen würde, zumindest Ar in Quadratmeter umrechnen könnte, wäre einem ja schon geholfen. Wir allerdings hatten damals keinen blassen Schimmer, was diese Fläche eigentlich beinhaltete. Und da wir sowieso nicht echt interessiert waren, forschten wir auch nicht weiter nach. Als gute Städter vermuteten wir, es müsse sich wohl so um die 3000 Quadratmeter handeln. Immerhin, für unsereins, der ja nun wirklich nicht gewohnt ist, in Größenordnungen landwirtschaftlicher Anbauflächen zu denken, war unsere Interpretation schon ein beeindruckendes Großstadtareal. Aber sie lag eben völlig daneben, wie sich bald darauf herausstellen sollte. So verfolgten wir die ganze Angelegenheit nicht intensiver und verlebten weiter einen unbeschwerten Urlaub – und ganz ohne Ar.

Nicht so jedoch unser Anbieter, der gute André, der damals – wie er noch heute immer wieder sagt – überhaupt nicht verstehen konnte, daß wir nicht gleich vor Freude an die Decke sprangen, denn eine solche Gelegenheit, die üblicherweise sonst nur Insidern, also Einheimischen, zugänglich ist, böte sich kaum wieder. Da zeigt man zumindest etwas Interesse. Das will man anschauen. Und da er ja unseren angeblichen Wunsch ernst nahm, konnte er unsere Zurückhaltung gewissermaßen nur als Dusseligkeit auslegen. Was ja irgendwie auch zutraf. Wir haben keine Hemmungen, das nun auch öffentlich einzugestehen. Andererseits wußte er aber wiederum nicht, wie er es anstellen sollte, uns, ohne uns nun zu nahe zu treten oder gar aufdringlich zu erscheinen, wachzurütteln, und uns diese einmalige Okkasion begreiflich zu machen. Schließlich war er ja kein Makler oder gar der Grundstücksverkäufer. Auch diesem tat er schließlich nur einen Gefallen, handelte sozusagen aus reiner Freundschaft und Freude am Objekt. Der Arme muß recht schwere Stunden verbracht haben, bis er sich endlich doch noch zum alles entscheidenden Gespräch durchrang. Zwar immer noch ohne die geringsten Absichten, vor Anker zu gehen – zudem hatten wir in unserer Jungfamilie andere Ausgaben zu verkraften –, waren wir dennoch neugierig geworden. Das zeigte sich ganz augenscheinlich, als meine Frau und ich uns gegenseitig dabei ertappten, wie wir immer wieder die bei den *agences immobilières*[*] aushängenden Angebote studierten und so den uns offerierten Preis mit den dortigen Angeboten verglichen. Aber eben – und dessen schämen wir uns heute noch – auf Basis einer, wie sich dann bald herausstellen sollte, völlig abwegigen Größenordnung. Nämlich jenen besagten, unterdimensionierten 3000 Quadratmetern, die wir uns fälschlicherweise einbildeten. Logischerweise empfanden wir bald das als so »günstig« gepriesene Angebot nicht gerade als weltbewegend niedrig. Hinzu kam noch – mein heute guter Freund André möge mir im nachhinein verzeihen –, es wird so viel angeboten und den hin und wieder etwas einfältigen Touristen schmackhaft gemacht, daß man dem Frieden nie so recht traut und eher Zurückhaltung geboten scheint. Also lieber *ad acta* damit.

Warum sollte gerade uns Fremden, auch wenn man sie vielleicht ganz sympathisch fand, ein solches Bonbon zuteil werden? Und dann noch für derart oberflächlich in den Wind Gesprochenes. Wir wollen zwar keine Berufsskeptiker sein oder gar mit Scheuklappen durch die Welt rennen, aber in den Ferien ist man nicht unbedingt geneigt, sich auch noch weittragende Entscheidungen aufzuhalsen. Diese Notwendigkeit wollte man ja endlich zu Hause lassen. Und schon gar nicht Entscheidungen, die nicht einmal einer lockeren – dabei unwissentlich falschen – Vorprüfung standhalten. Also beiseite das Ganze und weiter unbeschwerter Urlaub. Außerdem neigte sich unser Aufenthalt allmählich dem Ende zu, und wir sahen das leidige Kofferpacken bereits auf uns zukommen. Ganz nach der Devise »Der König ist tot – es lebe der König!« – hatten wir das Périgord gedanklich schon eine wenig verlassen, und die

[*] *Hausmakler*

Familie schmiedete inzwischen erste Pläne, wo es denn nun nächstes Jahr hingehen sollte.

Nur hatten wir nicht mit der Zähigkeit und, wie sich später offenbaren sollte, auch der Zuneigung unseres Périgordiners gerechnet. Zumal er nun auch noch herausbekommen hatte, daß er einem professionellen Kaufmann gegenüberstand; anscheinend wohl aber keinem besonders gewitzten. Der müßte doch wirklich so viel Grütze im Kopf haben, Überblick, Kombinationsgabe und Kaufmannsgeschick an den Tag legen, daß er eine solche Chance mit Sicherheit erkannte. So einer wird doch selbst dahinterkommen, den muß man nicht erst zu seinem Glück zwingen, dachte er. Nicht mal ein Makler – auch sie sollen leben – war hier zwischengeschaltet. Werde einer aus diesen Städtern klug! Oder war das vielleicht sogar eine speziell deutsche Eigenart? Anständig, wie er ist, hat Mr. Dupin glücklicherweise nie den Verdacht gehegt, unser Desinteresse sei vielleicht nur gespielt und wir würden rumpokern. Doch bald wurde ihm klar, wie er es anpacken wollte, und er nahm mit ernster Miene das Heft des Handelns in die Hand.

Da unser Anbieter richtig vermutete, daß wir die riesigen Ausmaße dieses Anwesens nicht begriffen hatten und wohl weit unterschätzten, war das für ihn der Ansatz, uns noch einmal – und nun gründlicher, und zwar verdammt deutlich – ins Gebet zu nehmen und sein Unverständnis für unsere unvernünftige Haltung zu äußern. Auch wenn man ein solches Schnäppchen nicht selbst nutzen will, so kann man es doch späterhin mit gutem Gewinn und ohne Reue weiterverscherbeln. Er würde es ja selber gern kaufen, habe aber gerade den Erbschaftsanteil seines Bruders ausbezahlt. Wenigstens mal ansehen, mal durchstreifen könnten wir es doch. Erst bei »selber gern kaufen« und »durchstreifen« schrillten die Alarmglocken. Plötzlich wurden wir hellhörig.

Das mit dem Auszahlen wußten wir. Das war kein Bluff eines gewieften Verkäufers – und schließlich durchstreift man keine schlappen dreitausend Quadratmeter! Hatten wir uns also geirrt? War es doch erheblich größer? »*Alors*, Monsieur Dupin, bitte nun mal ganz genau: wie viele Quadratmeter – oder sprechen wir hier über Hektar – will man uns denn wirklich verkaufen?«

Andrés Miene hellte sich merkbar auf, und mit einem Schlag kam Dampf und Tempo in die Angelegenheit. Es stellte sich etwas nie Vermutetes heraus, denn seine alles auflösende Gegenfrage lautete ganz einfach: »Sie wissen also, wieviel ein Hektar ist?« »Natürlich, das sind zehntausend Quadratmeter.« »Na, sehen Sie. Hundert Ar gehen bei uns auf einen Hektar und dreihundert Ar sind demnach drei Hektar.« Er traf uns wie mit einer Keule, und mir wurden plötzlich die Knie weich. Aus den ursprünglich vermuteten dreitausend war unvermittelt und ohne jegliches Dazutun jetzt das Zehnfache geworden, nämlich nun unfaßbare, schwindelerregende dreißigtausend Quadratmeter. Also doch Größenordnungen eines Kleinbauernhofes. Solche Latifundien jedoch gingen schlicht und einfach über unsere Vorstellungskräfte hinaus. Die Zusatzinformation lautet dann auch noch, daß es wahrscheinlich eher um die vierhundert Ar oder noch darüber seien. Eins stand bei all dem fest und würde sich auch nicht weiter bewegen: Der Preis bleibe in jedem Fall unverändert. Selbst wenn das Gelände die vierhundert Ar überschreiten sollte, was der Notar gewiß noch genau feststellen würde. Trotz allem, immer noch Umstände, die sich eigentlich recht rätselhaft präsentierten und wirklich nicht so ganz glaubhaft schienen.

Durch das Beachten der Aushänge vor den Maklerbüros kannten wir mittlerweile automatisch ja auch die Preise

solcher Großareale mit ihren Bauten und allem Drumherum. Unfaßbar! Mindestens dreißigtausend, wahrscheinlich
sogar vierzigtausend Quadratmeter oder noch mehr in einer der angesehensten Périgord-Gemeinden. Nur für uns!
War da nicht doch irgendwo der berühmte Pferdefuß? An
der Umrechnung konnte es nun wirklich nicht mehr liegen.
Und alle Umstände schienen blitzsauber.

Während des ganzen Durcheinanders und auch noch später
mußten wir oft an eine Überlieferung aus der Antike denken. Sie trifft zwar so nicht auf uns zu, doch in ihrer Aussage
ist eine gewisse Verwandtschaft nicht zu leugnen. Noch
allerdings wußten wir nicht, welcher Seite wir uns zuordnen
müßten:

»Einst hatte sich ein Schlaumeier von seinem König mit
einem genialen Trick gewitzt Grund und Boden erbeten.
Für eine bestimmte Tat verlangte der Eulenspiegel von
seinem Fürsten ein Areal, so groß, wie er es mit einer
Rinderhaut umspannen könne. Erfreut, den Bittsteller so
günstig abspeisen zu können, gewährte der Herrscher gene-
rös diese, wie er noch meinte, nur milde Gunst. Daraufhin
nahm der Schelm die Kuhhaut, schnitt sie ganz einfach in
hauchdünne Streifen, umspannte mit diesem schmalen Le-
derband seinen künftigen Grund und Boden. Um jedoch
allem noch die Krone aufzusetzen, geschickt rund um den
Fuß eines Hügels herum. Mit dieser bauernschlauen Über-
rumpelung gewann er einen ansehnlichen Landbesitz. Da
der Lehnsherr ebenfalls mit Intelligenz, dazu mit Humor
und Selbstbewußtsein gesegnet war, stieg dieser Landmann
alsbald zu seinem wichtigsten Berater auf.« Auch das antike
Karthago soll einst so gegründet worden sein.

Den früheren Grundstücksbeschreibungen hatten wir nur
mit halbem Herzen gelauscht. Jetzt hingegen konnten wir
gar nicht genug an Informationen aufnehmen, um ein

klareres Bild zu gewinnen. Und bei all diesen überzeugenden, eher unterkühlten Schilderungen wuchs unsere Begeisterung von Satz zu Satz. Aber wir wurden auch immer nervöser. Etliche Fluren in Mittelhanglagen eines von Norden sanft ansteigenden Tales, vorwiegend mit Laubwald bestanden. Darunter teilweise uralte Eichenbestände, Hainbuchen, Rüster, Pinien und einige Edelkastanien, Wacholderbüsche, Haselsträucher und auf einem Schlag auch einige leider sehr ungepflegte Walnußbäume, die ein großes, sehr altes Bauernhaus umgaben. Einige brachliegende, inzwischen buschwerküberwucherte Äcker, ein verwilderter Weinberg. Aber auch zwei Flußgrundstücke am nahegelegenen Flüßchen Beune. Die jedoch mit Fragezeichen. Wenn das alles so stimmte!? Für freiheitsdurstige, naturnahe Menschen, die Abgeschiedenheit und Ruhe lieben, das ideale Refugium.

Allerdings war das im landesüblichen Stil erbaute Bauernhaus mit Nebengebäuden, die Franzosen nennen eine solch kleine Landwirtschaft zärtlich eine *fermette*, ein Bauernhöflein, bereits vor über vierzig Jahren verlassen worden und sei jetzt recht verfallen. Das Dach sei noch gedeckt und der Dachstuhl einigermaßen in Schuß. Die Fundamente ständen sämtlich direkt auf gewachsenem Fels. Deshalb seien die Seiten- und Giebelwände absolut im Lot, so wie sie vor zweihundert oder dreihundert Jahren in Bruchfelsstein und Lehmbauweise hochgemauert worden waren. Natürlich müsse man es – innen und außen – komplett wieder herrichten, *à retaper*, wie die Franzosen sagen. Wasser und Elektrizität seien auch nicht am Haus, aber nicht weit entfernt. Was übrigens nicht stimmte, wie sich später herausstellen sollte. Vielleicht aber sei am Haus eine Zisterne. Wenn nicht, ganz in der Nähe, mitten im Wald, sprudelte eine ergiebige Quelle mit bergklarem Wasser, eingefaßt mit einem kleinen, uralten Quellhäuschen, das auch mit dazu gehörte. Der alleinige Zufahrtsweg – ein Kilometer durch Feld, Wald und Flur – sei für den Wirtschaftsverkehr fast über die ganze Länge offen. Da der Feldweg in eine Sackgasse münde, müsse am Ende ein Wendekreis angelegt werden. Also immerhin einiger Aufwand, aber dafür sei der Preis ja auch einmalig günstig. Kurzum, *une fortune*[*], wie man uns versicherte. Arbeit gäbe es zwar genug, aber alles sei leicht und locker lösbar – so wie man in Frankreich in solchen Situationen zu hören pflegt: *»Pas grave, un coup de bull/marteau/débroussailleuse ....etc. – et ça-y-est!«*[**] Es ist immer sehr ermutigend, Menschen um sich zu haben, die die Schwierigkeiten anderer grundsätzlich ignorieren.

Eine Bodenverkehrsgenehmigung und eine sich daran anschließende Restaurierungsstattgabe bekomme man ohne jede Schwierigkeiten, denn das Dach sei noch gedeckt, also noch steuerlich erfaßt. (Nur Häuser ohne Dach werden nicht besteuert.) Aber dann dürfe man das Haus in seinem Grundcharakter nicht groß verändern. Das wäre auch nicht unsere Absicht, versicherten wir. Der Bürgermeister wünsche, daß der Wanderweg bestehen bleibe. Sei aber keine Bedingung. Also summa summarum keine besonderen Affären. Bisher keine Ungereimtheiten. Und das alles könnte bald schon uns gehören.

Für uns gab es jetzt kein Halten mehr und nur noch eins: schnellstens hin und anschauen, bevor uns ein anderer mit mehr Durchblick und Entscheidungsfreude vielleicht noch diesen Goldnugget, die faszinierenden, mindestens dreißigtausend Quadratmeter Traumgrundstück vor der Nase weg-

[*]   *ein Glücksfall*

[**] (sehr frei:) *»Kurz mit dem Bulldozer rüber/einige Hammerschläge/ein wenig Roden ... etc., und das wär's!«*

schnappt. Ehrlich erfreut über unser nun endlich gewecktes Interesse, atmete André hörbar auf, griff sogleich zum Hörer und vereinbarte ruckzuck noch am Nachmittag eine Begehung mit Oncle Fernand, der sich dort in den Wäldern besser auskannte. Vor Aufregung und nervöser Erwartung bekamen wir mittags kaum einen Bissen herunter. Nur unsere Périgordiner nahmen mit gewohntem Appetit und der üblichen Gelassenheit genüßlich ihr unvermeidliches Mittagessen ein. Unsere augenblickliche Magenschwäche konnten sie überhaupt nicht verstehen. Oder wollten sie uns nur foppen? Mit ihrer Engelsgeduld spannten sie uns gehörig auf die Folter. Fast eine Art liebenswerter Rache, denn es schien uns, als feixten sie sich eins, hatten wir sie ja auch erst einmal zappeln und ins Leere laufen lassen. Doch auch das längste Mittagessen geht einmal zu Ende, und wir erlaubten uns, zum wiederholten Male, zum Aufbruch zu mahnen. Man grinste verschmitzt angesichts unserer Ungeduld, und ab ging's, mit dem Auto, gar nicht weit um den Berg herum. An einem mit Krüppeleichen bewachsenen, steilen, felsigen Hang stiegen wir aus und schlugen uns bergwärts in die Büsche.

Feste Schuhe und robuste Waldkleidung hatten wir angezogen, damit wir sorglos durch das verkrautete, bisweilen dornige Unterholz brechen konnten, und ab ins schier undurchdringliche Gehölz. Als ich mich nach einer guten Viertelstunde mühsamen Bergansteigens getraute, zaghaft nachzufragen, wo denn nun das Grundstück endlich sei, entgegnete man mir verwundert – und die Verwunderung war dann ganz auf unserer Seite: »Aber Monsieur, wir laufen doch schon die ganze Zeit darauf herum.« Donnerlittchen, mußte das groß sein! Ein Grundstück, das man erwandern mußte, um es kennenzulernen, um es überhaupt in seinen Dimensionen zu begreifen. Auf dem man sich vielleicht sogar verirren konnte. Nein, wir wollen nun auch nicht übertreiben. Aber es schien schon riesig zu sein. Schwitzend, ausgepumpt und nach Luft japsend auf dem Gipfel angelangt, konnten wir uns dann endlich einen groben Überblick verschaffen, soweit es das dichte Laubwerk zuließ: Ein allmählich ansteigendes Tal und von Hügelflanke zu Hügelflanke, sich durch den Talgrund schwingend, so weit das Auge in dem kleinen Tal reichte, *Cazalou*. Diesen klangvollen, einheimischen Namen führte das Anwesen seit alters her. Das sollte – gemach, gemach – in Kürze vielleicht alles uns gehören? Eingebettet in eine der schönsten Landschaften Frankreichs, nein Europas, im *Périgord Noir*! Wir konnten unsere Begeisterung nur sehr schwer zügeln.

Und dann auf einer schmalen Lichtung am Hang verloren eine dürftige und mehr als schwachbrüstige, vom Zahn der Zeit übel zugerichtete Hausruine mit einem Steinbackofen daneben. Alles klitzeklein und unscheinbar. Sehr verfallen und gar nicht wohnlich anzusehen. Ohne Dachstuhl, nur noch Giebel- und Seitenwände und völlig von Brombeeren und Wildrosenhecken überwuchert. Abbruch! Schon jenseits aller Restaurierungsmöglichkeiten. Den beschwerlichen Aufstieg nicht lohnend. Aha, nun endlich offenbarte sich der Schwachpunkt, den wir so lange befürchtet hatten. Von wegen großes, geräumiges Bauernhaus, dreigeschossig und mit eingedecktem Dachstuhl. Wir waren unsäglich enttäuscht, fast den Tränen nahe, fingen uns aber aufatmend sofort wieder, als man uns unwirsch beschied: »Mal langsam, das ist es doch gar nicht.« Ob Onkel und Neffe wissen, welchen Schabernack sie da mit uns treiben? In fast unverantwortliche Wechselbäder widerstreitender Gefühle zwischen Freude und Verzweiflung stürzen die beiden uns. Diese Trümmer mit der treffenden Flurbezeichnung *boutique*, was in ländlichem Französisch auch Bruchbude bedeuten kann, gehörten – wie tröstlich – nur als Nebenstelle auch mit zum Gesamtareal. Sie war seit langem verlassen und wurde einst vom alten Père Jugie bewohnt, der tiefe und freudige Erinnerungsspuren bei seinen Freunden hinterlassen hat. Ein Alter drückte es einmal so aus: »Unser Père Jugie war ein Mensch, der genausogut mit Faßdauben wie mit Absinth[*] hantieren konnte.« Somit ein weitbekanntes Unikum, über den wir in unserer Verschnaufpause, auf einem wärmenden Sonnenflecken hockend, nun etwas sehr Lustiges zu hören bekamen.

Père Jugie, er weilt schon lange nicht mehr unter uns, war ein gefragter, außerordentlich geschickter Böttcher, ein Beruf, der anspruchsvolle Handwerkstalente bindet und den man früher bis zu zehn Jahre lang erlernen mußte. Noch im hohen Alter ging er zu den Bauern auf die Höfe, um dort alles was Hohlraum und in Holz gearbeitet war, anzufertigen oder kunstvoll zu reparieren. Am liebsten, seiner Neigung folgend, natürlich Weinfässer. Die großen Lagerfässer, in denen der Rotwein nach der Lese eine angemessene Zeit lagern muß, um überhaupt erst einmal seine Farbe aus der Schale der Beeren zu ziehen, wurden meist Ende des Sommers, spätestens aber vor Beginn der neuen Weinlese, instand gesetzt, um sie dann problemlos wieder befüllen zu können. Solche Behälter sind meist so riesig, daß sie begehbar waren, man also in sie hineinstieg, um sie zu reinigen oder abzudichten oder was es sonst an Schäden zu bearbeiten gab. Das alles spielte sich zwar im kühlen Felskeller ab, aber draußen lauerte die späte Sommerhitze. Und ein wenig Restwein, gelegentlich ansehnliche Pfützen, war am Faßboden immer noch verblieben. Eine Arbeit mit Durstlöscher vor Ort. Also einsteigen in den köstlichen Duft

---

[*] ein inzwischen verbotenes, alkoholisches Rauschgetränk.

und erst einmal einen prüfenden Schluck, ob der Wein noch genießbar ist. Am besten weg damit, aber sicherheitshalber über die eigenen Nieren filtern. Den Rest in den mitgebrachten Krug. Nur ja nichts umkommen lassen. Weinanbau, Lese und alles, was damit verbunden ist, selbst das Trinken, sind härteste und aufopfernde Arbeit. Dann, frisch gestärkt, ran ans Werk.

Durch die gewaltige Resonanz des riesigen Hohlkörpers konnte man im gesamten Hof den fleißigen Böttcher bei seiner Arbeit vernehmen. Bis dann die Hammerschläge zögerlicher wurden und allmählich ganz verstummten. Nun, bald darauf hob ein Röhren in immer rhythmischeren und durchdringenderen Intervallen an, das bis zum Donnergrollen anzuschwellen drohte. Furchtsame Gemüter fragten sich verwirrt, was diese grollenden Geräusche wohl bedeuten könnten, und ob man nicht lieber, vorsichtshalber mit einem Knüppel in der Hand, doch mal nachschauen sollte. Eingeweihte schmunzelten, winkten vielsagend ab und klärten die Verschreckten auf: »*Ne t'énerve pas. Le Père Jugie a fini son boulot et maintenant il fait sa sieste. Laisse-le, on va le réveiller pour l'apéritif*«[*] Der gute Mann, erschöpft von der Arbeit, verführt vom köstlichen Faßrest und benebelt von den aufsteigenden Weindünsten, war sanft entschlummert. Jeder tolerierte das, hatte man doch sowieso einen Festpreis ausgehandelt. Die aufgetragene Arbeit, das wußte man, war perfekt getan. Pünktlich zur nächsten Suppe war der langjährige Witwer wieder voll da und bereit, aus seinem schier unerschöpflichen Fundus heitere Geschichten zum besten zu geben. Jeder bedauerte es, wenn er tags darauf zum nächsten Hof weiterzog. Irgendwie ist es schön, zu

---

[*] »*Reg dich nicht auf. Der Père Jugie hat seine Arbeit beendet und hält nun seine Siesta. Laß ihn nur. Zum Aperitif werden wir ihn wecken.*«

wissen, ein solch beliebtes Original in diesen Wänden woh-
nen gehabt zu haben, auch wenn er es war, der die riesigen
Eichen im Talgrund vor erst etwa sechzig Jahren fällen ließ.
Er brauchte das Holz für sein Handwerk, und mit dem
Sägewerk war es üblich, soundsoviel Ster frisch geschlagenes
Holz gegen eine Teilmenge gut abgelagerter, zugeschnitte-
ner Bretter, Bohlen und Faßdauben zu tauschen.
Also Geduld, zum eigentlichen Haus kommen wir ja gleich.
Dieses hier ist doch nur unser erster Orientierungspunkt,
denn auch Oncle Fernand war jahrelang nicht durch diese
Wälder gestreift und mußte sich erst einmal wieder neu
zurechtfinden. Wenn schon er nicht auf Anhieb hinfindet,
kann man sich also doch auf diesem Besitz verirren. Die
beste Methode, weite, ausufernde Grenzziehungen anschaulich zu machen.
Diese lieben Leute wissen ja gar nicht, wie sie auf unserem
zarten Nervenkostüm herumtrampeln, indem sie uns von
hinten durch die kalte Küche in den Salon, von Hamburg
über Stockholm nach Rom führen. Also weiter, aber nun
vorgewarnt und mit einer deutlich heruntergeschraubten
Erwartungshaltung für das Kommende. Was soll da auch
noch Großartiges zu erwarten sein. Nochmals fast eine halbe
Stunde ächzend durch den unterholzverstellten Wald ge-
stapft, zurückschnellenden Zweigen ausweichend und weiter auf einem Feldweg, der allmählich in einen immer
schmaler werdenden Pirschpfad der Jäger übergeht. »*Enfin,
voilà, Monsieur,* da ist das Haus, *lou Cazalou.* Einige hier im
Ort nennen es auch *Cayrou* [occitanisch für Steinhaufen!].«
»Wo denn? Es ist doch gar nichts zu sehen?« »Na dort vorn,
hinter den Bäumen.« Tatsächlich. Und welch klangvoll ein-
prägsamer Name!
Ja, jetzt sehen wir es – wie ein feenhaftes Dornröschen-
schloß hochaufragend, überwuchert und verborgen hinter

dichten Brombeerhecken und eng stehenden Bäumen, die direkt an der Hauswand emporwachsen. Jahrzehntealte, mächtige Efeukronen auf dem beklagenswerten Dach. Unsere Herzen schlagen bis zum Hals. Es haut uns echt um. Bis auf gut zehn Meter waren wir herangekommen – und kaum etwas zu entdecken. Drumherum nur dichter Wald und undurchdringliches Gebüsch. Eine Offenbarung. Ein kleines Märchen in der Realität unseres Alltags. Jeden Moment erwarten wir zarte Elfen und runzelige Kobolde, die uns umtanzen oder zumindest den erlösenden Rittersmann, der sich tapfer durch die Dornenhecken kämpft, um seine Prinzessin zu erlösen und aus diesem Gestrüpp zu befreien.

Die Lage so gut gewählt wie die Bauweise – ganz so, wie sich die Altvorderen die Gegebenheiten der Natur auf ihre Art schon vor zwei, drei Jahrhunderten bestens zunutze machten. In Mittelhangposition an die Ostflanke des Hügels gesetzt, so daß die Morgensonne in der Frühe die Breitseite mit ihren ersten Strahlen nach der kühlen Nacht erwärmen kann. Durch seine Leelage – die Ausläufer der Biskayastürme lassen grüßen – gleichzeitig geschützt vor den stürmischen Westwinden des Atlantiks. Die Giebelseiten genau ausgerichtet in Nord-Südrichtung als passiver Schutz gegen die anbrandende Mittagshitze der senkrecht stehenden Hochsommersonne, die so nur noch Schmalseiten und Dach des Hauses aufheizen kann, bis sie dann, schwächer geworden, am Spätnachmittag die dem Berg zugewandte Längsseite bescheint. Massive Wände und kleine Fenster, um das Eigenklima im Haus zu bewahren. Auch an heißen Tagen steigt die Temperatur im Haus selbst nie über sechsundzwanzig Grad. Wie im Süden üblich, werden dann aber tagsüber die Fensterläden geschlossen und sperren so den aufheizenden Sonnenschein der heißen Mittagsstunden aus. Alles mit sehr viel Überlegung und naturvorgegebenen Kniffs, die neuerdings auch die moderne Architektur so allmählich wieder aufgreift und als ganz neue Erkenntnisse vermarkten will. Alles also in sehr ausgeklügelter und überzeugender Form, vor langen, langen Zeiten schon perfekt vorexerziert – ganz ohne kostspieligen Forschungsauftrag für eine wissenschaftliche Hochschule. Ein simpler Triumph angewandten, gesunden Menschenverstandes.

Ein entzückendes, recht ramponiertes, aber dafür originalgetreues Périgordhaus. Groß und geräumig und also doch so, wie uns geschildert: nur noch die aufrechten, trutzigen Wände und ein antiker Dachstuhl, allerdings mit verfaulten Latten. Aber die kerngesunden Sparren – wie gewachsen – sind größtenteils heil und zu gebrauchen. Das ziegelgedeckte Dach ruiniert und mit zwei riesengroß klaffenden Löchern. Die maschinell sicherlich etwa in den zwanziger Jahren gefertigten Pfannen sind sowieso nicht stilecht. Die Holzfußböden besser nicht betreten. Das Talgeschoß – es ist für heutiges Bewohnen viel zu niedrig – mit einem abschüssigen Felsboden, um das natürliche Gefälle als selbstreinigende Stallentwässerung zu nutzen, beherbergte früher die Zugochsen, Milchkühe und Esel, die ihre Körperwärme ins Haus abgaben. Die Ziegen wurden aus Duftgründen immer schön weit entfernt vom Wohnbereich eingestallt. Auch ihren Verschlag fanden wir später, verborgen unter wucherndem Gebüsch. Rundum muß alles eneuert, es muß gründlich restauriert werden; das Grundstück ums Haus ist zu roden, *à débroussailler*. Aber was soll's, darauf hatte man uns hinreichend vorbereitet. Es war eine Herausforderung und würde uns viel gestalterische Freude bereiten, hatten wir doch in der norddeutschen Heimat an Fachwerkhäusern hinreichend geübt. Restaurieren wir eben ein bißchen ausgiebiger.

Oncle Fernand, erfahrener Maurer von Beruf, begutachtet die meterdicken Bruchfelswände aus warmgelbem, mit dem hier so begehrten, schwachen Roséschimmer überhauchtem Stein, gebrochen vor Ort und ist sehr zufrieden. Kein Problem, die stehen wie eine Eins – und sicher auch noch die nächsten dreihundert Jahre, ohne sich auch nur einen Millimeter aus dem Lot zu bewegen. Ein riesiger, überproportional großer Kamin an der Nordseite des Hauses, mit einem in die Giebelwand eingelassenen Schornstein, beherrscht den Wohnbereich, wärmt zugleich die kalte Nordwand auf und zieht, wie sich später herausstellt, prächtig. In den kühleren Jahreszeiten saßen darin früher, zur Rechten und zur Linken, die damals noch recht kleinwüchsigen Périgordiner und gingen, vom Feuer angenehm gewärmt, ihren häuslichen Winterarbeiten nach. Teilweise hat man die Wände, außen und innen, mit einem wogenden, dicken und unansehnlichem Lehmputz verkleidet und danach schluderig geweißt. Dieser Putz ist so verrußt, daß das Weiße droht, wieder durchzukommen. Ihn abzuschlagen heißt nicht einmal, Bauschutt zu verursachen. Auf dem Feld untergepflügt, ist der gekalkte Lehm keineswegs umweltbelastend. Im Gegenteil, er ist gehaltvoll düngend und sofort wieder zu beackern. Erstaunliches Recycling nach Urväterart.

Nun ist es also geschehen, oder hat es uns erwischt? Nein kann man zu einem solchen Hauptgewinn überhaupt nicht sagen. Nicht der verlockend günstige Preis oder vielleicht sogar die spekulative Gewinnmöglichkeit waren die verführerischen Anreize. Der ausschlaggebende Punkt war in erster Linie das Anwesen selbst, seine Ausstrahlung, seine anheimelnde, faszinierende Wirkung auf uns. Und der von ihm überspringende Funke, die rein emotionale, nie bereute Entscheidung: DAS IST ES! Durch einen unbeschreiblichen Glücksfall war uns etwas Einmaliges, etwas uns Verzauberndes zugefallen. Mit voller Überzeugung und ohne lange das Für und Wider abzuwägen, griffen wir zu.

Aber trotz des günstigen Preises, denn auch der will bezahlt sein, bin zumindest ich noch nicht so recht entschlossen, denn zu emotional getroffene Entscheidungen verursachen anschließend oftmals schmerzhaften Katzenjammer. Für meine ansonsten eher bedächtig entscheidende Frau jedoch gibt es nicht das geringste Wenn und Aber. Ihr Entschluß steht bombenfest: Kaufen und restaurieren. »Langsam, Mädchen, das will aber auch alles bezahlt werden. Und wie du weißt, in der Firma steht eine größere Investition an. Und zuallererst kommt – es sei geklagt – bei Familienbetrieben immer das Geschäft. Laß uns in Ruhe unsere Kröten zählen und genau abwägen und rechnen.«

»Und was wird der Senior dazu sagen, wenn wir hier völlig ungeplant investieren? Familienfirmen unterliegen eigenen Regeln. Rufen wir an? Sagen wir ihm, es sei eine Supergeldanlage.« »Ach was, wir greifen zu«, beschließt Ute, die Schnellentschlossene, wohlwissend, daß der Senior seiner geliebten Schwiegertochter nie etwas abschlagen wird. Und so kam es auch. Dann aus plötzlich heiterem Himmel: »Ich habe auch noch eine Rücklage, die du sicher vergessen hast.« So geschickt verklausuliertes Aufdecken heimlich angelegter, stiller Reserven bringen nur Frauen zustande. Mir zu unterstellen, ich könne mich nicht an unsere bescheidenen Vermögensverhältnisse erinnern! Offiziell kaufte also die holde Schwiegertochter und beschloß, daß sich der Sohn, damaliger Juniorchef mit sehr begrenzten Kompetenzen, taktisch klug im Hintergrund halten möge. Es genüge, wenn der Filius mit den trockenen Geldanlageargumenten einen draufsattelt, um unsere *Ad hoc*-Entscheidung auch von dieser Seite für die gesamte Familie schmackhaft zu machen. Warum also Kontroversen suchen, wenn dieser typisch weibliche Weg viel problemloser zum Erfolg führt. Männern liegt solch geschicktes Taktieren und Lavieren nicht unbedingt. Rückblickend baue ich mich heute noch manchmal selbstbetrügerisch auf mit dem Trostpflaster: So läuft eben geschicktes Ehemanagement.

Der Senior, ein weiser Mann, war dann ohne Frage auch restlos begeistert, rechnete als vom Lande Gebürtiger geschwind um in Morgen (à 2500 m = 20 Morgen, die es werden sollten), und da auch er Wald über alles liebt, war er hochentzückt über diesen ansprechenden Geländezuwachs. »Meinen herzlichen Glückwunsch zu eurem Dusel. Ich schenke euch das Dach.« Und dann mit einem fragenden Blick und versteckter Kritik an seinen Sohn gewandt: »Toll, deine Frau hat Mut!« (Aber wehe, ich hätte den gezeigt!) Und da macht man sich vorher Gedanken, wie werden sie's aufnehmen!? Bis ins hohe Alter haben auch die Senioren Cazalou zum Urlaubsziel erkoren. Es sollte allerdings noch etwas dauern, bis es soweit war.

Erst in der Kanzlei machten wir uns mit der Verkäuferin bekannt und waren uns von Anfang an sehr zugetan, weit über das im Augenblick vordergründig Geschäftliche hinaus. Das erste, was wir erstaunlicherweise vom Notar zu hören bekamen: »Als Ausländer, insbesondere als EG-Bürger, also auch als Deutscher, haben Sie überhaupt kein Problem, in Frankreich Grund und Boden zu erwerben.« Dann das übliche, in weiten Zügen genauso abgehandelt, wie wir es aus Deutschland kannten. Vertrag vor beiden Parteien verlesen, Einigung erzielen und unterschreiben. Jedoch gab es nun doch noch einen Haken, einen saftigen Vorbehalt im Vertrag. Aha, jetzt also der berühmte Pferdefuß, der immer noch drohend unser Denken wie mit schweren Gewitterwolken umhüllte? Der Notar beruhigte uns souverän: »Keine Bange, nichts Ungewöhnliches. Wir haben wegen Ihrer anstehenden Rückreise den Verkaufstermin ganz kurzfristig anberaumen müssen, so daß ich noch keine Zeit hatte, das Grundbuch beim Katasteramt zur Überprüfung einzusehen. Das mache ich gleich heute nachmittag. Danach rufe ich Sie sofort an, damit wir uns das Ergebnis dann gemeinsam noch mal anschauen.« Sollten wir nun gelassen bleiben oder bibbern?

Beim Hinausgehen sprach der Notar unseren kleinen Sohn auf deutsch an. Verwundert fragten wir nach, woher er denn Deutsch könne, und erhielten wieder einmal die unsägliche Antwort: »Ich war Kriegsgefangener in Deutschland.« Schon wieder hatte uns die jüngste Vergangenheit eingeholt. Eine endlose Geschichte. Gibt es nur zwölf Jahre deutsche Geschichte? Was haben diese Nazis uns bloß angetan! Das ganze junge Frankreich scheinen sie verschleppt zu haben, und wir tragen immer noch daran. Unser Sohn, der die gesamte Urlaubszeit hauptsächlich unter einheimischen Kindern verbracht hatte, antwortete, zum Erstaunen aller – auch wir waren völlig überrascht – in original périgordinischem *Patois*: »*Quò vaï, quò vaï bien, Maître*«,[*] was den wackeren Notar völlig aus der Fassung brachte. Ein kleiner deutscher Junge, des Französischen nicht mächtig, aber umwerfend Dialekt sprechend, war doch zu verblüffend. Und dann plauderten beide munter weiter drauflos im Landesdialekt. Mutter und Vater, im Französischen zwar durchaus zu Hause, schauten mehr als verdutzt drein und verstanden von all dem kein einziges Wort.

[*] (Périgordinisch:) *»Es geht, es geht gut, Herr Notar!«*

Es ist schon erstaunlich, aber Kinder im Vorschulalter lernen Fremdsprachen wirklich in Windeseile. Die Kulturpolitiker aller Länder sollten sich endlich an dieser vorteilhaften, europawegweisenden Erkenntnis orientieren, wenn sie es ernst meinen mit dem Zusammenleben in Europa, und zum frühestmöglichen Zeitpunkt die Kleinsten schon im Kindergarten mindestens eine europäische Fremdsprache erlernen lassen. Denn was nützt das schönste Seite an Seite in einem gutnachbarlichen Bund, wenn man sich doch nicht miteinander unterhalten kann. Verständigung und Aufeinanderzugehen aber heißt in erster Linie, direkt miteinander sprechen zu können. Dolmetscher, und seien sie noch so perfekt, sind immer wie Filter. Der direkte Zugang, Spontaneität und Emotion bleiben bei dieser indirekten Kommunikation leider meist auf der Strecke. Zweisprachige Kinder sind auch gar nichts Ungewöhnliches. Es gibt viele Gegenden in der Welt, wo Kinder ganz ungezwungen zweisprachig aufwachsen, mit Bretonisch/Französich, Gälisch/Englisch, Katalanisch/Spanisch, Finnisch/Schwedisch, Deutsch/Italienisch (Südtirol), usw.

Als der Notar uns dann spätnachmittags wie verabredet noch einmal zu sich rief und den Liegenschaftsplan mit dem aktuellsten Besitzstand zur Hand nahm, bekamen wir das kalte Grausen. Die Stunde der Wahrheit drohte zur Zitterpartie zu werden und sah anfänglich trüb bis bös aus. Da wurde ein Grundstück gestrichen, hier war eines bereits vor Zeiten weitervererbt worden, das gehörte sowieso der Nichte, dort war ein anderes im Zuge der Flurbereinigung ausgetauscht und das am Wasser war schon vor sechs Jahren an die Forellenzucht verkauft worden. Und in diesem Stil wurde ausradiert, ging es immer weiter bergab. Stillvergnügt souverän lächelte Maître Morins Père vor sich hin, und wir wußten nicht, ob wir seine Haltung als Beruhigung oder vielleicht sogar schalkhafte Freude, die wir ihm allerdings doch nicht zutrauten, auslegen sollten. Später einmal gestand er uns, daß unsere Nervosität ihn schon amüsiert habe, dennoch habe er völlig sachlich distanziert nur seine Arbeit als Notar getan. Natürlich wußte er von Anfang an, daß alles einen guten Ausgang nehmen würde, und machte sich wohl auch einen Spaß daraus, uns gehörig auf die Folter zu spannen. Wir aber fühlten uns elend. Jedenfalls waren wir erst einmal in unseren Grundfesten erschüttert, von Minute zu Minute mutloser. Urteilsschnell wie immer gestanden wir uns ein, so etwas in dieser Art hätten wir ja sowieso die ganze Zeit bereits befürchtet, brauchten uns also auch nicht zu wundern oder gar enttäuscht zu sein, wenn nun alles in letzter Sekunde doch noch den Bach runter ging.

Doch dann nahm das Blatt, erst ganz zaghaft, dann aber stetig ermutigend, eine immer positivere Wendung – als ließe man die Sonne herein. Der Maître nickte uns aufmunternd zu. Wir schöpften wieder Vertrauen, denn da kam eine Fläche hinzu, dort wurde eine Flur beachtlich vergrößert, hier wiederum wurden zwei getrennte Grundstücke miteinander vereint, ein Acker wurde arrondiert, dieses hatte der Neffe zurückgegeben, jener Verkauf war gar nicht zustande gekommen, diese Brache war schlicht und einfach vergessen worden, und das geschrumpfte Areal wuchs und wuchs und wuchs – aufgeteilt wie ehedem in zwei große, sich gegenüberliegende Lots – bis auf stolze fünf Hektar an. Also, wie Freund André mit der ganzen Genugtuung des erfolgreichen Regisseurs verkündete, das ursprüngliche Angebot nun noch bei weitem übersteigend. Als Ausgleich für das begehrte, aber nicht mehr rückholbare Wassergrundstück gab uns die Verkäuferin diese Erweiterungsflächen, unser Einverständnis erfragend, großzügig dazu. Dankbar schlugen wir ein und leisteten unsere, *arrhes* genannte, Anzahlung. Der Druck war plötzlich wie weggeblasen, die Champagnerkorken knallten, und der Abend endete in total entspannter, glücksgeladener Atmosphäre in einem feuchtfröhlichen périgordinischen Festschmaus aller Beteiligten, den uns Andrés Frau, die Meisterköchin Claudette, servierte.

An sich war unser Urlaub bereits seit vier Tagen abgelaufen, und man erwartete uns mit Ungeduld daheim. Mit der stolzgeschwellten Brust eingebildeter Großagrarier, aber auch ein wenig traurig, packten wir unsere Siebensachen, schieden mit Wehmut und sagten unserem neuen Besitz vorerst Lebewohl, mit dem festen Versprechen, so schnell wie möglich wiederzukehren und das Aufbauwerk zu beginnen. Für zu Hause als Trostpflaster brachen wir einen dieser warmgelben Steine – von uns geachtet wie ein riesiger Rohdiamant – aus dem soliden Mauerwerk einer später dem Umbau weichenden Zwischenwand und nahmen ihn als geheiligtes Souvenir mit in die Heimat. Dort steht er heute noch an exponierter Stelle, darunter prangen die Bronzebuchstaben: *Cazalou, Sept. 1976*.

Bis wir den Kaufpreis nebst Kosten überweisen mußten, spielte uns noch einmal das Glück in die Hände, denn zwischenzeitlich fiel der Französische Franc gegenüber der DM um zehn Prozent, was bei dieser Summe unserer Schatulle sehr wohl tat und sofort in den Aufbaufonds wanderte. In unserem Fall also hat diese Währungskorrektur die deutsch-französische Handelsbilanz nirgendwo beeinflußt, denn dieser die Wirtschaftsbeziehungen zutiefst bewegende Kursdifferenzbetrag unseres Transfers wurde bald darauf in Frankreich wieder reinvestiert.

Nun waren wir unvermittelt und unstreitig stolze Herren auf

Cazalou. Herumvagabundieren und Urlaub in anderen Regionen würden vorerst der Vergangenheit angehören, und das Pläneschmieden konzentrierte sich ab sofort auf die anstehenden Rodungs- und Bauarbeiten. Tätigkeiten, die uns die nächsten drei Jahre Freude und Genugtuung, aber auch viel Arbeit bescheren sollten.

Auferstanden aus Ruinen

Eine verwildertes, einst von Menschenhand erbautes Anwesen, das – sich selbst überlassen – allmählich zur Ruine geworden ist, wirkt eigentlich immer romantisch, kann bezaubern, und atmet mysteriös Vergangenes. Ein solch geheimnisumwittertes Gemäuer entführt in ferne, längst vergangene Welten und beflügelt die Träumereien. In der abwegigen Meinung, früher sei sowieso alles besser gewesen, überlegt man fast schwärmerisch, was sich wohl in all den Jahren in seinen Mauern an Freud, wohl auch Leid, zugetragen haben mag. Kinder mit ihrer ausgeprägten Phantasie spielen unter dem Eindruck eines solchen Umfeldes mit Hingabe Rittersleut' und Räuber und andere Spiele ihrer selbstvergessenen Vorstellungswelt. Alte, von der Zeit angefressene, von ungebändigtem, wilden Pflanzenwuchs überwucherte Ruinen sind etwas Würdiges, gemessen in sich Ruhendes. Zwar, so scheint es, haben sie das Leben hinter sich, dennoch existieren sie. Allein dadurch, daß sie, wenn auch lädiert, überdauerten, wie ein Gruß aus alten Zeiten. Wir treten ihnen mit Ehrfurcht, zuweilen sogar auch ein wenig Trauer gegenüber, wissend, daß sie einmal bessere Zeiten erlebt haben. Ihre Erbauer und einstigen Bewohner weilen längst nicht mehr unter uns. Wenn auch – zugegebenermaßen – wir ihr Vermächtnis deutlich in seiner Einwirkung auf uns spüren. Ihre Häuser waren eben allein auf sie, auf ihre Zeiten und Belange zugeschnitten. Das fasziniert, gibt ihnen etwas Einmaliges, wird unbewußt und intensiv empfunden oder läßt sich zumindest empfindsam erahnen.

Spinnerten Seelen jedoch wollen wir lieber Einhalt gebieten, wenn sie meinen, die Geister der Verblichenen spuken noch durchs Gewölbe. Verfallen, ohne verschließende Tore und damit zugänglich geworden, wie solche klabauterhaften Bauten nun einmal sind, beherbergen sie, nachdem die Erbauer verschwunden sind, ganz andere Bewohner, als ihrer ursprünglichen Bestimmung zugehörig. Keine Menschen mehr, aber immer noch sehr natürliche Lebewesen aus Fleisch und Blut, aus Feld und Flur.

Wie der berühmte edle Prinz arbeiten auch wir uns vorsichtig durch das sich tunnelartig über uns wölbende Dornengestrüpp, um zum nächstgelegenen Eingang zu gelangen. Vorsichtig drücken wir die nur angelehnte Pforte in ihren kreischenden Angeln auf. Ein rumpeliges, still vor sich hin dämmerndes, schläfriges und feuchtzugiges, klammes Idyll empfängt uns. Trotz der über dem Land hängenden Hitzeglocke ist es im Inneren angenehm kühl. Als wir verhalten und vorsichtig die Türschwelle überschreiten, immer auch aufmerksam nach oben blickend, damit uns nur keine herabsegelnde Ziegelpfanne treffen möge, fliegt erschrocken eine große Eule auf und entschwindet auf lautlosen Schwingen durch das ansehnlich große Loch im Dach. Wie vermessen auch von uns, sie hier von ihrem Schlummerplatz zu dieser für sie tagschlafenen Zeit so rücksichtslos aufzuscheuchen. Bis jetzt war dieses hier ihr ungestörtes Reich, in das wir so unvermittelt eingedrungen sind. Die oben vom First wie leblos herabhängenden, schläfrigen, weil nachtaktiven Fledermäuse lassen sich jedoch nicht stören, schauen nicht einmal auf. Flinke Eidechsen huschen über Wände und Fußböden eiligst auf und davon. Mauerritzen und Löcher, um sich zu verbergen, sind wahrlich genug vorhanden für sie. Nur ein aufgeregt nervös wippender Zaunkönig rückt uns nicht von der Pelle, kann sich partout nicht beruhigen und schimpft lautstark wie ein besessener Rohrspatz. Seine kunstvoll konstruierte Nestkugel finden wir später – bestens geschützt und getarnt im schier undurchdringlichen Brombeergestrüpp – gleich abseits der fast meterdicken Außenmauern.

Das muffige Gebäudeinnere eingehend einer ersten Inaugenscheinnahme unterziehend, können wir durchs Haus nur gelangen, indem wir, geschickt das Gleichgewicht haltend, armerudernd von Tragbalken zu Tragbalken balancieren. Den Spuren früherer Besucher folgend, vermeiden wir tunlichst, die feuchtmodrigen Dielen zu betreten. Schwarz und glitschig wie sie sind, würden sie unser Gewicht wohl kaum noch tragen können. Im Kamin liegt frisch angekohltes Holz, das die Jäger, die diesen Unterstand ab und zu auf ihren Pirschgängen aufsuchen, neben etlichen, geleerten Flaschen *Pastis* und achtlos weggeworfenen Zigarettenschachteln und -kippen zurückgelassen haben. Einige noch vorhandene, leere Fensterflügel wirken gespenstisch abweisend, wie hohle Augen. Zersplitterte Holzrahmen ehemals schließender Fensterläden hängen schief und traurig in ihren Angeln. Durch die Gemäuer streicht der Wind.

Ich glaube, außer uns beiden empfindet niemand der Anwesenden auch nur annähernd einen Hauch von Einladendem. Wir hingegen können und wollen unsere Freude nicht zügeln und fühlen uns keineswegs abgestoßen oder vielleicht sogar allein gelassen, unverstanden mit unseren aufwallenden Gefühlen künftiger, stolzer Landlords. Kaum haben wir dieses verwunschene Schloß betreten, geht schon die Phantasie mit uns durch und vollzieht im Geiste bereits die anstehende Sanierung. Ergriffen von diesem unerklärlichen, unumstößlichen inneren Wissen, entstehen Form, Farben und künftige Realität vor unserem geistigen Auge. Hindernisse – gibt es denn wirklich welche? – werden gar nicht erst wahrgenommen.

Es ist wie immer im Leben: Der erste Eindruck und die erste Inspektion machen Mut oder sie desillusionieren. Weniger eine Frage der Fakten, sondern vielmehr eine der inneren Einstellung mit der berühmten Betrachtungsweise des Glases Wasser – ist es nun halbvoll oder ist es halbleer? In beiden Fällen bleibt es im Grunde ein und derselbe Zustand. Für uns überhaupt keine Frage, können wir hier doch aus dem vollen schöpfen, also ist das Glas Wasser mindestens mehr als halbvoll. Wir empfinden es überdies als überbordendes Füllhorn, voller Chancen, Wunder und zukunftsträchtiger, toller Möglichkeiten. Eher schon befürchten wir das Risiko, von all dem Reichhaltigen auch nur etwas zu verschütten. Für uns Romantiker ein reizvolles, freiatmendes und stolzes Anwesen mit seinem jahrhundertealten Charme und der Ausstrahlung des Einzigartigen, des Einmaligen, eingebettet in eine abgeschiedene, kleine heile Welt. In unserer Vorstellung wächst ein Landhaus heran, an dem wir uns ewig erfreuen können – und es ja auch heute immer noch tun. Zwar ist der ursprüngliche Enthusiasmus mittlerweile abgeklungen und nun einer schlichten und stillvergnügten Dauerfreude gewichen. Jeder Abschied aber fällt immer noch schwer, ist nur ertragbar, weil wir wissen, daß wir schon bald zurückkehren werden. Seit der ersten Reise pflegen wir mit Hingabe den ständigen, zugvogelgleichen Drang nach Süden, und jede Ankunft ist seither voll spannender Erwartungen und einer innig empfundenen Wiedersehensfreude.

Doch vorerst einmal haben wir nun alles ganz sachlich zu erwägen. Die zu erwartende Mühsal und die Kosten der

Restaurierung können uns nicht schrecken, denn wir wissen, was auf uns zukommt. Es wird gelingen – früher oder später – und zwar so, wie man einen Traum, den man gegen jeden Widerstand verwirklichen will, sich selbst einbringend, Realität werden läßt: mit Ideen, Zupacken, Ausdauer und Zähigkeit. Nicht zu vergessen die Finanzen. Glückliches Bauen und Restaurieren heißt denn auch ein sich immerwährendes Durchsetzen mit zäher Güte, Verständnis für die Gewerke und Überzeugungskraft gegenüber den zögerlichen und sehr oft säumigen Handwerkern. Schließlich ist unser Bau – das zumindest muß unsere Überzeugungsarbeit bringen – nun auch für sie das wichtigste Projekt auf Erden. Rückblickend glaube ich, damals waren wir uns der Hürden bei der Umsetzung unserer drangvollen Wünsche nicht einmal bewußt und wollten es wohl auch gar nicht so genau wissen. Wozu auch! Ganz im Gegenteil, wir nahmen alles als eine freudige Aufgabe auf uns und visierten stur und heiter mit Intuition, Kreativität und all unseren Möglichkeiten das selbstgesteckte Ziel an, diesen versunkenen Schatz baldigst zu heben. Also, in die Hände gespuckt und frisch ans Werk.

Doch bevor überhaupt daran zu denken ist, Kelle, Hammer und Lot zu schwingen, muß erst einmal kräftig gerodet werden. Man kommt ja gar nicht ran ans Haus, seit über vierzig Jahren hat hier niemand einen Finger gekrümmt. Die Natur wurde wieder Herr und Gebieter, und das Haus erscheint ihr nur als ein hier üblicher Fels. Wald und Wildnis haben alles zurückerobert. So findet die inzwischen unter den Jägern gebräuchliche Flurbezeichnung *Cayrou* ihren Sinn. Vierzig Jahre alt und dick sind auch die den Eintritt verwehrenden Baumstämme. Selbst im Haus wächst eine, wenn auch mickrige Hainbuche. Man braucht gar nicht erst in das berühmte Chitchen Itza der Mayas Mittelamerikas zu reisen. Hier ist die Reconquista des Urwaldes genauso anschaulich. Eine prachtvolle Linde steht glücklicherweise genügend weit entfernt vom Haus und breitet ihr Laubdach über die künftige Terrasse. Die daneben stehende, riesige Ulme fiel leider bald darauf dem unaufhaltsam vorrückenden Ulmensterben zum Opfer. Mitfühlend haben wir uns kaum getraut, ihr Holz zu verheizen. Ihr im Boden verbliebenes Wurzelwerk jeoch treibt immer wieder neu aus. Und die zähen Schößlinge versuchen mit aller Kraft und Beharrlichkeit gegen die Bedrohungen dieser bisher immer noch unheilbaren Baumepidemie anzukommen und sich zu behaupten. Sie werden von uns mit Hingabe gepäppelt und mit allerlei Stärkungsmitteln versorgt. Bisher leider vergebens.

Man hatte uns schon geraten, die umfangreichen Rodungsarbeiten möglichst in der kommenden wachstumsarmen Winterzeit vorzunehmen, wenn die Blätter gefallen, die Wälder zugänglicher und die Bäume ohne Saft sind. Gleich zu Beginn des kommenden Jahres fuhr ich deshalb mit zwei erwartungsvollen Hamburger Freunden, ihren Äxten, Beilen, Macheten und Sägen und ihrem Tatendrang in diesen Urwald, wo wir den Wildwuchs das Fürchten lehrten und den widerspenstigen, gefährlich spitzen Dornen den Krieg erklärten. Tagelang brannten die Rodungsfeuer und fraßen Hekatomben von Gestrüpp, Bäumen und brennbaren Abbruch. Cazalou wurde zusehends lichter, erhabener und erwachte, mehr und mehr entblättert, allmählich aus seinem tiefen Dornröschenschlaf. Das Haus schien von Tag zu Tag höher hinauszuwachsen, und zeitweise kam es mir vor, als lächelte es mir zu, nun endlich befreit von der drückenden Last seines einschnürenden Gestrüpps. Wegen der Gefährdung des Mauerwerks mußten wir auf unumstößliche Anweisung unseres Maurers und unter Wehklagen leider

auch die ausladend prächtigen Efeukronen auf den Giebel-
spitzen kappen.

Kurz nachdem Joachim eine mehr als mannshohe Brom-
beerhecke in Angriff genommen und den ersten Meter
undurchdringlichen Buschwerks mit tobender Kraft zusam-
mengehauen hatte, traf er in Schulterhöhe mit seinem
schwungvoll geführten *croissant,* der hier gebräuchlichen,
am langen Stiel sitzenden Buschsichel mit Ziehhaken, plötzlich und unerklärlich auf Stein, so daß die Funken nur so
stoben. Vorsichtig arbeitete er sich weiter vor und legte zu
unserem großen Erstaunen und Entzücken *peu à peu* einen
uralten, fast unversehrt dastehenden Steinbackofen frei.
Diese Attraktion steht heute als würdig restauriertes Pracht-
stück und Symbol traditioneller bäuerlicher Kultur an seinem angestammten Platz. Seit eh und je will die aus einer
Bäckerfamilie stammende Herrin auf Cazalou Brot darin
backen. Gott sei Dank hat sie ja Zeit, die dafür notwendigen
Utensilien in aller Ruhe zusammenzutragen. Eines Tages
wird sie wohl doch mal den Ofen anheizen, um ihren Traum
zu verwirklichen. Mich ganz und gar auf die zu erwartende
Gaumenfreude einstimmend, bereite ich mich schon jetzt
jeden Tag auf ein Frühstück mit knusprigem, selbstgebak-
kenem Brot vor.

Die Rodung des total verwilderten Talgrundes gleich unterhalb vom Haus, einer Fläche von – jetzt haben wir es ja
gelernt – etwa zweihundert Ar, besorgte der hierauf spezia-
lisierte Pierrot mit seiner leistungsstarken *débroussailleuse,*
einem alles niedermachenden Rodungsgerät, angeflanscht
an seinen bulligen Traktor, der sich mit brutaler Gewalt und
alles sich in den Weg Stellende rabiat verschlingend und
zermalmend unaufhaltsam durch die undurchdringliche
Wildnis fraß. Schnell kreisende Ketten sichelten auf ihrer
Schneise alles kurz und klein. In der näheren Umgebung

ihres Vernichtungsfeldzuges durfte sich niemand aufhalten, denn auch faustgroße Steine wurden mühelos meterweit hochgeschleudert. Der gefährlich dornige, dichte Unterholzdschungel war teilweise noch viel höher, als ein ausgewachsener Mann reichen kann. Und in die Kronen der wenigen Bäumen, die es in all den Jahren geschafft hatten, sich zum Licht emporzukämpfen, griffen die längsten, lianenartig himmelanstrebenden Brombeertentakeln würgend bis hoch in die Spitzen hinein. Ganz so, als wollten sie die Zweige zurückreißen.

Das ganze, weitausladende Gebüsch in seiner Ausbreitung auf dem nährstoffreichen, in einer Senke liegenden Ackerboden, seit vierzig Jahren völlig sich selbst überlassen, war so über Jahrzehnte zu einem bollwerkartigen, idealen Versteck und Rückzugsrefugium für alles mögliche Getier herangewachsen. Sogar die Wildschweine, dornengeschützt durch ihre dicken, festen Schwarten und das grobe, borstige Fell, wagten sich, wie wir im Verlauf des Lichtens an den verlassenen Lagerkuhlen noch sehen sollten, in den Schutz dieses uneinnehmbaren, festungsgleichen Dickichts. Da man es nicht abbrennen konnte, denn ein solches Feuer riskiert, allzuleicht außer Kontrolle zu geraten und auf den angrenzenden Wald überzugreifen, hatten die Bauern es oft umstellt und versucht zu bejagen. Diese Dickung lag derart dicht bei ihren Feldern, daß sie immer wieder von den gefräßigen Rotten heimgesucht wurden. Und wer einmal gesehen hat, welch ansehnliche Ackerfläche eine einzige Wildschweinfamilie in nur einer Nacht umzupflügen und zu verwüsten vermag, wird den Zorn der auf die Ernten angewiesenen Bauern sehr gut verstehen können. Die ganzen Mühen der Feldarbeit waren dann umsonst, die Erträge dahin, und keine Versicherung ersetzt solche Wildschäden. Lärmgeräte, Flatterleinen, Vogelscheuchen und ähnliches

Gerät wird nur kurze Zeit respektiert; das Wild findet schon bald heraus, daß ihm von diesen lahmen Attrappen keinerlei Gefahr droht. Und das Einzäunen großer Flächen mit Schwachstromelektrodrähten ist teuer und nur teilweise erlaubt.

Daß die Schwarzkittel sich im Dickicht verbergen, kann sogar der Mensch an ihren durchdringenden, nach modrigen Eicheln riechenden Ausdünstungen noch aus guter und sicherer Distanz wahrnehmen. Doch keine noch so intensive Treibjagd hat sie je aus diesem Verhau herausdrücken können, denn auch die mutigsten Hunde wagten sich nur wenige Meter in die langen und bedrohlich spitzen Dornen hinein. Die als lernfähig und schlau bekannten Wildsauen schienen das sehr wohl zu wissen. Selbst wenn sie umstellt waren, und alles versucht wurde, sie durch lautstarken Treiberlärm herauszuscheuchen, hat sie nichts bewegen können, ihr sicheres Versteck aufzugeben. Zur Verzweiflung der Jäger rührten sie sich nie vom Fleck und warteten geduldig ab, bis ihre Feinde entmutigt und geschlagen das Handtuch warfen und unverrichteterdinge wieder abziehen mußten. So kann Passivität und Ausharren auf ganzer Linie den Sieg davontragen.

Der auf- und abschwellende Motorenlärm des sich durch dieses Dickicht kämpfenden Traktors war zwar ständig zu hören, aber anfangs bekamen wir ihn kaum einmal zu Gesicht. Mann und Maschine wurden vollkommen vom Buschwerk verschluckt. Die wechselnden Arbeitsstandorte waren nur noch auszumachen am schwankenden Gestrüpp und dem in kräftigen Motortakten nach oben über das Dornendach hinausgestoßenen, blauen Auspuffqualm. Bis auf Armdicke holzte dieses Kraftpaket alles kurz und klein. Darüber hinaus jedoch mußten die Bäume mit den gefräßig lärmenden Motorsägen gefällt werden. Wir durchtrennten sie gut in Brusthöhe, Pierrot schlang dann eine klobige Kette um den verbliebenen Pfahl und riß mit roher Gewalt alles mit Stumpf und Stil aus dem Boden. Die später zerlegten Stubben ergaben viele Ster besten Brennmaterials und nährten noch mehrere Heizperioden lang unseren offenen Kamin.

Die schönstgewachsenen Bäume aber ließen wir stehen, so daß wir jetzt auf eine lichte, fast englisch anmutende Parklandschaft, eine Minisavanne, blicken. Eine naturbelassene Synthese zwischen menschlichem Eingriff und ungestörter Natur, die aber ständiger Pflege bedarf. Denn als wir kurze Zeit darauf im Mai wiederkehrten, standen die Brombeeren schon wieder kniehoch, frech und vor Kraft strotzend, in guter Gesellschaft mit meterhohen Disteln, die den Weg verstellten. Noch lange Zeit trieben die außerordentlich zähen Brombeerpflanzen jährlich frische Schößlinge und können auch heute nach Jahren nur durch fortwährendes Mähen in Schach gehalten werden. Ihre kräftigsten Wurzelknollen sind bis zu faustdick und speichern dort sozusagen in Lauerstellung verharrende Energiereserven zum ständig beabsichtigten Gegenangriff.

Der früher – wie uns unsere Nachbarn Charles und Marcel sagten – sehr ertragreiche Weinberg war leider nicht mehr zu retten. Auch wäre jeder Anbau heutzutage von den immer häufiger auftretenden Frühjahrsfrösten stark gefährdet. Ungünstigerweise verläuft unser kleines Tal auch noch in Nordsüdrichtung – gewissermaßen wie ein Einfallstor für die auch noch im späten Frühjahr schneidenden Fallwinde aus dem Zentralmassiv. So nahmen wir, fast ein wenig aus Mitleid, vier Schößlinge einer inzwischen nicht mehr kultivierten Rebsorte als lebende Souvenirs aus dem Boden und pflanzten sie für die schattenspendende Pergola ans Haus. Hier, besser geschützt, tragen diese Weinstöcke jedes Jahr voll und prall. Jeder Périgordiner erkennt sofort voll Bewunderung, welch außergewöhnliche, heute kaum noch anzutreffende Rebe bei uns immer noch gedeiht. Sie darf nicht mehr gekeltert werden, denn ihre Fuselstoffe beeinträchtigen den Verstand. Aber frisch gepflückt und als Obst verzehrt, sind ihre Trauben köstlich und bekömmlich.

Über das weitere Gestalten, z.B. Umfang und Größe der zu rodenden Flächen, welche Büsche und Bäume stehen bleiben sollten, bis in welche Höhe die Äste abzusägen waren, ließ sich nach ausgiebigem Erwägen des Für und Wider ja noch Einigung erzielen: Arbeitsschneisen und Durchfahrtshöhe eines Traktors. Aber welche Gräser nun gesät werden sollten – wir wollten ja keinen sterilen Golfrasen, sondern eine naturnahe Wiese –, war schon sehr viel strittiger. Darüber, welche Sorten wohl am geeignetsten waren, gab es endlose Debatten der Kundigen unter sich. Wir wurden kaum gefragt und hätten ja auch wenig beitragen können. Dennoch mußten wir entscheiden. Logischerweise konnten wir nicht jedes angeratene Saatgut nehmen, auch nicht allen, sicher wohlmeinenden Ratschlägen folgen, so daß wir später von der einen Fraktion gelobt wurden, die andere uns nur mild und mitleidig, aber entgegenkommenderweise auch verzeihend belächelte. Waren wir nach ihrer Meinung als unwissende Städter doch leider den falschen Empfehlungen aufgesessen. Wir finden es aber sehr schön, und allzu sehr daneben schienen wir dennoch nicht zu liegen – so wie es jetzt ist. Die Rehe sind wohl auch dieser Meinung, denn in den Dämmerstunden treten sie aus den Waldrändern auf die Lichtungen und äsen zuweilen bis auf Rufnähe von unserer saftigen Wiese, ganz so, als wollten sie unseren Gräsermix durch genußvollen Verzehr bestätigen.

Um die Restaurierungsarbeiten zügig zu beginnen und den Ablauf zu koordinieren, galt es nun, einen Schlachtplan zu entwerfen und dann in die Tat umzusetzen. Unser Regisseur, die gute Seele André, hatte auch daran bereits gedacht und uns einem Baumeister seines Vertrauens empfohlen. Eine geschickte Wahl, denn Oncle Fernand arbeitete mit Léon Bonneau zusammen. Die Ehefrauen waren untereinander und auch mit der Verkäuferin, Marie-France, befreundet. So ist es auf dem Lande. Durch solche Querverbindungen ist man eingebracht und auch sicher vor groben Fehlleistungen, zumal wenn man die Damen auf seiner Seite weiß, sozusagen als Gewährleistungsgarantie für gutes Gelingen. Der sonst zwingend nötige Vertragswust wird überflüssig. Die bedauernswerten Männer, die sich bei Versagen dann von heimischer Seite, vielleicht auch noch abends die Kritiken ihrer Frauen anhören müßten, würden lieber unseren Bau betreuen. So bildeten wir uns das wenigstens ein – wie die Erfahrung und das resignierende Stöhnen der Ehemänner dann zeigte, auch zu Recht. Ob das allerdings der Grund war, weswegen alles so freudig und ohne gravierende Beanstandungen verwirklicht wurde, mag dahingestellt bleiben. Alle Bauausführungen haben wir stets nur mit toleranter Qualitätsbeurteilung betrachtet. Ob wir aber die gleiche großzügige Meßlatte zu Hause angelegt hätten, ist zu bezweifeln. Die südliche Sonne macht's wohl. Sicher ist, daß jeder auf seine Weise mit Überzeugung dabei war. Und tief im Wald verborgen, konnte auch niemand geköpften, geiststärkenden Flaschen nachstöbern oder sie gar entdecken.

Baumeister Bonneau meinte, daß wir in unserem Fall keinen Architekten benötigten, wenn ich denn darauf verzichten wolle und ihm die Bauleitung anvertrauen würde. Es mußten keine Pläne gezeichnet werden, und das Gesamtwerk könne auch er ohne Schwierigkeiten mit seinen Kollegen der anderen Zünfte koordinieren und bis zur Fertigstellung begleiten. Da die Maßnahmen nicht wirklich kompliziert sein würden, kam mir dieser Vorschlag sehr gelegen. Auf die Frage, ob eventuell Statiken erforderlich seien, fragte er empört zurück, ob ich denn seiner Handwerkskunst und seiner Erfahrung nicht traue. Er könne mir hundertprozentig versichern, daß all das, was er erbaute, auch halten würde. Noch nie sei etwas zusammengebrochen. Und um jeden Zweifel im Keim zu ersticken, ergänzte er pathetisch, daß auch die Bauämter von seiner soliden Arbeit überzeugt seien. Ich könne ja dort nachfragen. Schon fast beleidigt fügte er noch hinzu, es stünde mir jederzeit frei, einen anderen zu beauftragen, wenn ich schon jetzt kein Zutrauen zu seiner Arbeit hätte. Entsetzt beruhigte ich ihn und bat um die erforderlichen, verbindlichen Kostenvoranschläge, die *devis*. Die wolle er gerne umgehend abgeben, aber da sei im Vorwege noch eine unabänderliche Grundvoraussetzung zu erfüllen, um überhaupt ans Bauen denken zu können. Zwar sei es heutzutage möglich, auf einem Bau mitten im Wald weitestgehend auf Energieanschlüsse zu verzichten, die könne man stationär erzeugen, aber nicht auf das dringend benötigte Wasser, und das fehle doch. Er würde also alles erledigen, aber vorher müsse unbedingt noch Wasser gelegt werden.

Bisher war mir nie bewußt gewesen, daß das wichtigste und vorrangigste Element eines jeden Baus weder Steine noch Zement oder anderes Baumaterial sind. Nein, das absolut Unverzichtbarste ist, genau wie in der Wüste, ganz simples, reichlich zur Verfügung stehendes Wasser als das eben alles Bindende. Cazalou mußte schleunigst zur Bauoase umfunktioniert werden. Überall wo wir bisher bauten, umbauten, ausbauten, einrichteten, lag zumindest ganz in der Nähe ein öffentlicher Wasseranschluß. Fernab, tief im Wald, ist plötzlich alles ganz anders. Unsere verborgen liegende, schwer zugängliche Quelle war viel zu weit entfernt, um der Baustelle dienen zu können. Plötzlich wird einem bewußt, wie schwer Wasser wiegt. Und wenn man bedenkt, wie schweißtreibend und mühsam unsere Altvorderen das kostbare und lastend schwere Naß heranschleppen mußten, sieht man Hygiene plötzlich in einem ganz anderen Licht und sollte heutzutage jeden Wasserhahn küssen.

Wer aber sollte den erforderlichen Anschluß so geschwind installieren? Er kenne jemanden, aber auf den sei nur eingeschränkt Verlaß. Und wenn das schon ein an Gelassenheit gewöhnter Périgordiner sagt, ist Vorsicht geboten! André, immer wieder der gute André, jedoch kenne da jemanden, den man nur zu fragen brauche. Eli kam noch am Nachmittag vorbei, maß die Strecke in Meterschritten ab und nannte seinen Festpreis für tausend Meter Wasserleitung entlang des abschnittweise recht felsigen Weges. Mir ist es bis heute ein Rätsel, wie er die tiefer im Boden liegenden Felspassagen nur durch oberirdische Inaugenscheinnahme ausmachen konnte. Bei seinem fairen Preis wurde der Auftrag umgehend und wie üblich per Handschlag erteilt. Noch in derselben Woche begann Eli entlang des Weges, einen dickwandigen, flexiblen Kunststoffschlauch, den man auch um die Felsbrocken herum verlegen konnte, mit seinem kleinen Bagger etwa dreißig bis vierzig Zentimeter tief einzugraben. Welch klimabegünstigte Erdarbeiten, wenn ich daran denke, wie tief solch ein Wasserversorgungsschacht in Norddeutschland gebuddelt werden muß. Und im Süden tut es sogar ein bloßer widerstandsfähiger Erdschlauch.

Mit der Zapfstelle jedoch, dem Hauptanschluß zu den Wasserwerken, gab es dann so richtig Stunk, denn der gute Eli hatte, ohne die Zentralversorgung, die *SOGEDO* mit Sitz im fernen Bordeaux, zu verständigen, den Anschluß zwar gewissenhaft installiert, aber leider nur so, wie in seiner Gemeinde gehandhabt. Im nahegelegenen Rouffiniac ist das Wasser gemeindeeigen, und man holt sich seinen Anteil, ohne lange vorzufragen. Angemeldet wird dann später. Die Aufregung war riesengroß und dafür, daß die *SOGEDO*, ungehalten wie sie nun einmal war, uns nicht gleich alle auf die Sträflingsinsel Cayenne deportieren ließ, sind wir ihr heute noch dankbar. Schließlich hatte sie ein Einsehen und sah wohl nur deshalb von einer Züchtigung oder zumindest Diebstahlsanzeige ab, um den europäischen Frieden zu wahren. Wieder so ein unverständiger *étranger*, ein Ausländer, der eigentümlichen, unverantwortlich handelnden Landsleuten auf den Leim gegangen ist und mit dem man doch besser Nachsicht übt – so wie mit unmündigen Kindern.

Aller Ärger jedoch hatte einen wunderbar positiven Nebeneffekt, denn auf diese unwissende, aus Verwaltungssicht abgebrühte Art und Weise hatten wir unbeabsichtigt den langatmigen Verwaltungsirrweg ausgehebelt und auf schnellstem Wege nun sofort Wasser zur Verfügung. Der Wiederaufbau konnte also umgehend beginnen, zumal die ersten Kostenvoranschläge inzwischen ausdiskutiert, abgesegnet und die Aufträge vergeben waren. Nur Bürgermeister und Gemeinde mußten noch ihren Segen erteilen, ging es doch hier um den Wiederaufbau eines Hauses, das steuerlich immer noch mit Dach geführt wurde.

Der damalige Bürgermeister, seinerzeit zugleich Kustos des Vor- und Urgeschichtemuseums von Les Eyzies, war ein sehr engagierter Denkmalschützer. Eine seiner verdienstvollen Hauptforderungen bestand immer wieder darin, den lauschigen Charakter des Périgord in seiner ursprünglichen Bausubstanz und Natürlichkeit so weit als möglich bewahren zu helfen. Unter anderem lehnte er feuerverzinkte Straßenmasten ab und verlangte Pfähle aus Holz. Mit diesem hehren Engagement eckte er bei seinen Wählern, die sich lieber mehr am Gebrauchsnutzen und den persönlichen Interessenlagen orientieren jedoch immer wieder an und klagte uns sein Leid. Zwar sind alle Périgordiner sehr ihren Traditionen verhaftet und wollen sämtlich die Anmut der sie umgebenden Natur und Kultur erhalten und bewahren. Doch Schönheit und Zweckmäßigkeit sind nicht immer und allerorts in Einklang zu bringen. Und bei Eigeninteressen, besonders dem ertragsorientierten Erhalt eines landwirtschaftlichen Betriebes, soll der Zweck die Mittel heiligen. Spätestens da hört dann die Hinwendung zum Allgemeinwohl meist auf, stößt auf Widerspruch und ist sowieso viel besser aufgehoben bei den anderen. Dann endet alles in den hohlen Phrasen schlapper Lippenbekenntnisse. Das ist hier so wie überall auf dieser Welt.

Unser Verständnis auslotend, beschleunigte *Monsieur le Maire*, der Herr Bürgermeister, die Bodenverkehrsgenehmigung, das *certificat d'urbanisme*, und erließ die behördliche Auflage, das Haus in seinem äußeren Erscheinungsbild unbedingt so zu belassen, zumal das Gebäude, wie man vermutete, schon vor zweihundert oder vielleicht sogar dreihundert Jahren errichtet worden war. Diese Verfügung stimmte aber durchaus mit unseren Ambitionen überein, und wir freuten uns, ihm diese Bedingungen in voller Überzeugung fest zusagen zu können. Nur Baumeister Bonneau verstand unsere sofortige Einwilligung nicht und warf uns vor, wir hätten uns einwickeln lassen. Besser sei es auf jeden Fall, wenn man seine Bauabsichten freier verwirklichen könne. Er war anfangs sogar recht enttäuscht, denn er hätte die Wände gern um mindestens fünfzig Zentimeter erhöht, das Haus verlängert und noch einen Anbau hinzugefügt. Vom altehrwürdigen Charme, der uns so sehr beeindruckte, wäre dann allerdings wenig übriggeblieben.

Unser Domizil, immerhin dreigeschossig und sehr geräumig, war uns, so wie es stand, jedoch wirklich groß genug. So hatten wir von Anfang an nur den Wunsch, es in seiner althergebrachten Struktur und seinem reinen, bäuerlich überlieferten Aufbau so weit wie möglich zu belassen. Nur zwei Türen wurden auf heute erforderliche Durchgangshöhe und -breite erweitert, ein Fenster zusätzlich und ein weiteres, vor Zeiten zugemauertes, wieder geöffnet. Alle unsere einheimischen Nachbarn lobten uns zwar sehr, daß wir Altehrwürdiges bewahrten und in die Landschaft rundum wie bisher integriert sein ließen, nahmen es aber mit äußerst gemischten Gefühlen bis ablehnend auf, als dann der Staat vor einigen Jahren die Westhänge des Tals unter, wie sie meinten, diktatorischen Landschaftsschutz stellte. Wieder ein Eingriff in Freiheitsrechte und, wie der kämpferische Jean-Louis meinte, genaugenommen eine Teilenteignung. Jean-Louis ist übrigens ein »überzeugter« Kommunist, und gerade die schützen wohl doch das Eigentum? Seine Entgegnung duldete keine Widerrede; wenn Kommunisten enteigneten, dann sei das etwas ganz anderes, dann hat doch jeder (?) etwas davon. Lassen wir es lieber dabei, zumal dieser Spuk ja erst einmal vorüber scheint.

Zuallererst mußte das Haus nun dicht gemacht werden. Diesen ersten Bauabschnitt, die Reparatur des uralten Dachstuhls und das Eindecken mit stilechten, schindelartigen Périgord-Flachpfannen, übernahm unser rühriger Senior, der sich, neugierig und gespannt wie er inzwischen war, enorm auf diese abwechslungsreiche Aufgabe in seinem Pensionärsdasein freute. Wie er selbst meinte, eine ausfüllende Beschäftigung für einen im *troisième age*[*], die liebevolle französische Bezeichnung für Ruheständler wie ihn. Er vergab seinen Auftrag an den Zimmermann und Dachdecker,

---

[*] »drittes Alter«, (freier:) *der dritte Lebensabschnitt*

den *charpentier*, Monsieur Fanlac, einen Altersgenossen, mit dem er sich viel zu erzählen hatte, stammten sie doch beide noch aus einer Zeit, in der Deutsche und Franzosen sich Dächer eher gegenseitig zerstörten, als sie zu erbauen. Gerade über diese friedvolle Umkehr als persönlich direktes Erlebnis des nun endgültig eingekehrten Friedens der europäischen Nachbarvölker haben sich beide immer und immer wieder lautstark gefreut und mit vielen Aperitifs und Digestifs diese erquickliche Tatsache besiegelt. Dazu muß man auch wissen, daß die deutschen Truppen 1944 unweit von Les Eyzies den gesamten Ort Rouffinac als Vergeltung gegen die Partisanenüberfälle der französischen Widerstandskämpfer in die Luft gesprengt haben. Diese *maquisards*, die gegen die deutschen Besatzungstruppen vorgingen, waren in der hiesigen Gegend mit ihren großen, undurchdringlichen Wäldern und den höhlendurchzogenen Felsen sehr aktiv, hatten sie hier doch ideale Schlupfwinkel und Operationsbasen. Die in der Ortsmitte stehenden Häuser sind – deutlich zu sehen – sämtlich neu und erst nach dem Krieg wieder aufgebaut worden. Nur die altgotische Natursteinkirche blieb damals größtenteils verschont. Die Feuersbrunst ist ihr allerdings immer noch anzusehen.

Im Verlauf ihrer vielen Erwägungen über das vergangene Leid wurden sich beide klar darüber, daß am französischen Feiertag der *armistice*, des Waffenstillstands nach dem Zweiten Weltkrieg, doch auch mal der Verlierer erscheinen möge, wenn er nun schon mal vor Ort sei. Der Deutsche solle doch ruhig mit hinkommen, wenn die Veteranen – auch er sei ja einer – sich zum ehrenden Angedenken der Opfer versammelten. Er könne auch gerne die heutige Flagge mitbringen. Diese eigentlich gar nicht so abwegige, aber trotzdem doch eigentümliche bis verwegene Idee stif-

145

tete heillose Verwirrung bei den Verantwortlichen, und keiner wußte so recht, wie ernst die beiden alten Herren ihre Äußerungen nun meinten und wohin dieser Zug wohl fahren würde. Immerhin war der eine ehemals französischer Widerstandskämpfer des gastgebenden Landes und der andere einstiger Besatzer und nun ein geschätzter Gast des Landes, der sich in der kurzen Zeit im Périgord schon viele Sympathien erworben und etliche Freunde gewonnen hatte. Bis heute aber weiß niemand, ob die beiden dieses *défilé* damals wirklich ernsthaft wollten oder in der typischen Art der doch schon ein wenig über den Dingen stehenden, etwas bissigen und auch – wenn es erlaubt ist, das bei diesem ernsten Thema zu sagen – verschmitzten Alten der Allgemeinheit nur einen Spiegel vorhalten wollten. Glücklicherweise ist es dann aber doch nie dazu gekommen. Warum nicht, blieb ebenfalls ihr Geheimnis. Jedenfalls sind auf diese Weise allen eventuelle Verwicklungen erspart geblieben. Anpicken und aufscheuchen ist bisweilen genauso provokant – und macht nachdenklich. War das der beiden Alten Ziel?

Einmal eingedeckt und nun unter schützendem Dach geborgen, trocknete das jahrzehntelang unbewohnt, Wind und Wetter schutzlos preisgegebene Haus in dem warmen Klima Südwestfrankreichs schnell wieder aus. Nachdem die äußeren Maurerarbeiten vollendet waren, konnte der Innenausbau angegangen werden. Das Verfugen außen sollte dann ganz zum Schluß kommen.

In einem Teilbereich zum Obergeschoß wurden keine Dielen mehr verlegt, die ja gleichzeitig die Decke bilden würden. So herrscht in diesem Abschnitt jetzt freie Sicht bis unter den Giebel, hin zum bloßliegenden Dachgebälk. Der wunderschöne, antike Dachstuhl mit seinen unregelmäßig zugehauenen Balken kann so als anziehendes Dekorationselement vollendete Handwerkskunst offenbaren. Da Sparren und Pfeiler holzschwarz gestrichen sind, hebt sich das Gebälk besonders kontrastreich gegen das Gipsweiß der Deckenschrägen ab und rückt fast in die Nähe einer Skulptur. Zwischen den krummen und schiefen Eichensparren und -fetten ist alles mit einem rauhen, rustikalen Putz gegipst. Die freie Öffnung bis unter den First hat auch den großen Vorteil, daß sich dorthin die Dünste der darunterliegenden Küche verflüchtigen und dann an der südlichen Giebelseite über die drei fluglochgroßen Öffnungen des ehemaligen Taubenschlags abziehen können.

Das ganze Périgord ist reich an nicht mehr besetzten Taubenschlägen. Sowohl an den Gebäuden selbst, als auch die großen, alleinstehenden Taubenhäuser, die *pigeonniers,* in den Feldern, denn der stickstoffreiche Kot dieser Vögel war früher einer der wichtigsten und begehrtesten Dünger. Und für den höheren Adel waren sie außerdem ein wichtiges Statussymbol. Auf der anderen Stirnseite des Hauses nach Norden läuft der Giebel in einen steinbearbeiteten Schornstein für den offenen Kamin aus. Effektvoll durchdacht, denn so wird gleichzeitig die Nordwand ein wenig aufgeheizt und bietet den kalten Nordwinden die Stirn. Aufsitzende, périgordtypische Gauben zieren nicht nur wie kleine verwegene Reiter das ebenmäßige, steile Dach, sondern spenden auch das nötige Licht unterm Spitzdach und belüften das gesamte Haus in der heißen Sommerzeit.

Im Innern, eingelassen in die bergseitige Außenwand, die immerhin eine mächtige Dicke bis zu achtzig Zentimetern aufweist, prangte ein aus einem großen Sandsteinblock gehauener Ausguß. Ein antiker *évier,* in dessen zweifingerhohe Becken man früher das Abwasser kippte, das dann über eine schlicht nach draußen überbordende, aus dem Mauerwerk herausgemeißelte Steinnase an der Hausaußenwand alles direkt in die freie Natur entließ. Dieses altehrwürdige Ensemble ist nun umfunktioniert in eine kleine Bibliothek mit Phonoecke und fordert immer wieder Fragen nach der ursprünglichen Bedeutung bei unseren Gästen heraus. Auf der obersten, leicht geneigten Stufe eines *évier* stand früher der Frischwassereimer mit einer großen Schöpfkelle, deren Stil der Länge nach durchbohrt war. Gefüllt gab sie dann wie ein kleiner Wasserhahn ihren kostbaren und unter Mühen herangeschleppten Vorrat wohldosiert ab.

Der Kamin selbst, einst völlig unter gekalktem und verrußtem Lehmputz verborgen, hat wieder die Bedeutung zurückgewonnen, die er früher hatte. Belassen in seiner überproportionierten Größe, aber befreit von seinem verunstaltenden Lehmkleid, zeigt er sein herrlich profiliertes Gesims und ist wie ehemals nun wieder zentraler Dreh- und Angelpunkt des Wohnens. Gibt es etwas Gemütlicheres, als vor prasselndem Kaminfeuer beisammenzusitzen – zu einem Plausch, an einem guten Glase nippend oder auch nur in die Flammen starrend, vor sich hinsinnierend, Ruhe und Frieden einkehren lassend?! Feuer – gebändigt im Kamin, aber seit Urzeiten der Inbegriff des Schützenden, Wärmenden, aber auch des alles Vernichtenden, Zerstörenden.

Sämtliche Handwerker arbeiteten zwar recht gut miteinander, und doch sollte es noch zwei volle Jahre dauern, bis wir endlich einziehen konnten. Sicher lag es auch daran, daß wir eben nur sporadisch vor Ort waren, alles weitgehend von Hamburg aus steuerten und nach Ankunft erst einmal die in alle Winde verstreuten Hilfskräfte wieder zusammentrommeln mußten. Doch nachdem unsere erste Ungeduld abgeklungen war, ließen auch wir uns Zeit. Und hätten wir nicht so einen verläßlichen Gewährsmann und durchweg pflichtbewußte Handwerker gehabt, wäre wohl noch mehr Zeit ins Land gegangen.

Einmal sogar hörten wir auf telefonische Nachfrage – endlich – »Ça-y-est. *Vous pouvez vous installer*«,[*] und machten vor Freude einen Luftsprung. Natürlich war unsere Enttäuschung dann riesengroß als wir – glücklicherweise aber ohne Möbelwagen angereist – sahen, daß noch gar keine Fußbodenplatten verlegt waren. Angeblich war das niemandem aufgefallen! Doch nur auf dem nackten Beton kann man nun wirklich nicht wohnen. Immerhin nahmen wir diese Gelegenheit wahr und befeuerten schon mal den Kamin. Zwar bauten wir so unseren aufgestauten Frust nur ungenügend ab, brachten aber unsere Phantasie auf Trab. Leider nur ein sehr schwacher Trost.

Der Fußboden kam dann auch nicht recht vom Fleck. Bis wir uns auf Drängen unseres Chefkoordinators entschieden – eigentlich gegen unseren Willen –, grob gebrochene Solnhofener Platten verlegen zu lassen. Passen diese doch einerseits farblich und in ihrer Form vorzüglich zum Naturcharakter alter Bauten – da hatte er ja recht –, und zum anderen waren sie auch preiswert. Das Heimatgefühl, was wir nach seiner Ansicht damit verbinden sollten, wollten wir aber nun nicht entfalten. Allerdings hatte uns niemand darauf aufmerksam gemacht – wir hatten ja auch nicht danach gefragt –, daß das kompliziertere Verlegen der unregelmäßigen Naturfliesen mehr als doppelt so teuer wie normal einzupassende Platten sei und das Dreifache des Materialpreises betragen würde. Wir fühlten uns fast mitschuldig.

Ein anderes Mal liefen wir monatelang dem Installateur hinterher – die letzte Schraube zog er erst fünf Jahre nach Fertigstellung an. Das Bidet wackelt aber immer noch. Dann endlich hörte auch die Klärgrube auf, zeitweilig zu stinken.

---

[*] (frei:) »*Alles klar. Sie können einziehen.*«

Auch meinte der Elektriker lässig abwinkend, er brauche seine Arbeiten ja nicht voranzutreiben, denn am Haus läge sowieso noch kein Elektroanschluß. Nur mit Mühen und unter Einsatz unserer ganzen Überredungskünste konnten wir ihn vom Gegenteil überzeugen. Als dann später und sehr termingerecht die staatliche EDF, die *Electricité de France*, kam, mußte man mit großem Aufwand auf einer Länge von über vierhundert Meter Talfahrt, steil hangabwärts quer durch unsere Wälder – uns blutete fast das Herz –, eine gewaltige Schneise schlagen und turmhohe Kabelmasten einzig für unseren Hausanschluß setzen.

Dann wiederum wurde und wurde das felsige Untergeschoß, der Zufahrtsweg und besonders der Wendehammer am Ende unserer Sackgasse nicht fertig, denn hier galt es, mit Preßlufthammer und Bulldozer die vielen Felsen zu knacken und wegzuschaffen. Ohne Wendemöglichkeit aber kommen keine Materiallieferungen an die Baustelle ran. Die großzügige, mit *lauzes*, den Natursteinplatten aus dem Nachbardepartement Lot, zu pflasternde Terrasse konnte auch erst angelegt werden, nachdem der Boden verdichtet war. Später sackte er dennoch ab, was man achselzuckend auf unsere Ungeduld schob. Wir hätten eben nicht so drängen und noch warten sollen. Die Reparatur brachte es dann doch ans Tageslicht und die herumdrucksenden Verantwortlichen in selbstverschuldete Erklärungsnöte und ziemliche Verlegenheit.

Die Anschlußarbeiten aber gingen wiederum einher mit dem Bulldozerunternehmen, das auch die niedrigen Stallungen mit Preßlufthämmern so tief ausstemmen sollte, daß eine bequeme Deckenhöhe angenehmes Wohnen ermöglichte. So wartete einer auf den anderen, und geschickt schob man sich die vermeidbaren Verzögerungen gegenseitig in die Schuhe. Sozusagen im Gegenzug, quasi als wiedergutmachender Ausgleich, ließen dann aber auch die Rechnungen bisweilen Monate auf sich warten. Und wenn wir sie beim nächsten Besuch anforderten, war man baß erstaunt, daß wir es so eilig hätten mit dem Bezahlen. Die letzte Rechnung – wir hatten sie auf Anraten nie angemahnt – wurde uns dann auch erst volle zwei Jahre nach Fertigstellung präsentiert. Mit der Bemerkung: »Lassen Sie sich Zeit, mit der Bezahlung eilt es doch nicht.«

Das alles also war unserem weit entfernt liegenden Einfluß vielfach entzogen, und so übten wir uns in Geduld. Warum auch sollte es im Périgord anders sein als in der Heimat!? Lässig konnten wir Ruhe bewahren, angesichts der tröstlichen Tatsache, daß hier keine Finanzierungskosten aufzufangen waren, kein Umzugstermin drückte, die Baupreise davonlaufen könnten oder sonst irgendwelche Abhängigkeiten bestanden, die ins Geld gehen würden. Und auch Elektrizität konnten wir anfangs entbehren und würden noch eine weitere Saison ganz romantisch ohne diesen kostbaren Energiesaft auskommen. Kochen konnten wir mit Propangas aus der Flasche. Meine Frau nennt es immer Katastrophengas, denn es macht uns völlig unabhängig und läßt sich gut auf Vorrat halten. Bis hin zu unserem Haus hatten wir Wasser und einen gewalzten und fabelhaft hergerichteten Waldweg, der inzwischen auch lackschonend befahren werden konnte – mit großzügigem Wendekreis , und einen wunderbaren, gerodeten Ausblick in unser kleines Tal. Die Wiese war inzwischen ebenmäßig ergrünt und übersät mit den unterschiedlichsten Blumen und Kräutern. Wurde gemäht, war die Luft geschwängert vom Duft wilder Minze. Selbst der Backofen prangte, nun vollendet restauriert, wie selbstverständlich im alten Kleid. In kleinen, aber stetigen Schritten strebte Cazalou unaufhaltsam, wenn auch sehr, sehr gemächlich seiner Vollendung entgegen.

Mit größtem Interesse und heller Freude sahen wir die fast kunstvoll entstehenden Holz- und Tischlerarbeiten vom *menuisier,* Monsieur Daniel Chabeaud, ihrer Vollendung entgegengehen. Wir hatten darauf bestanden und ein offenes Ohr gefunden, nur einheimische Hölzer zu verwenden: eine dekorative Innentreppe aus tiefbraunem Ulmenholz. Die Dielen aus akzentuiert gemaserter Edelkastanie reizvoll unregelmäßig gegeneinander geschnitten und eingepaßt – ein wahres Meisterwerk. Die Türen und Fensterläden in ausdrucksstarker Eiche und die Fenster selbst aus duftendem Pinienholz. Alles nur mit schützendem Klarlack überzogen, so daß die Natürlichkeit der Hölzer weiter wirken konnte. Später klärte man uns darüber auf, daß Dielen und Deckenbretter sehr gern in Edelkastanie genommen werden, denn dieses Holz mögen die Spinnen nicht.

Die Bruchfelsmauern, übrigens immer noch mit Lehm aufgemauert, sind weder außen noch innen verputzt, sondern nur grob verfugt. Kurz bevor der Fugenzement abbindet, wird der überflüssige Mörtel mit einer Stahlbürste so egalisiert, daß ein reizvolles Dekor entsteht. Der Stein tritt wieder voll heraus, bewahrt die ansprechend optische Wärme des Felsens und erstrahlt in seinem anheimelnden, gelbbeigen Steinton. Diese Dekorationsform wird *pierres apparentes,* sichtbare Steine, genannt und wirkt sehr naturbelassen. Ein Stil, der hervorragend zu Landhäusern paßt und in ganz Frankreich überaus beliebt ist.

Nicht das Sanitäre zu vergessen: Die Entwässerung erfolgt über eine hauseigene Klär- und Sickergrube, in die keine Chemikalien, keine Waschlaugen, keine Zigarettenstummel und sonstiges den natürlichen Verrottungsprozeß hemmendes Zeugs gelangen darf. Die alles zersetzenden und dem Kreislauf der Natur wieder zuführenden Bakterienkulturen sollen leben. Deshalb bekommen sie auch, sobald alles nach

Monaten der Ruhe reaktiviert werden muß, erst einmal ein fein dosiertes Pülverchen als Kraftnahrung zugespült. Die abgeklärten Wasser versickern in freier Natur. Sichtbar gesund zeigt sich der dort besonders dichte und kräftige Pflanzenwuchs.

Zu guter Letzt wurden noch auf einen Kilometer bis hin zu unserem Haus landschaftsverträgliche, hölzerne Telefonmasten für unseren Hausanschluß, immer entlang des Zufahrtsweges, errichtet, wobei die Grundgebühr die gleiche ist wie für alle anderen Telefonanschlüsse auch. Egal, ob sie nun direkt am Haus vorbeilaufen oder aber meilenweit entfernt sind. Als ich dann aber auch noch eine Telexleitung zur Verbindung mit der arbeitenden Außenwelt schalten lassen wollte – Fax gab es damals noch nicht –, riskierte ich eine Palastrevolution; Cazalou sei ein Ferienhaus und kein Zweigbüro, wurde mir eindringlich und sehr mißmutig beschieden. Kleinlaut und freizeitbetont mußte ich – und wollte wohl auch – daraufhin verzichten.

Jeder der um uns Herumwohnenden kam im Verlauf des Bauens irgendwann einmal neugierig vorbei. Auch hatte sich wohl herumgesprochen, daß immer ausreichend *Pastis* in der Baubude bereit stand. Diese engagierten Besuche aller, bis hin zu sehr gemäßigten Einflußnahmen, zeigten uns jedoch auch, daß unsere Nachbarn, unsere neuen Freunde und ausnahmslos alle Handwerker mit engagierter innerer Einstellung unser Aufbauwerk begleiteten und daran teilhaben wollten, was uns natürlich mit großer Freude erfüllte. Sie waren es zufrieden, daß wir ihren Vorschlägen und Empfehlungen zuhörten und wenn irgend möglich auch folgten. So gewannen wir allmählich das gute Gefühl, schon jetzt ein kleiner, wenn auch sicher sehr bescheidener Faktor in ihrem überschaubaren Gemeinwesen zu werden. Gute, hilfsbereite, verständnis- und rücksichtsvolle Nachbarschaft auf dem Lande ist eine Grundbedingung für glückliches Wohnen, und sie bedeutet Eingehen auf die Vorstellungen und Belange des anderen. Nur dann ist sie die beste Gewähr friedlichen und zugewandten Miteinanders und bereitwilliger Hilfe. Ein Beispiel mag hier angeführt sein: Als vor einiger Zeit ein heftiger Sturm tobte und das Dach eines ebenfalls hier niedergelassenen Holländers abdeckte, war es eine Selbstverständlichkeit, daß alle Nachbarn sofort mit anpackten, um den Schaden so weit wie möglich einzudämmen, bis dann nach Wochen endlich der Dachdecker kam.

Nach all den Mühen war unser Ziel nun endlich erreicht. Der Weg bis dahin hatte viel Engagement, Hingabe und Geduld gekostet. Cazalou stand da, vollendet und in voller Pracht, wie aus dem Ei gepellt. Wiedererblüht, felsverwachsen, gemütlich eingerichtet mit allem Drum und Dran und so recht zum Wohlfühlen und Ferienmachen. Ganz so, wie wir es uns in unseren kühnsten Träumen vorgestellt hatten. Auch die staatliche *Electricité de France* hatte verbindlich zugesagt, daß sie im Winter die Schneise schlagen, die Masten setzen und ihre Kabel ziehen würde. Anschluß an die Moderne, erhellte Zivilisation.

Insgesamt – wen wundert's und wer weiß das nicht aus eigener, leidvoller Erfahrung – hat alles doch etliches mehr gekostet, als wir ursprünglich investieren wollten. Aber jetzt – ich kann von meiner Kaufmannsseele nicht lassen – kompensiert es allen geleisteten Aufwand durch kostenmäßig sich im unteren Level bewegende Urlaube, die immer ausgedehnter werden. Frühzeitige Urlaubsterminierung ist nie mehr erforderlich, Verschiebung oder Verlängerung kein Streßthema, und Erholung gibt es nun vom ersten Ankunftstag an. So und nicht anders wollten wir es ja haben. So läßt's sich's bestens aushalten.

Umsteigen

Wir richten uns häuslich ein

Es ist uns kaum noch erinnerlich – sicher haben wir es auch vergessen, zumindest verdrängt –, wie oft man uns gefoppt hat mit der uns stets wieder aufs äußerste beglückenden Meldung: »Wenn Sie in drei bis vier Wochen herkommen, können Sie bestimmt einziehen!« Immer wieder sind wir auf diese frohe Botschaft hereingefallen. Die Enttäuschung jedesmal war bitter, wenn wir dann ans Haus kamen und feststellen mußten, daß alles kaum weiter vom Rohbau entfernt war, als wir es das letzte Mal verlassen hatten. Und wer will schon von seinem gemütlichen Haus daheim in eine zementausdünstende, feuchtkühle Baustelle einziehen? Bitter schon, aber trösten wir uns damit, daß solch niederschmetternde Enttäuschungen auch abhärten. Sie stählen den Charakter und fördern den zwangsweise herausgeforderten Humor, mit dessen Hilfe sich alles leichter ertragen läßt.

Nach dem dritten Anlauf zogen wir es dann vor, gar nicht erst zu glauben, was man uns am Telefon als frohe Botschaft überbrachte, und buchten wohlweislich gleich von daheim aus unser inzwischen bereits zum zweiten Wohnsitz gewordenes Mietferienhaus für die gesamte Urlaubsdauer. Es war mit Kamin und allen Schikanen ausgestattet – uns ein bißchen einstimmend darauf, wie dann wohl eines fernen Tages, wer wußte wann?, unser eigenes Refugium sein würde. Wunderbar auszuhalten, denn wir waren ja immerhin im

Périgord. Und ein Urlaubsbau ist beileibe keine Baustelle, die unter dem gleichen Termindruck steht wie gewöhnlich sonst – ganz wie man will: leider oder zum Glück. Alles wickelt sich sozusagen scheibchenweise ab. Sicher auch einer der Gründe, daß die Bauzeit in äußerst gemächlichen Bahnen verlief. Und bloß nicht schon wieder Streß, dem man ja entfliehen wollte und der einen in den Ferien nicht wieder einholen sollte. Bau ja, aber auch Erholung und bitte keine Hast und Aufregung, gar Hatz und Druck. Die Handwerker konnten sowieso nie recht verstehen, warum wir denn so drängelten, wo wir doch Ruhe suchten – angeblich Urlaub machten. In ihrer Ignoranz hatten sie nicht einmal erkannt, daß sie die Wurzeln all unseren Mißmutes waren. Es war schon ein Kreuz, ein Widerstreit zwischen glühendem Tatendrang und hingebungsvollem, fatalistischem Erdulden der nur bedingt beeinflußbaren Umstände. Äußerstenfalls sanfter Druck bei zäher Güte.

Nun soll man aber nur nicht glauben, daß wir irgendwelche Ausreden oder gar Entschuldigungen von unseren Baulöwen anhören durften. Entweder man war ehrlich verwundert, daß wir keine Geduld hatten, oder man hatte sich eben ganz einfach nur geirrt. »Ach nein? Es ist noch nicht gemalt? Warum denn das?« – Als ob wir das beantworten könnten! Oder der unzuverlässige Kollege vom anderen Handwerk war trotz wiederholter Aufforderung doch nicht gekommen; und dann stand wieder das richtige Material nicht zur Verfügung oder das Wetter spielte nicht mit oder man hatte da eine große Familienfeier auszurichten – und die können im Périgord tagelang andauern –, oder was man sich sonst noch alles einfallen ließ, uns zu besänftigen. Von Trost, gar Wiedergutmachung jedoch war keine Rede. Verärgern allerdings wollte man uns nun auch wiederum nicht. Aber, *cher Monsieur*, jetzt sofort wird man ja alles mit geballter Kraft nachholen. Sie werden staunen, wie schnell das geht. Und tatsächlich, dann packten sie zu wie die Berserker. Also, immer Bauherr mit Überblick und starken Nerven spielen und – vor allen Dingen – ganz ruhig bleiben.

Warum sollten wir uns aufregen, hatten wir doch inzwischen bei unseren Périgordiner Freunden miterleben dürfen, was nervenschonende Arbeitsrhythmik ist. Und voran mit dem Bau – darin soll sich nun niemand täuschen – ging es allemal, nur eben viel gemächlicher, als wir es sonst gewohnt waren. Einmal vor Ort, mußten wir dann die Zeit vom ersten Tag an gut nutzen, denn sie verrann uns zwischen den Fingern wie die zurückweichende Brandungswoge im Sand. So wie das auch für jeden sonst spürbar ist. Und leider ja immer besonders außerhalb der Arbeit. Kaum den Sielen zu Hause entronnen, ging es auch schon weiter. Ran ans Telefon und die Handwerker sozusagen mit dem Lasso einfangen. Sobald sie wußten, daß wir wieder im Périgord gelandet waren, fanden sie sich immer flugs ein, bereit, sofort weiterzumachen, und legten ein enormes Bautempo vor. Mit bekennendem Eifer, hinter dem man fast ein schlechtes Gewissen vermuten konnte, und als wollten sie wirklich die inzwischen unnütz vertane Zeit nun in einem gewaltigen Kraftakt schnellstens wieder aufholen. Warum nicht auch vorher so, wenn wir nicht als Mahnmal vor Ort waren, hat mir auch auf wiederholtes Nachbohren niemand erklären können oder vielleicht auch nicht wollen. »*C'est comme ça!*«[*] war immer wieder die lapidare, ausweichende Antwort, begleitet von einem fragenden Achselzucken. Ihre plötzlich auflodernde Arbeitswut wiederum – in den besten Zeiten drängten sich manchmal die Vertreter von drei, vier Handwerksgilden gleichzeitig auf der Baustelle und standen sich

[*] *»Das ist eben so.«*

gegenseitig im Weg – verleitete uns immer wieder zu der irrigen Annahme, daß in den kommenden Monaten, also in der anstehenden Runde bis zu unserer nächsten Anreise, nun doch wohl tüchtig gebaut und alles fertig würde. Pustekuchen. Kaum hatten wir den Rücken gekehrt, versank unsere geliebte Baustelle sofort wieder in Agonie.

Bis wir sie dann beim nächsten Besuch in altbewährter Manier und mahnender Ausdauer wieder zum Leben erwecken durften. Abschalten im Urlaub, gar richtiges Ausspannen war das dann kaum noch. Aber irgendwie und ohne Wenn und Aber würde unser so hoffnungsvoll begonnenes Aufbauwerk in ferner Zukunft erfolgreich zu Ende geführt sein. Dessen konnten wir ja sicher sein. Nur das Wann stand lange Zeit in den Sternen.

Wie alles in der Welt, was mit ausreichend Zähigkeit betrieben wird, wurde auch unser Haus – o Wunder – eines Tages dann doch fertig. Es wurde wahr, als Meister Bonneau uns lässig und diesmal – seine Stimme klang auch ganz anders – mit stolzgeschwellter Brust verkündete: »*Vous pouvez déménager.*«[*] All die zermürbende Wartezeit war plötzlich wie spurlos verflogen, als wir staunend und ehrfürchtig mit ihm zusammen in den würdigen Hallen standen – sogar die Bodenplatten waren gescheuert –, aufmerksam seinen Erläuterungen lauschten und unsere Blicke stolz über die edel gemaserten Hölzer, die warmen, naturverfugten *pierres apparentes,* den herausgeputzten Kamin, die modern eingerichtete Küche, das geschmackvoll gefliestе Bad, das makellose Dach, den eindrucksvollen, antiken Dachstuhl und den nun wirklich endlich fertiggestellten Natursteinboden gleiten ließen. Zum Fenster hinaus schweifte das Auge über die inzwischen eingesäten, sich allmählich begrünenden, jetzt

---

[*] »*Sie können umziehen.*«

parkartig, und doch natürlich wirkenden Rodungen und die blütengetüpfelte, waldgerahmte Wiese. Fast alles war so gelungen, wie wir geplant, es angeleitet und erträumt hatten. Wenn auch so manche Flucht und die Akkuratesse zum Beispiel eines rechten Winkels eben sehr großzügig ausgelegt werden mußten, die technischen Einrichtungen waren durchweg verläßlich installiert, und alles war mehr als einladend – eindeutig unser Zuhause. Es war, als raune das nun neubekleidete Haus uns zu, doch baldigst unter sein schützendes Dach zu kommen; als freue es sich unbändig nach vierzig schmachvollen, zur Untätigkeit verdammten Leidensjahren, dem Verfall zur Ruine preisgegeben, wieder auferstanden zu sein, um seiner angestammten Funktion, gemausert und nun modern ausstaffiert, wieder zu dienen. Eine lange Bauzeit birgt auch Vorteile. Alles war wohlüberlegt. Unterlassungssünden zeigten sich nicht. Vieles konnte rechtzeitig korrigiert werden. Fehler durch Hektik traten nicht auf in diesem Zwangskonzept, und die Feuchtigkeit des Baus hatte sich auch beizeiten verflüchtigt. Die verbliebenen Ausdünstungen waren erträglich. Alles durchprobiert und aufgeräumt. Nur noch Möbel hineinstellen und wohnen.

Immer wieder hatten wir darauf gedrungen, daß beim Innenausbau so viel wie möglich erhalten und beim alten bleiben möge. Diesem uns so am Herzen liegenden Wunsch waren unsere Baubetriebe auch treulich nachgekommen und hatten entsprechend einfühlsam gearbeitet. Wir hatten nie den Eindruck, daß sie lieber die große Keule schwingen wollten. Alle achteten streng auf die regionalen Bautraditionen und waren dabei genauso detailfreudig wie wir. Das Haus insgesamt spiegelte sichtbar das innere Engagement unserer Handwerker wider. Was sich auch darin ausdrückte, daß man uns immer wieder eindringlich erläuterte, warum dieses – in Abweichung unseres Auftrages – besser so gemacht und jenes derart hergerichtet sei und nicht so, wie wir urspünglich beabsichtigten. Und warum man zum Beispiel lieber die leider etwas teureren, aber klassischen Fensterscharniere und -riegel genommen habe und nicht diese modernen Gebilde, die wir irrtümlich gewählt hatten. Geldschneiderei allerdings war nirgendwo festzustellen. So eine mitdenkende, ja fast mitfühlende Baubetreuung, die allerdings auch schnell in Bevormundung umschlagen konnte, waren wir vorher nicht gewöhnt. Wir kannten mehr das ruppige Geschwindbauen, alles mit Macht und über Nacht hochzuziehen. Und dabei sind Bauherren nur störend. Allerdings verstand niemand, daß wir die verwendeten neuen Dachsparren nicht auf alt hingefälscht haben wollten, sondern sie als Ersatz der ehemaligen kenntlich blieben. In diesem Haus war alles individuell, so wie man es für seine Mitpérigordiner auch baut. Es war rein gar nichts von der Stange.

Zwar hatten wir uns bei Gründung unseres ehelichen Hausstandes schon einmal komplett eingerichtet und waren auch schon zweimal umgezogen, meinten daher also, erfahren genug zu sein, um diesen Punkt in Windeseile abhaken zu können. Das ging für den ersten Hausstand damals ungeheuer fix und sehr zweckmäßig vonstatten und ohne langes Hin und Her. Doch wählerisch, wie wir plötzlich wurden, konnten wir uns jetzt gelegentlich nur schwer entscheiden, was wir nun wo hinstellen sollten und welcher Stil uns am besten zusagte. Letztendlich war nichts einfacher als das: périgordinische Möbel im Landesstil, in Nußbaum. Tagelang klapperten wir in allen Himmelsrichtungen die Antiquitätenhändler und die Trödler auf den Flohmärkten, die Haushaltsläden und Möbelhäuser ab. Lampen waren dabei das größte Problem. Wir kauften Pütt und Pann und waren immer wieder verwundert, was man doch so alles zum Betreiben auch eines Ferienhauses noch braucht. Ob klein oder groß, die zweckgebundene Grundausstattung und Ausrüstung folgt immer den gleichen Bedürfnissen.

Unseren Bedarf deckten wir ausschließlich bei den Lieferanten vor Ort, die uns dies heute noch danken. Denn nie haben wir Probleme, wenn es um kleine Reparaturen und auch sonstige Gefälligkeiten geht, an denen mal nicht so viel zu verdienen ist. Wir hatten ja auch immer wieder mit angehört, wenn sich die Einheimischen beklagten, daß die Zuziehenden alles von außerhalb mitbrächten und man sich dann auch noch sagen lassen müsse, daß bei ihnen zu Hause alles besser und – so behaupteten sie – auch billiger sei. Verständlich ist diese Haltung nicht, denn es gibt hier wirklich fast alles – und günstig. Abgesehen von den aktiven Fachhändlern, finden sich Super- und Fachmärkte heutzutage schon in den entlegensten Winkeln. Die Konzerne operieren europaweit. Zudem sind die Qualitätsnormen weitestgehend europaisiert. Und Ostasienware ist nun sicher überall fast das gleiche Produkt. Wer aber immer nur herummäkeln kann, sollte sich lieber ernsthaft und beizeiten überlegen, ob er nicht lieber zu Hause geblieben wäre, wenn dort doch sowieso alles besser und billiger ist. Wir haben Campingtouristen erlebt, die tonnenweise Konserven ins Land der renommierten Kochkunst mitschleppten, weil diese in Frankreich angeblich teurer und nicht von heimischer Qualität seien. Das ist nicht nur blanker Unsinn, das ist auch fast schon beleidigend und zeigt, daß einige Menschen ohne Taktgefühl die Gastfreundschaft ihres Urlaubslandes arrogant und herzlos mißachten.

Nach dem Einkaufen in einer kleinen Nachbargemeinde trafen wir zufällig den Bürgermeister, den wir gut kannten, denn eine seiner Fluren grenzte an unseren Wald. Damals hatte er uns um die Öffnung eines Holzweges zum Einschlagen gebeten, und wir hatten selbstverständlich sofort zugestimmt. Als er uns entdeckte, winkte er uns freundlich heran und fragte, auf die Mittagszeit verweisend, ob wir nicht ein wenig Zeit für einen kleinen Aperitif hätten; er wollte uns etwas ihm Unverständliches schildern und unsere Meinung dazu hören. Er schien uns sogar etwas verstört.

Am heutigen Morgen war ein Ausländer – wir wollen die Nationalität hier anstandshalber verschweigen – bei ihm vorstellig geworden, um ein größeres Campingareal anzukaufen. Die Bedingung dieses Rüpels aber war – man höre und staune ungläubig, daß es so etwas überhaupt gibt –, daß sein Campingplatz dann nur für seine Landsleute zur Verfügung stehen dürfe. Europa ade! Man sollte es nicht für möglich halten, denn das hieße doch zugleich, daß Franzosen im eigenen Land vor der Tür zu bleiben haben! Und das bei ihrer landesweiten Gastlichkeit. *Monsieur le Maire*, der Herr Bürgermeister, war zu Recht erschüttert und fragte, wohl auch ein wenig verunsichert, bei uns nach, ob es denn in unserer Heimat so etwas gäbe. Als von Internationalität geprägte Hamburger konnten wir glücklicherweise verneinen. Er habe natürlich dieses Ansinnen rundweg und mit großer Entrüstung zurückgewiesen und hoffe nur, daß alle seine Bürgermeisterkollegen genau wie er reagierten. Einige habe er schon informiert. Wenn wir es nicht aus seinem Mund gehört hätten, würden wir diese Geschichte lieber im Land der gerüchtekochenden Kolportagen angesiedelt wissen. Aber sie ist leider wahr. Bekanntermaßen sind gerade die Camper eine sehr international geprägte Gemeinschaft, die sich besonders an der Begegnung mit ihren europäischen Mitbürgern erfreut. Viele grenzübergreifende Freundschaften sind so im Laufe der Campingjahrzehnte im Nachkriegseuropa schon entstanden, haben für verständnisvolles Miteinander gesorgt und so die Nachbarnationen einander nähergebracht. Dieser häßliche Vorfall war für uns alle so magenverstimmend, daß er nur mit einem gehörigen Schluck Aperitif bewältigt werden konnte. Erst beim dritten Glas – wegen der Hitze tranken wir erfrischenden *peroquet*[*] – hatten wir uns alle so weit beruhigt, daß wir diesen Rohling nicht mehr des Landes verweisen wollten. Der chauvinistische Antragsteller wurde glücklicherweise nie wieder gesehen. Aber er wird wohl sein Unwesen irgendwo anders treiben.

Alles, was nur irgendwie aufzutreiben war, kauften wir also im Umkreis auf die Schnelle ein und baten händeringend um sofortige Anlieferung, damit wir wenigstens noch einige Tage im neuen Zuhause erleben und urlauben konnten. Diesmal ging alles hurtig über die Bühne, und wir hatten schon das Erlebnis der ersten Nacht »fest im Auge«. Zwar komplett mit Möbeln, aber noch ohne Elektrizität. Licht ist dabei gar nicht das Problem. Es gibt ja hervorragende Gasleuchten und stimmungsvolle, duftendes Öl verbrennende Petroleumleuchten, die das schummerige Flair eines lauschigen *Candle-light-Dinners* verbreiten. Auch Kochen geht sehr gut mit Flaschengas – man achte nur auf die großen Chefköche, die fast ausnahmslos ihre Speisen auf offener Flamme zubereiten. Aber ohne Steckdose verzichtet man auf Kühlschrank, Staubsauger, Waschmaschine, Föhn und Schnellkocher; Hat nur batteriebetriebenes Radio oder Kassettenrecorder und muß mühevoll mit der Handleier bohren. Warmes Wasser, sonst problemlos aus dem stets spendebereiten Boiler gezapft, muß erst auf der Gasflamme erhitzt werden, und so weiter. Also Verzicht auf die täglichen

---

[*] (wörtl.:) *Papagei*, (hier:) *Pastis mit einem Schuß Pfefferminzsirup*

Haushaltserleichterungen, an die wir gehätschelte Zivilisationsmenschen so sehr gewöhnt sind und ohne die wir ja alle kaum noch auskommen können. Und zugleich auch, ungewollt, eine völlig neue, interessante Erfahrung beim Rückfall in archaische Zeiten ohne bequemen Steckdosenkraftquell. Wie verwöhnt, fast verdorben wir doch durch die Annehmlichkeiten unseres technisierten Alltags sind. Urplötzlich wird man belehrt, wie bequem Zivilisation ist. Und wie überaus anstrengend Romantik. Wirklich nur etwas für den Urlaub – und dann aber bitte sehr zurückhaltend und auch nicht zu lange!

Da das Haus ja außerhalb unserer Urlaubszeiten sonst unbewohnt ist und leersteht, werden wir natürlich häufig gefragt, ob wir denn keine Angst vor Einbruch hätten – und was wäre, wenn man uns nun die Bude eines Tages ausräumt. Natürlich muß man immer mit solch einer Hiobsbotschaft rechnen, aber wir meinen, daß in der Stadt häufiger und auch brutaler eingebrochen wird als auf dem Lande. Unser Haus in Hamburg sehen wir als gefährdeter an als das abgelegene Cazalou. Trotzdem haben wir realistisch das Allerschlimmste in unsere Überlegungen mit einbezogen, es danach allerdings auch geistig abgehakt. Man muß damit leben können und darf nicht ständig zittern. Sonst sollte man lieber die Finger lassen von einem vorwiegend unbewohnten Zweitwohnsitz. Unser Haus liegt zudem gut versteckt in den Wäldern und ist für Einbrecher doch äußerst ungünstig. Ein Kilometer Sackgasse mit Diebesgut zurückzulegen, wird sich jeder Dunkelmann wohlweislich überlegen. Die lange, einsame Zufahrt ist indirekt gut bewacht von den umliegenden Nachbarn, denn auf dem Land wird jede Fremdannäherung sofort und auch mit einer gewissen Neugier registriert. Unvermutete Motorengeräusche, unbekannte Fahrzeuge auf einsamen Wegen fallen auf. Alles

Geschehen wird bei dem wenigen Publikumsverkehr zwangsläufig sofort bemerkt, und man schaut skeptisch nach, wenn sich etwas rührt.

Vor Jahren besuchten Freunde aus Heidelberg das Haus während unserer Abwesenheit, was unseren Nachbarn Jean-Luc stutzig machte. HH-Autokennzeichen kannte er zwar, HD hingegen mußte seinen Verdacht erregen. Also stellte er seinen Traktor samt Pflug oben am Weg quer, schulterte sein Jagdgewehr – später sah ich ihn während der Jagdsaison sogar einigemal mit umgehängter Knarre pflügen, denn es könnte ja etwas vor die Flinte laufen, oder schlief er vielleicht sogar damit? – und ging nachschauen, was da am Haus denn Eigenartiges vor sich ging. Unseren arglosen Freunden fuhr der Schreck gehörig in die Glieder, als sie den bewaffneten Landmann schußbereit nahen sahen, und sie erklärten ihm mit ihren bescheidenen Französischkenntnissen unter Zuhilfenahme von Händen und Füßen aufgeregt ihr Hiersein. Erst als dabei zum wiederholten Male unser Name fiel, legte sich allmählich des Wächters Argwohn. Diese guten Freunde haben uns übrigens noch nie gefragt, ob wir Einbrüche befürchten.

Interessante, einen Einbruch lohnende Wertgegenstände sind nicht im Haus und wären dort auch fehl am Platz. Alles Inventar ist erfaßt, registriert und natürlich entsprechend gut versichert. Der Vandalismus, von dem so oft berichtet wird, also der Fall, wenn die Ganoven frustriert alles zerschlagen, weil sie nicht fündig wurden, soll nicht beschönigt werden, aber bei all den Einbrüchen, von denen wir zuverlässig hörten, war nicht ein Fall von Vandalismus. Einer unserer Freunde glaubt es ganz schlau anzupacken. Verläßt er das Haus, legt er einige Francs auf den Tisch mit einem humorvollen Begleitschreiben an die Herren Einbrecher und behauptet steif und fest, das würde die Diebe besänftigen. Ich bin fast zu dem Schluß gekommen, er habe eine gewisse masochistische Ader und scheint betrübt, weil bisher noch niemals bei ihm die Probe aufs Exempel gemacht worden ist. Wir hoffen allerdings, ihm diesen Unsinn inzwischen ausgeredet zu haben. Denn würde sein törichtes Beispiel Schule machen, würden die Ganoven ihre Kassenrunden drehen und sozusagen das Schutzgeld einsammeln. Und wehe, sie finden dann nichts! Oder die zweite Gang kommt und geht leer aus!? Spätestens dann wird's ganz bös!

Schon bei der ersten Hausbesichtigung hatten wir alte Gerätschaften aufgestöbert, die wir sofort in Sicherheit brachten und für später zur Seite stellten. Ein alter, perfekt erhaltener, einschariger, herrlicher Pflug mit Restteilen seines Zuggeschirrs, wie ihn die Bauern früher hinter Ochs oder Pferd anspannten, um die kleinen Felder Furche für Furche umzubrechen. Das Ackergerät ziert heute, fein gesäubert und in mittlerer Höhe fest ans Mauerwerk geschraubt, die Giebelwand, flankiert von einem uralten Holzrechen, dessen Zahnlücken frech grinsen, einer ebenso alten, sichtbar handgefertigten, fünfzackigen Heugabel und einer immer noch funktionsfähigen, scharfgeschliffenen Sense mit ihren dazugehörigen Utensilien wie Schleifstein und Dengelhammer mit -eisen. Eine Dracht, also ein holzgedrechseltes Tragegestell, das man auf die Schultern legte, um an den Enden beidseitig schwere Lasten anzuhängen, ganz so wie unser berühmter Hamburger Wasserträger Hummel immer damit abgebildet ist, haben wir mit viel Geschick in eine vierflammige Hängelampe umgestaltet. Nun umgekehrt aufgehängt an ihren ursprünglichen Traketten wurde sie zum zweckentfremdeten, aber wunderschönen Einrichtungsgegenstand. Als die alte Georgette aus dem Dorf neugierig hereinschaute und all diese urigen

Ackergeräte und Werkzeuge ihrer Jugendzeit bei uns entdeckte und uns erzählte, wie auch sie einst mühsam Wasser vom Brunnen ins Haus geschleppt und sich abplagend bei Hitze, Wind und Wetter, in Feld und Wiesen damit gearbeitet habe, war sie so begeistert über die nach ihrer Meinung ehrwürdigen Plätze, die diese traditionsreichen Dinge nun gefunden hatten, daß sie spontan ihren noch selbstgeflochtenen Strohhut vom Kopf nahm und uns als Andenken schenkte. Deutlich und direkt wie sie war, bestimmte die ehrwürdige alte Frau auch gleich, wo genau ihr Hut anzubringen sei. Er krönt – nein, besser gesagt, behütet – immer noch das reizvolle Stilleben.

Beim Aufräumen im Schutt fanden wir zwei eigenartige, gut handspannengroße, längliche Eisenplatten mit gelochten, hochgezogenen Außenrändern. Anfangs rätselten wir, was wohl ihre ursprüngliche Funktion gewesen sein mochte, bis man uns aufklärte, daß sie einst den gespaltenen Ochsenhufen als Hufeisen dienten. Zuerst dachten wir, man wolle uns wieder einmal verkohlen, lernten aber doch bald, daß das der Wahrheit entsprach und auch Ochsen früher beschlagen wurden, um in diesem felsigen Gelände die Hufe der Zugtiere zu schonen. Die genügsameren Ochsen und Esel, nicht die kostbaren und nervöseren Pferde waren die Hauptarbeitstiere der Bauern. Ochs und Esel sind heute verschwunden. Maschinen haben diese Arbeiten übernommen. Ein kleiner Zoo hat es sich zur ehrenvollen Aufgabe gemacht, die vom Aussssterben bedrohten Eselrassen Aquitaniens weiterzuzüchten.

Über das Haus verteilt als authentische Dekorationsmaterialien, sind all diese Fundstücke ein echt dazugehöriger Einrichtungsschmuck und fortwährender Gesprächsstoff für unsere Besucher. Für die Bauern Dinge, über deren Sinn, Zweck und Arbeitsweise sie uns schon viel erklärten, und für

169

die Laien sozusagen interessante Lernobjekte, die so einen direkteren Einblick in das frühere, mühsame Arbeitsgefüge gewähren. Zu Zeiten, als noch keine Maschinen menschliche Muskelkraft ersetzten und Arbeitstiere die Hauptarbeitslast bewältigen mußten.

Das rückwärtige Mauerwerk vom Kamin wurde mit der gußeisernen Reproduktion einer antiken Ofenplatte ausgerüstet. In erster Linie, um die Gluthitze vom Mauerwerk fernzuhalten, aber auch als Dekoration. Ganz nach alter Art wird der Feuerplatz beidseitig flankiert von den sogenannten *chenets,* ebenfalls aus Eisen gegossenen Feuerböcken, die der offenen Brennstelle einen fast mittelalterlichen Anstrich verleihen. Hin und wieder wird in besonderen Kochtöpfen, -tiegeln, Grilleisen und -pfannen hier auch das Essen zubereitet. Besonders im Winter. Ein Essen im Kamin gebrutzelt, hebt die Stimmung und läßt die kalte Jahreszeit freundlich erscheinen. Das Kochen über offener Flamme ist nicht einfach; für Ungeübte ist die Beherrschung konstanter Temperaturen ein Buch mit sieben Siegeln. Das Kaminfeuer hat natürlich in erster Linie dekorativen Effekt und kreiert ein urgemütliches Ambiente, denn neunzig Prozent der Hitze jagt durch den Schornstein auf und davon. Da hier fast jeder auch mit Holz heizt, riecht das gesamte Périgord im Winter angenehm nach brennenden Kaminscheiten. Auch der Geruchssinn ist dann als zusätzliche Wahrnehmung aktiviert, was die Empfindungen vertieft und allem einen gewissen romantischen Reiz verleiht.

Nachdem nun endlich alles an seinem Platz stand, sämtliche Utensilien verstaut und eingeräumt waren, war unsere erste, fast heilige Handlung, das Kaminfeuer zu entzünden. Streng nach der Devise, eigener Herd ist Goldes wert. Holz aus eigenen Wäldern haben wir ja im Überfluß und verbrennen Eiche, Rüster und Akazie. Seltener Pinie, die zwar angenehm riecht, aber aus diesem harzigen Holz stieben so sehr die Funken, daß man nur mit Schutzschirm feuern kann. Wir handelten wie Kinder, denn um den Kamin zu entfachen, war die Saison bestimmt nicht die richtige – es war immerhin absoluter Hochsommer, August, die heißeste Jahreszeit. Bei vierzig Grad im Schatten rührte sich kein Lüftchen. Aufgrund der enorm dicken Wände, der Lage und der nicht zu großen Fenster steigt im Haus selbst die Temperatur nie über sechsundzwanzig Grad und ist damit noch recht angenehm auszuhalten. Es half nichts, ein Feuer mußte trotzdem brennen. Doch der beißende Qualm stieg keineswegs in den Schornstein, sondern quoll in mächtigen Schwaden heraus und verteilte sich sofort im ganzen Haus. Es sah aus und roch wie in einer Aalrauchkammer. Unüberhörbares Fluchen und Husten war die enttäuschte Reaktion; dieser Kamin zog wohl doch nicht. Wieder einmal rettete die so praktisch veranlagte Hausfrau die verqualmte Situation, griff in den Kamin, zog ganz einfach die von mir vergessene Kaminklappe auf, die ich schließlich eigens hatte anbringen lassen, und die Flammen schlugen hell und prasselnd in die Höh'. Dabei ließ sie sich leider überaus abfällig und in epischer Breite über die tolpatschige Männerwelt aus, die ja nicht einmal und so weiter und so weiter. Jedesmal, wenn wir das Haus bis zum nächsten Urlaub in Richtung Norden verlassen müssen, bestücken wir vorher den Kamin mit etwas Zeitungspapier, darauf Reisig, kleines, mittleres und dickes Holz. Wieder zurückgekehrt, wird zuallererst ein Streichholz hineingehalten, und prompt ist ein prasselndes Kaminfeuer entzündet. Bei auflodernden Flammen fühlt man sich wieder so richtig geborgen und zu Hause. Meine Frau kann sich dann allerdings nie verkneifen, mit einem süffisanten Grinsen nachzufragen, ob ich denn auch ganz bestimmt die Kaminklappe geöffnet habe und ob sie nicht lieber gleich Fenster und Türen aufreißen solle.

Das erste Mahl im neuen Haus wurde mehr zelebriert als gegessen, und am Abend zündeten wir unsere romantischen Gaslampen und Kerzen an und setzten uns zur *l'heure bleu*, zur blauen Stunde, wenn der Tag schwindet, auf die Terrasse, um unseren Dämmerschoppen zu nehmen und dabei den ringsum in den Gebüschen rumorenden Tieren zu lauschen. Wir hatten uns viel zu erzählen und ließen noch einmal die ganze Zeit, beginnend mit dem beschämenden gedanklichen Nichtbegreifen, hin zum ersten Hausbesuch, die aufregenden Rodungen, die Bauumstände und -erlebnisse, das Anschaffen der Einrichtung bis zum endgültigen Einzug Revue passieren. Es waren nur freudige Gegebenheiten darunter, Geschehnisse, die voller Humor waren und uns ganz gefangennahmen.

Allmählich legte sich auch diese Aufregung, und wir spürten nun immer deutlicher die körperlichen Anstrengungen des Einrichtungstages. Wohlig erschöpft, aber auch todmüde von diesem Tag und mit bleiernen Gliedern krochen wir das erste Mal in die neuen Betten. Mitternacht mag schon vorbei gewesen sein. Unser sonst recht mutiger Sohn, ein typisches Stadtkind, wollte die erste Nacht mitten im Wald – das gespensterhafte Huuu-Huuu der Eulen war ihm wohl doch ein bißchen zu unheimlich – plötzlich lieber unter den Fittichen der Eltern verbringen und baute sein Bett in Griffnähe zur Mama auf. Sein Zimmer, so verkündete er im Brustton der Überzeugung, wolle er sich dann morgen in aller Ruhe einrichten. So klein und schon so gewitzte Ausreden. Jedoch bereits im darauffolgenden Sommer faßte der Steppke sich ein Herz und stellte sein Zelt – wenn auch in Rufweite – im Talgrund auf. So mit Lagerfeuerromatik ganz für sich allein und allem, was dazugehörte. Nur die erste Nacht mußte Papa mit ausharren. Allerdings hatte er meist ein bis zwei Nachbarjungen zu Gast, denn gemeinsames Graulen macht eben mehr Spaß. Und die Fluchttür ins Haus blieb sicherheitshalber auch immer offen.

Wir müssen so eine knappe Stunde schon fest geschlafen haben, als wir gegen ein Uhr morgens von einem infernalischen Lärm hochgescheucht wurden. Ein schrilles Hupkonzert, aufheulende Motoren, verbunden mit lautem Geschrei und herzhaftem Gelächter, näherte sich unserem Haus. Was war das? Herausgerissen aus dem ersten Tiefschlaf, ist es sowieso nur sehr schwer, sich zwischen Traum und Wirklichkeit zurechtzufinden. Die Einweihungsparty war, das wußten alle, für die nächste Reise geplant. Der kleine Alexander bekam einen gehörigen Schreck und mußte, selten genug bei ihm, von uns beiden beruhigt werden, mit dem Hinweis, jetzt würde es sicher spannend, denn das sollte wohl eine besondere Überraschung für uns sein. Sicher aber waren wir uns keineswegs. Von der spaßigen Landessitte, Leute zu bestimmten Anlässen aus den Federn zu scheuchen, hatten wir ja schon läuten hören, aber doch so etwas nie auf uns Auswärtige bezogen. Jetzt konnten wir die Stimmen erkennen. Auch Sohnemann schlotterten nun nicht mehr die Glieder. Er hatte, flink wie kleine Kinder ihre Chancen erkennen und nutzen, gleich weitergedacht, war als erster angezogen und bereitete sich jetzt auf die längste Nacht seines jungen Lebens vor. Übrigens hielt er von allen dann auch mit am längsten durch.

Kaum hatten wir die Hosen an, als schon weit über ein Dutzend Leute vor unserer Haustür krakeelten und mit lautem Rufen und Trommeln Einlaß begehrten. Und wie groß war erst ihre Freude, als sie spitz bekamen, daß wir wirklich schon eingeschlafen waren. Dann hatte es also geklappt mit dem Rauswurf aus den Betten. Mitten in der

Nacht, so wie es Brauch ist – man wartet mindestens bis man glaubt, die Aufzuscheuchenden lägen in den Federn –, waren Freunde und Nachbarn, Handwerker und der ganze Anhang gekommen, um uns mit dieser alten Landessitte zu beglücken und so in ihren Kreis aufzunehmen: *apporter le tourain,* heißt dieses »Gastgeschenk«. Wir waren zugleich gerührt, erschrocken, beglückt und beschämt, denn wir hatten überhaupt nichts anzubieten. Woher auch. Einkaufen war erst für den kommenden Tag geplant. Und wer rechnet auf dem Lande schon mit einem vielköpfigem Besuch zu mitternächtlicher Stunde oder sogar noch danach? Und mitten im Wald? Noch dazu bei Leuten, die einen wirklich anstrengenden Einrichtungstag hinter sich hatten. Aber gerade das wissen ja die Überfallbesucher, denn es geht immer darum, ein neues Heim einzuweihen und vor allem: es zu begießen.

In früheren Zeiten war es so, das frisch vermählte Ehepaar bald nach der Liebe aus den Betten zu scheuchen und im kleinen Kreis – dann aber so richtig – weiterzufeiern und die Brautleute immer und immer wieder hochleben zu lassen. Wohl wissend, daß der junge Haushalt noch nichts zu essen aufbieten kann – Kochen danach wäre selbst für Franzosen zu profan, aber Hunger danach hat man schon –, bringen die Besucher deshalb ihr Essen und alles Erforderliche gleich mit: immer besagte, traditionelle und einfache, mit sehr viel Knoblauch angereicherte Suppe, genannt *le tourain.* Dazu noch frisch gebackenes Brot, manchmal auch etwas Käse und Geschirr mit Besteck. Getränke hat der Hausherr zu haben. Und da im früheren Frankreich ein Haushalt ohne Wein undenkbar war, eigentlich auch gar nicht existierte, konnte man fest darauf bauen, daß es etwas zu trinken gab. Wein gehörte unbestreitbar zur Grundausstattung eines Hausstandes. Er ist in den romanischen Ländern nicht berauschende Droge, um sich vollaufen zu lassen, sondern ein ganz normales Nahrungsmittel, das Stimmung und Genuß steigern soll und das Leben in jedem Fall erträglicher macht. Wein ist aber auch Lebenselexier und das Blut der Nation.

Als gemeinsames Traditionspräsent aller bekamen wir für unseren neuen Hausstand – ganz der Landessitte folgend – das wichtigste Gerät geschenkt, das einen traditionellen Haushalt ziert: eine antike *crémaillère*, die Kochkette für den Kamin, verbunden mit den Wünschen, daß allzeit etwas Gutes an ihr schmoren möge. In der Winterzeit bereiten wir im daran aufgehängten, gußeisernen Kochkessel, der dreibeinigen *marmite*, regelmäßig variationsreiche *pots-au-feu* über dem offenen Kaminfeuer zu. Ein uriges Vergnügen, wenn der kraftvoll schmackhafte Eintopf, immer mit ungeheuer viel Knoblauch, gemütlich zubereitet über lodernder Flamme gart. *Prendre la crémaillère* heißt ganz folgerichtig somit auf französisch im übertragenen Sinne auch, ein neues Haus, eine neue Wohnung beziehen und einweihen, aber auch, sich verändern.

Aufmerksam wie unsere Périgordiner sind, wußten sie, daß wir aus Marseille mehrere Kisten feurigen *Bandol* mitgebracht hatten, und zwar von dem, den die Stadtväter der Partnerstadt Hamburgs auf ihren offiziellen Bankatten ihren Gästen kredenzen. Das mußte demnach ein guter Tropfen sein. Nur leider, dieser bedauernswerte Wein war in der Sommerhitze im Auto mit uns über das *Massif Central* durch die nicht endenwollenden Serpentinen der *Causses* gekurvt. Faul wie ich war, aber auch hoffend, daß wir bald umziehen würden, hatte ich die Weinkisten die ganze Zeit im Kofferraum schmoren lassen und unbarmherzig durchgeschaukelt. Erst am Tag des Einzugs in Cazalou wurden die Kartons endlich ausgeladen. Unsensibler, durchgerüttelter und temperaturgeschockter, ja beinahe barbarischer dürfte ein Wein wohl kaum jemals behandelt worden sein. Jetzt rieselten mir meine Sünden heiß und kalt den Rücken runter. Irgend etwas Trinkbares aber mußten wir anbieten. Wo also besorgen mitten in der Nacht? Es blieb keine andere Wahl, als auf diesen durchgerüttelten Bestand zurückzugreifen. Zumindest hatte unser Roter inzwischen die richtige Temperatur angenommen. Mit sehr schlechtem Gewissen, zitteriger Zurückhaltung und einem inbrünstigen Stoßgebet entkorkte ich die erste Flasche, kostete vorsichtig und – der Wein war köstlich. Keine Spur von Geschmackseinbußen. Ist das vielleicht alles nur Übertreibung mit der Behutsamkeit, dem sich bis zur Zärtlichkeit steigernden Betreuen des Weines? Ihn behandeln zu müssen wie ein rohes Ei? Gar eine geschickte Ausrede für mißlungenen Rotspon? Wir saßen wie gesagt mit über einem Dutzend trinkfester Gäste zusammen und prosteten uns unaufhörlich zu. Anlaß war nun gewiß ausreichend vorhanden.

Die Damen tranken weniger, und trotzdem waren so gegen sechs Uhr morgens fünf Kartons platt. Zwar waren wir zu dieser fortgeschrittenen Stunde alle rechtschaffen müde und nett alkoholisiert mit einem angenehmen Rotweinglimmer, aber keiner hatte einen Vollrausch. Mit dem Versprechen, bald wiederzukommen , aber bitte zu zivileren Zeiten – um die restlichen Flaschen zu köpfen –, verabschiedeten wir in bester, weinseliger Laune unsere Überraschungsgäste, als die Sonne schon hoch am Morgenhimmel stand. Wir waren restlos glücklich, denn man hatte uns aufgenommen. Noch heute zehren wir von dieser feuchtfröhlichen Nacht des *»apporter le tourain«*.

Am folgenden Tag war wenig mit uns anzufangen, und nicht nur die durchzechte Nacht hatte uns ausgelaugt, als am frühen Nachmittag, wir wollten gerade zum Supermarkt aufbrechen, unser nächster Nachbar hereinschaute. Beiläufig fragte Marcel nach, ob wir gegen oder für die Jagd seien und ob wir etwas dagegen hätten, wenn er und die anderen Nachbarn weiter in diesen Wäldern jagen würden. Es freute ihn sehr, daß wir überhaupt nichts einzuwenden hatten, denn die Jagdleidenschaft in Frankreich ist eine für Nichtjäger zwar unverständliche bis ausufernde Passion, geknüpft an Urinstinkte, denen man besser nicht im Wege steht. Sollen sie doch jagen, wenn sie meinen, ohne den Drang des Waidwerks nicht leben zu können. Selbst sind wir keine Jäger, aber unsere Wälder, zu denen später noch etliche Hektar hinzukamen, waren seit Generationen die angestammten Pirschreviere der ringsum lebenden Einheimischen. Diese wollten und konnten wir ihnen nicht entziehen. Also, bitte gern. Aber im Moment – mit dieser Birne – bitte, bitte keinen Knall oder andere laute Geräusche. Wohl wissend, welche Nachwehen eine gelungene *Tourain*feier haben kann, schmunzelte Marcel sehr verständnisvoll, riet uns als Linderung zu einigen Hausmittelchen und wünschte gute Besserung.

Einige Tage nach dieser Freigabe erschien der stellvertretende Bürgermeister, der *Maire Adjoint,* unserer kleinen Gemeinde und fragte uns ebenfalls, ob wir die Bejagung weiterhin gewähren würden. Und da die Jagd, so wird von allen demokratiebewußten Bürgern immer wieder betont, in Frankreich für jedermann frei ist, sagten wir auch ihm zu. Man habe mit den Jägern der umliegenden Gemeinden eine *Communautée de Chasse,* eine Jagdgemeinschaft, gegründet, die die Reviere gerne in Obhut nehmen würde – aber bitte ohne Pachtzins, nur gegen ein kleines Deputat – und dann auch für Wildbesatz und Beaufsichtigung Sorge trage. Das schien uns sehr vernünftig, zumal das wilde Herumballern dann wohl endlich in kontrollierteren Bahnen verlaufen würde. Bei seiner Bitte, unsere Fluren doch der Jagdgemeinschaft schriftlich zur Verfügung zu stellen, sahen wir keinen Hinderungsgrund, das nicht zu unterschreiben. Ganz im Gegenteil – zumal viele Grundbesitzer bereits das gleiche getan hatten und ein monatliches Kündigungsrecht ausgeübt werden konnte. Also zeichneten wir gegen und meinten, ein wohlgefälliges Werk zur Förderung und Regelung des Jagdsports getan zu haben. Da die Jagdsaison noch nicht begonnen hatte, würden wir die Auswirkungen wohl doch erst im Herbst verspüren, wenn überhaupt. Nichtsahnend und völlig überzeugt in der Meinung, für eine gute Sache votiert zu haben, waren wir hier in einen lokalen Grabenkampf ungeheuren Ausmaßes hineingeschlittert. Daß die Jäger in dieser Guerilla auch ohne Einflußnahme der Blauhelme nicht die Waffen gegeneinander richten, scheint fast wie ein Wunder, spricht natürlich auch für ihren hohen Zivilisationspegel. Doch zunächst geschah gar nichts, unsere Entscheidung mußte sich ja auch erst einmal herumsprechen.

Wieder daheim in Hamburg, erhielten wir bald nach unserer Rückkehr Post unseres jagdfanatischen Nachbarn Marcel. Es mußte um etwas Wichtiges gehen, denn auf dem Lande schreibt man nicht allzugern Briefe. Er schrieb uns auch im Namen der anderen, nicht organisierten Jäger und erläuterte über drei eng beschriebene Seiten in sauberster Handschrift ausführlich, daß wir uns die Überlassung unserer Fluren an die *Communautée* wohl nicht recht überlegt hätten und daß Nachbarn doch zusammenhalten müßten und zwar ganz besonders, wenn es um die Wahrung alter Rechte und Traditionen des nächsten Umfeldes gehe. In dem kleinen Weiler seien alle mit Überzeugung gegen die Jagdgemeinschaft eingestellt, denn man lasse sich nicht einbinden in überflüssige Clubs, die nur der Profilierung einiger dienten und die man überhaupt nicht brauche. Man sei wie vor den Kopf geschlagen und sehr enttäuscht über unseren Entschluß, der sich doch auch gegen gute Nachbarschaft wende, nehme aber an, daß wir sicher die Konsequenzen unseres Handelns gar nicht überblickten. Im übrigen hätten die Vorfahren – man beachte hier den Tiefgang der Empfindungen und Argumente – das Recht der freien Jagd in der Französischen Revolution mit Blut und Tränen erkämpft. Niemand dürfe so anmaßend sein, durch Tricks und andere Machenschaften dieses Freiheitsrecht auch nur im Anschein zu unterlaufen oder gar auszuhebeln. Wir waren echt baff. Was hatten wir da nur angerichtet? Natürlich unwissend, aber immerhin! Gerade erst niedergelassen, und schon waren wir zwischen die Feuer zweier sich unversöhnlich gegenüberstehender Parteien geraten. Neutralität – oder gar totales Jagdverbot für alle – war auch nicht möglich, denn dann würde man es rundum mit allen verderben. Heute ja und morgen nein wiederum ist auch nicht unsere Lebensmaxime. Den Nachbarn mehr entgegenzukommen ist wohl in jedem Fall der vernünftigere, pragmatischere Weg und von daher unbedingt zu befürworten. Aber auch der *Maire Adjoint,* ein sehr zugänglicher und immer hilfsbereiter Mensch, der in diesem Fall ja zusätzlich die Interessen seiner Waidgenossen ehrenamtlich vertrat, war eine wichtige Figur. Eine richtige Zwickmühle, in die wir ahnungslos hineingestolpert waren. Egal, welchen Ausweg wir wählen würden, mit einer Seite würden wir es bestimmt verderben. Also was tun? Das Beste schien uns, so üble Dinge erst einmal auf die lange Bank zu schieben – eine gute und altbewährte Taktik. Wir schrieben also zurück, daß man sich bitte bis zu unserer nächsten Reise im Herbst gedulden möge, denn darüber wollten wir Genaueres erfahren und die Standpunkte ausloten. Auch ein wenig in der Hoffnung, daß dann alles schon ein bißchen oder vielleicht überhaupt in Vergessenheit geraten sein möge. Aber über die Jagdleidenschaft – da hatten wir uns gründlich vertan – wächst kein Gras.

Kaum waren wir zurück – die Jagdsaison war gerade eröffnet worden –, stand Marcel auch schon in der Haustür und erzählte uns lang und breit, wie wichtig gute Nachbarschaft sei und daß man die vom Sturm weiter oben am Weg gefällte Pinie unaufgefordert, so wie unter guten Nachbarn üblich, beiseite geräumt und zersägt habe, so daß Bonneau sie nur noch abzuholen brauchte. Der nahm den Baum übrigens zum Anlaß, uns eines Tages mit einer schmucken Weinpergola zu überraschen, die er schon lange über Teile der Terrasse ziehen wollte, für die wir aber immer wieder den Auftrag verschoben hatten. Holz gegen Handwerkerleistung, eine zwar recht eigenmächtige Auftragserledigung, aber dennoch ein wunderbarer, traubentragender Schattenspender. Für uns fast wie ein Geschenk.

Ja sogar die *PTT*[*] habe man gerufen, damit sie unsere zerrissene Oberleitung wieder flicke. Nun seien wir da, und die netten Nachbarn hätten doch alles in unserem Sinne erledigt. Auf so viele liebe, uneigennützige Mitmenschen konnten wir richtig stolz sein. Wenn uns gute Nachbarschaft nun aber so viel bedeute wie ihnen auch, müßten wir jetzt sehr genau überlegen, wer in unseren Revieren jagen dürfe. Die von der *Communautée* könnten ja auch gerne kommen, aber man bitte uns, deren Nichtmitglieder doch nicht von ihren angestammten Revieren auszuschließen. Und einmal an die *Communautée* vergeben, dürften sie hier dann nicht mehr jagen. »Wer wolle das denn? Wir etwa?« fragten wir betroffen zurück. »Nein, *cher* Marcel, das nun wirklich nicht.

[*] *Poste, Téléphone, Télécommunication*

Warum tretet ihr aber dann der *Communauté de Chasse* nicht bei? Die scheinen doch ganz vernünftig und auch rührig zu sein, oder?« »Nein, niemals!« entgegnete er, aufs äußerste empört, denn diese Leute seien gegen die freie Ausübung der Jagd, dem Grundrecht des freien Mannes seit der Französischen Revolution. Schon wieder! »Die stellen sogar Schilder auf mit ›chasse gardée‹.«[*] Die Fronten waren viel zu verhärtet, als daß wir zwischen den weit auseinanderklaffenden Standpunkten vermittelnd etwas tun konnten. Nach dieser praktischen Lehrstunde und bei dem immer tieferen Eindringen in die tatsächlichen Hintergründe erscheint es mir übrigens heute eher so, als sei der Sturm auf die Bastille von passionierten Jägern angeführt, zumindest aber unterstützt worden. Hätten die wohl mit Arroganz und Blindheit geschlagenen Adligen dem kleinen Mann beizeiten die Jagd auf ihren Latifundien erlaubt, wäre die Geschichte wahrscheinlich ganz anders verlaufen, die Guillotine wohl nie erfunden worden, und unendliches Leid wäre der Nation erspart geblieben.

Marcel ließ also nicht locker und baute uns geschickt eine Brücke: »Ihr habt nun für die *Communautée* unterzeichnet, weil ihr ja gar nicht wissen konntet, daß ihr damit eure Nachbarn vom Jagen hier ausschließt. Und nun soll das auch für diese Saison ruhig dabei bleiben. Aber was passiert danach? Wo sollen wir denn nun jagen? Bitte denkt an uns!« Es gab keine andere Wahl, und wir hatten auch ein Einsehen. Zumal bei so viel Vorleistungen an Nachbarschaftshilfe! Also suchte ich, in einer Art Gang nach Canossa, schweren Herzens die Gegenseite auf. Mein Gespräch mit dem *Monsieur le Maire Adjoint,* den ich sehr schätze und dem ich unsere prekäre Situation unverblümt schilderte, war von

[*] *bewachtes Jagdrevier*

seiner Seite von großem Verständnis, aber auch wiederholtem Kopfschütteln, seine Landsleute betreffend, geprägt. Auch er hat Nachbarn und weiß ja, wie wichtig ein gutes Miteinander ist. Also wurde mit Bedauern für das kommende Jahr der Vertrag nicht mehr verlängert. An der Siegesfeier der letzten Freien des Périgord – wir nennen sie seitdem nur noch unsere *franctireurs*[*] – brauchten wir aber glücklicherweise nicht teilzunehmen. Der Vorfall liegt nun schon Jahre zurück, aber eine Einigung der widerborstigen Fraktionen ist nirgends in Sicht. Wohl nur eine biologische Lösung wird die Fronten eines fernen Tages zusammenbrechen lassen. Einige Waidgesellen beider Fraktionen haben schon die Flinte ins Korn geworfen, denn die staatlichen Jagdgebühren sind in den letzten Jahren drastisch gestiegen, die Jagdgemeinschaften verlangen auch satte Mitgliedsbeiträge, und die freien Reviere werden immer weniger.

Später gab es doch noch weitere Konsequenzen. Louis und Christian, glühende Verehrer der *Communautée* und mit der Bewirtschaftung unserer Außenanlagen betraut, kamen nun nicht mehr zum Mähen, grüßten uns aber immerhin noch. Wozu brauchen wir die, meinte unsere Fraktion und sprang vorerst ein, auch nach dem sehr sachlich-pragmatischen Prinzip, daß Nehmen selbstverständlich auch Geben bedeutet. Und in den *Bistros* war dieser Vorfall über Monate ein wichtiger Gesprächsstoff. Nicht, daß sich daran nun heiße Debatten entzündeten, aber Überlegungen, ob wir richtig gehandelt hätten, wurden schon angestellt. Die einhellige Meinung – egal von welcher Fraktion – aber gab uns recht, denn Nachbarschaft ist immer eine vorrangige Angelegenheit und muß mit Bedacht gepflegt werden, so oder

[*] *Freischützen*

182

so. Die Schuld traf nicht uns, sondern die Querköpfe. Und Nichtjäger – also sozusagen die Dorf-UNO – trösteten uns immer wieder mit der Erkenntnis: »*Il faut pas s'énerver. Ils sont fous, les chasseurs, mais quand même des braves gars!*«[*] Manch einer entschuldigte sich indirekt sogar ein wenig für die einheimischen Heißsporne. Wir sollten das doch verstehen. Die seien ansonsten ganz in Ordnung, nur dürfe die Jagdleidenschaft eben nicht mit ihnen durchgehen. Seither haben wir Nachbarn, wie man sie sich besser kaum vorstellen und wünschen kann.

Inzwischen war uns ein tragikomisches Melodram zu Ohren gekommen, wie es kaum besser die Auswirkungen um die hiesige Jagdleidenschaft und ihre Beutegier dokumentiert: Die Saison auf Hasen hatte gerade begonnen, und alle Jägersleut fieberten der Pirsch entgegen. Ganz so wie nervöse Rennpferde vor dem Start. Auch unser Marcel hatte schon mit dem ersten Büchsenlicht die Flinte geschultert. Da er seine Reviere aufs beste kannte, wußte er ganz genau, wo der Hase lang lief und kam auch prompt zum Schuß. Nicht ganz so schön dabei war, daß – obwohl freies Jagdrecht herrscht – der Braten auf dem Grundstück des immer etwas neidischen Nachbarn Paupaul sein Leben im Feuer aushauchte. Angelockt durch den unweiten Flintenknall, erschien aber Gilbert auf der Bildfläche, dem er leichtsinnigerweise in einer Anwandlung von Großmut das erste Wildbret der Saison versprochen hatte, und mahnte nun mit Recht das Versprechen an. Also mußte Marcel seinen kapitalen Meister Lampe herausrücken. Nur sollte Gilbert mit seiner Beute nicht recht glücklich werden, denn als er aus dem Wald trat, stand dort bereits Nachbar Paupaul, dem

[*] *»Bloß nicht aufregen. Die sind verrückt, diese Jäger, aber trotzdem anständige Kerle!«*

diese Fluren ringsum gehörten, und forderte besitzergreifend das Recht des Jagdherren, also die erste Strecke. Man fragt sich nun allerdings, wo da die so oft beschworenen Errungenschaften der Französischen Revolution bleiben. Die Antwort steht immer noch aus. Gilbert konnte ihm doch nicht sagen, daß er den Hasen ja selbst nur geschenkt bekommen hatte. Das würde der Jagdherr ihm sowieso nicht glauben. Und Geschenke macht man nicht wieder zu Geschenken. Das bringt *malheur*. Auch wollte er den anderen Schützen nicht anschwärzen. Paupaul hätte ihm das bestimmt nicht abgenommen. So gab ein Wort das andere. Wir wollen die gegenseitigen Beschimpfungen aus Rücksichtnahme auf jugendliche Leser hier besser nicht wiedergeben. Man trennte sich schließlich unter düsteren Drohgebärden in rauchendem Zorn.

Gilbert war gerade zu Hause angekommen und hatte den Hasen mit Stolz auf den Küchentisch gepackt, da stand Reviereigner Paupaul schon wieder im Türrahmen und ließ nicht locker. Gilbert aber blieb gelassen und sattelte nun auch noch einen drauf, indem er seiner Frau Janine lang und breit erklärte, wie sie dieses herrliche Tier nach reiflichem Abhängen und dem erforderlichen Hautgôut zubereiten solle. Das war nun wirklich zuviel. Ein temperamentvoller Périgordiner läßt sich nicht so reizen, vorführen und lächerlich machen. Spornstreichs lud Paupaul seine Flinte durch und erlegte noch im Hühnerhof den prächtigen Hahn und zwei gut gemästete *Barberie*-Enten. Mit rauchender Knarre, sein Mütchen nun gekühlt, zog er von dannen, nicht ohne vorher – mit Blick auf das bedauernswerte, schuldlose Federvieh – die herablassende Empfehlung zu erteilen: »So, du widerlicher Wilddieb, jetzt hast du zu deinem Hasenpfeffer auch noch ein ausreichendes Geflügelfrikassee. Auf daß es dir im Halse stecken bleiben möge. *Va-t-en au diable et bon appétit là, en bas!*«[*]

Als bald darauf die Gendarmen erschienen, war alles doch nur ein Versehen. Unbeherrschtheit, ja selbst Neid und Haß ja, aber was hat der Staat mit seiner Eingreiftruppe im Privatbereich zu suchen!? Die Geschichte erzählte mir übrigens einer der Gendarmen, und Marcel, Paupaul, Gilbert und Janine haben sie mir – unabhängig voneinander – so auch bestätigt. Es heißt, daß sich die Gemüter alsbald wieder beruhigten und das Geflügel ersetzt wurde. Vielleicht hat man sogar Hasenpfeffer und Frikassee einträchtig miteinander verzehrt. Anlässe für Festlichkeiten, insbesondere Versöhnungsfeste, können auch auf diese Art und Weise entstehen.

Nachbarschaftshilfe auf dem Land ist immer wieder erforderlich. Beispielsweise als wir unseren einen kilometerlangen Zufahrtsweg, der bisher als zwar öffentlicher, aber dennoch privater Weg geführt wurde, offiziell in das Gemeindekataster eintragen lassen wollten. Das war zwar ganz im Sinne aller Nutzer, verlangte aber, daß der noch im Privateigentum befindliche Grund und Boden dann auch endgültig an die Kommune abgetreten werden mußte. Wir waren erfreut und erstaunt zugleich, wie kooperativ sich alle betroffenen Grundeigentümer uns gegenüber verhielten. Nicht zuletzt war das natürlich Marcels Einflußnahme und Vorbereitung zu danken, der, ganz seinem einmal gegebenen Versprechen folgend, die Einverständniserklärungen von den acht Anrainern vorbereitete. Die Gemeinde hatte dann nur noch die Grundstücksverträge abzuschließen. Ein üblicher Verwaltungsvorgang – vier Jahre gingen ins Land –, aber eben eine schriftliche Bindung, also weit über normale

[*] *»Fahr zur Hölle und guten Appetit dort unten!«*

Verpflichtungszusagen hinaus. Die Kosten wollten wir gern übernehmen, und damit war dann schon das Zweitwichtigste abgehakt. Die Gemeindeverwaltung wickelte das übrigens ganz geschickt ab, denn um ihr Wegenetz nicht weiter ausdehnen zu müssen, strich man einfach einen anderen öffentlichen Weg aus dem Register. Ein völlig zugewachsener Pfad, der durch unsere Wälder verlief und sowieso schon seit Jahren nicht mehr benutzt wurde. Ein Landvermesser wurde von uns beauftragt und bezahlt, und für einen symbolischen Franc pro Quadratmeter kauften wir für die Gemeinde den erforderlichen Grund und Boden an.

Gleichzeitig erwanderten wir mit unserem *géomètre*[*] unsere gesamten Grundstücksgrenzen, um uns endlich einmal zu vergewissern, was nun alles dazugehörte, denn ein Nachbar erbat schon die Erlaubnis, Feuerholz zum Räuchern seines Tabaks bei uns fällen zu dürfen. Wir aber waren der Meinung, daß der von ihm dafür vorgesehene Schlag gar nicht uns gehörte. Und wir sollten auch recht behalten. Der Landvermesser zeigte uns uralte, sehr eigentümlich hergerichtete Grenzsteine, die teilweise recht tief im Erdreich verborgen lagen und unsere Begrenzungen genau markierten. Anhand ihrer zeitbezogenen Merkmale konnte er uns sagen, aus welchem Jahrhundert die Grenzziehungen stammten. Die älteste Marke ging immerhin bis auf das 16. Jahrhundert zurück. Wer mögen nur all die Eigentümer vor uns gewesen sein? Mit Sicherheit war kein Deutscher darunter. Sorgfältig wurden die Steine dann wieder in ihre vorherige Lage zurückplaziert.

Das Roden war ja schon eine fast sadistische Freude. Das Bäumefällen und Holzmachen aber ist übrigens im Laufe der Jahre eine meiner großen Leidenschaften geworden,

[*] *Landvermesser*

kann ich doch so – axtschwingend, die Kettensäge führend und mich austobend – allen angestauten Frust mit Tatkraft und kanalisierter Zerstörungswut äußerst befriedigend abbauen. Dieser Baum ist der Sowieso, und dann hau ich zu, dieser Hieb für die Steuereintreiber – das Amt kann sich ja nicht wehren –, der für den säumigen Zahler XY, der mich schon so lange an der Nase herumführt, und der für die Verwaltung in Irgendwo, die mich schon seit Monaten mit ihren Unverschämtheiten und ihrer Nichtbearbeitung nervt. Meine Frau hat hinterher immer einen handzahmen, wunderbar ausgeglichenen Mann. Wenn ich ihr auf den Geist gehe, blickt sie mich nur vielsagend an, drückt mir wortlos Axt und Säge in die Hand und weist mir mit einer großartig einladenden Geste das weite Rund des Waldes, besonders die Stellen, wo beschlossen wurde, auszulichten. Dann darf ich mich zwei bis drei Stunden nicht blicken lassen und bin anschließend, wohlig erschöpft und psychisch geläutert, wieder der Allerbeste. Immerhin verfeuern wir jeden Winterurlaub so an die drei bis vier Ster Holz – nicht wegen des Frusts, sondern tatsächlich zum Heizen. So viel müssen mindestens pro Jahr zuvor eingeschlagen werden, damit das frische Holz, schützend gelagert, in dieser Zeit gut austrocknen kann und rauchfrei verbrennt.

Man achte auch darauf, daß das Kaminholz möglichst nicht von Nordhängen stammt, denn das brennt merklich schlechter. Wir wollten das – wie so vieles – auch nicht wahrhaben und verwiesen diesen Hinweis lieber in das Reich der Fabeln. Aber es stimmt. Wir haben es ausprobiert und Vergleiche angestellt – Nordholz kokelt auffallend lustlos vor sich hin. Die meisten Laubbäume werden hier so gefällt, daß sie anschließend aus den Stubben wieder austreiben können und Neuanpflanzungen gar nicht nötig sind. Auf den Stock setzen, heißt diese Art Holzeinschlag und ist auch bei uns üblich. Später greift der Forstmann dann nur noch regulierend ein und kappt die schwächeren Triebe oder verpflanzt den kräftigsten Schößling, der gleich nebenan zum Licht emporstrebt. Den Rest besorgt die kraftstrotzende Natur. In diesen stark bejagten Wäldern macht sich andererseits recht positiv bemerkbar, daß Reh- und Rotwild die saftigen Triebe der nachwachsenden Schößlinge weniger verbeißt und so der Jungwald besser hochkommen kann.

Einmal eingetragen, übernahm dann die Gemeinde auch den Unterhalt des Weges – mehr schlecht als recht, denn die winterlichen Unwetter waschen immer wieder die Kiesfahrdecke ab –, und unsere *franc-tireurs* meinten ein wenig gehässig, das seien sicher Sticheleien, weil die *Communautée* eben diese Wälder für ihre Zwecke nicht im Griff habe. Das mag sicher zu weit hergeholt sein, ist aber nun sowieso nicht mehr zu ändern. Die Straßenarbeiter, die *cantonniers,* jedenfalls kommen immer geflissentlich ihrer Aufgabe nach, das enorm schnell wachsende Buschwerk der Seitenränder ständig zurückschneiden zu müssen. Und ein guter, reichlich vorhandener *Pastis* ist bei dieser wahrlich schweißtreibenden Arbeit dafür der geeignetste Treibstoff.

So braucht man wie überall hilfreiche Hände. Menschen, die für Geld und gute Worte Arbeiten abnehmen, um uns einen erholsamen Urlaub zu ermöglichen. Zwar klagen alle darüber, daß in dieser abgeschiedenen Gegend kaum Arbeit zu finden sei, aber als wir eine Reinemachefrau suchten, die zwischendurch auch immer ein wenig nach dem Rechten schauen sollte, war das ein viel schwierigeres Unterfangen, als wir uns vorgestellt hatten. Der einen war es zu weit weg, die andere fürchtete sich, allein durch unseren Wald zu fahren – ihr kleines Gehöft liegt übrigens noch isolierter als unser Haus –, die dritte kam oder kam nicht, meist nicht, bis wir eine Perle fanden, unsere gute Marlène Basilique, die sich köstlich amüsiert, wenn ich sie mit *ma chère Madame Cathédrale* ansprechen darf. Immer wenn wir ankommen, sind frische Blumen zum Empfang auf den Tisch gestellt, der Boiler ist aufgeheizt, der Kühlschrank angeschlossen, die Betten sind bezogen, die Handtücher hängen, alles ist in Schuß und tiptop sauber. Wir brauchen also nur das absolut Nötigste von zu Hause mitzubringen. Ihr fleißiger Schwiegersohn Maurice kümmert sich mit seinen Maschinen um die Außenanlagen, mäht die Wiesen, stutzt den Wildwuchs auf den terrassierten kleinen Abhängen, jätet das nimmermüde, zähe Unkraut und schneidet störende Äste und Buschwerk zurück. Verrechnet wird alles gegen unsere überreichen Holzvorräte. Wir schließen nur noch auf, knipsen die Lichter an, legen Feuer im Kamin, stellen die Gartenmöbel und Liegen auf die Terrasse und lassen es uns gut gehen.

Seitdem das Haus also ständig kontrolliert, gelüftet und gepflegt wird, gibt es auch keine unliebsamen Überraschungen mehr. Einmal, also noch bevor Cazalou in aufmerksam betreuenden Händen lag, als wir wieder einkehrten, mußten wir schleunigst einen Imker holen, der einen riesigen Bienenstock, der sich am Haus eingenistet hatte, für seine Imkerei einfing. Hier, geschützt zwischen Fensterladen und Scheiben, das Flugloch in einem Holzspalt nach Osten, hatten die schlauen Honigsammlerinnen ihren brummenden Staat errichtet. Drei riesige, honiggefüllte Waben hingen, fast einen Meter tief, vom oberen Sturz herab. Die eifrigen Bienen hatten sich direkt neben der gewaltigen Linde, einem für sie im Frühjahr reich gedeckten Tisch, häuslich eingerichtet. Und nun mußten sie uns weichen, sollten aber ein neues, noch geschützteres Heim und jetzt sogar mit Pfleger, beziehen. Im Herbst brachte der Imker uns Honig von »unserem« Bienenvolk. Reinster Lindenblütenhonig, sozusagen aus eigenem Anbau. Eine echte Köstlichkeit.

Da war es schon unangenehmer, als wir einmal entdecken mußten, daß unter einem Fenstersturz inzwischen ein kohlkopfgroßes Hornissennest, fein wie Papier, entstanden war. Es stimmt allerdings nicht, wenn immer wieder behauptet wird, daß Hornissenstiche gefährlicher als die von Wespen oder Bienen seien. Diese großen Insekten wirken nur sehr viel furchterregender und verschaffen sich allein schon gehörigen Respekt durch ihr tiefes, lautstarkes Brummen. Ich habe jedoch noch nie gehört, daß diese wehrhaften Insekten einen Menschen angegriffen haben, außer wenn er sich an ihren Nestern zu schaffen macht oder die Anflugschneise verstellt. Sie halten eher Abstand und nähern sich Menschen selten bis auf Armweite. Wespen sind da viel lästiger, umkurven in engen Kreisen Mensch und Tier, setzen sich auf alles Eßbare und machen sich überall breit. Sobald man diese Plagegeister fortscheuchen will oder nur ein wenig mit den Armen wedelt, riskiert man bereits, daß sie sofort zustechen. Das ist schmerzhaft, und Allergiker müssen auf der Hut sein.

Ein andermal sollte in einer etwas entfernteren Ecke, in einem Geräteschuppen, ein kunstvoll gebautes Wespennest entfernt werden. Es mußte unbedingt weg, denn mich hatten schon einmal sechs Wespenstiche von den Füßen geholt, und nur ein schnell herbeigerufener Arzt konnte den anaphylaktischen Schock mit seiner sofort gesetzten Spritze vermeiden helfen. Das hat mir gereicht. Sicherheitshalber muß ich nun – wie ein Junkie – immer eine Notspritze mit mir herumtragen, die auf meinen vielen Reisen die schnüffelnden Zöllner hin und wieder zu erstaunten Fragen verleitet. Zwar wurde ich zwischenzeitlich schon wieder von

Wespen gestochen, zum Glück jedoch ohne allergische Auswirkungen. Aber man weiß ja nie! Und die Familie beruhigt's.

Als wir in der warmen Vormittagssonne auf der Terrasse vor uns hindösten und unser Domizil in vollen Zügen genossen – unsere neue Leidenschaft war jetzt das Wohnen –, wurden wir durch das tiefe, gleichmäßige Brummen eines kleinen, sehr niedrig fliegenden, einmotorigen Flugzeugs aufgescheucht. Es überflog uns zweimal, und als wir dann aufgeregt winkten, kam es ein drittes Mal zurück und wackelte auffällig mit den Flügeln. Wir konnten uns das nicht erklären, waren aber sicher, daß das uns gegolten hatte und hier irgendeine Verbindung zu uns bestand. Nur welche? Nur gut eine Stunde später kam Jean-Marie vergnügt vorbei und war ganz aus dem Häuschen und stolz auf seine navigatorische Bravourleistung, unser versteckt liegendes Anwesen auf Anhieb aus der Vogelperspektive gefunden zu haben. Bisher kannte er es nur vom Boden aus. Anlaß für ihn, uns bei diesem Superflugwetter zu einem Rundflug einzuladen, damit wir unsere Latifundien auch mal von hoch oben in Augenschein nehmen konnten.

Gemeinsam holten wir seinen kleinen Viersitzer wieder aus dem Hangar, starteten mit Vollgas und brüllendem Propeller durch und hoben ab in den grenzenlosen Himmel über dem Périgord. Ein erhebendes Glücksgefühl unbändiger Freiheit überkam uns, als sich die wendige Maschine in den sattblauen Périgordiner Himmel schraubte. Doch schon nach wenigen Minuten Flug wurden wir wieder abrupt aus unseren Träumen gerissen, denn aufgeregt sahen wir unser Cazalou ganz still und einsam unter uns in der gleißenden Nachmittagssonne steingelb aufleuchten, umgeben von weiten, ruhigen Wäldern, hingeschmiegt in sein stilles Tal. Ein ganz anderer Eindruck als vom Boden aus, denn so winzig erschien es uns mit einemmal, daß wir ganz bescheiden wurden. Es ist überhaupt ein nur schwer faßbarer Eindruck, vorher bekannte Distanzen per Luftlinie zu erleben; sie reduzieren sich plötzlich auf ein Minimum. Entfernungen und Strecken, die uns bei der Kurbelei in den Bergen besonders lang und mühevoll anmuten, schrumpfen mit einem Luftfahrzeug auf einen kleinen Hüpfer von Minuten, gar nur Sekunden zusammen. Für Ungeübte ist es kaum möglich, sich aus dieser ungewohnten Perspektive mit ihrer sprunghaften Schnelligkeit anfangs zurechtzufinden, geschweige denn eine verläßliche Orientierung zu behalten. Von Tal zu Tal fliegend, geht alles jetzt Schlag auf Schlag. Abbremsen ist auch nicht möglich. Und von oben gesehen und erlebt, meint man wirklich, das gesamte *Périgord Noir* großherzig umarmen zu können.

Als ich bat, doch noch ein wenig tiefer zu gehen, lehnte Jean-Marie ab, denn dann müsse er die Mindestflughöhe unterschreiten und bekäme sofort Ärger mit den Gendarmen. Auf meine erstaunte Frage, wie die denn von da unten seine Höhe ermitteln könnten, entgegnete er: »Ganz einfach. In dem Moment, wo sie die Buchstaben und Zahlen meiner Flugzeugkennung mühelos entziffern können, bin ich schon zu tief. Dann haben sie in einem Rutsch den Beweis und mich am Schlafittchen. So einfach geht das! Man ist damit sehr streng und teuer wird es auch.« In extremer Schräglage flogen wir dennoch zwei sehr enge, tiefe Schleifen um Cazalou herum und dann das Dordognetal hinauf. Über den Felsenkliffs und den hellen, die Hitze stärker reflektierenden Kornfeldern bekamen wir wie mit einer Riesenfaust die fahrstuhlartigen Aufwinde als Turbulenzen zu spüren. Sicher traumhafte Bärte für Segelflieger. Ein wenig wie Achterbahnfahren und nicht jedermanns Sache, für uns aber ein Vergnügen. Einer allerdings, der sich vorher ungeduldig auf das Fliegen gefreut hatte, merkte rein gar nichts. Der kleine Alexander war durch das Schütteln und Wackeln der Maschine sanft entschlummert. Sein Unterbewußtsein muß das Flugzeug wohl mit den wiegenden Bewegungen des Mutterleibs verwechselt haben. Abrahams Schoß in den Wolken.

Nun kannten wir Cazalou wirklich aus – fast – allen Perspektiven und dankten Jean-Marie für sein außergewöhnliches und großzügiges Geschenk. »Fast«, weil die unermüdlichen, entdeckungsfreudigen Höhlenforscher neuerdings herausgefunden haben, daß es ganz tief unten im Berg einen nur von Zeit zu Zeit wasserführenden Stollen gibt, der von der nächstgelegenen Grotte mit einiger Sicherheit bis direkt unter unser Haus führt. Seitdem zittern wir um unseren Weinkeller, denn auch Speläologen sind durstige Leute. Aber man würde es wohl deutlich hören, sollten sie anfangen, sich einen Schacht von unten bis zu unserem Rotwein zu bohren.

Ein Haus, zumal wenn es aus alten Zeiten stammt und schon viel in seinen Mauern mitangesehen haben muß, reift so allmählich zu einer Art Persönlichkeit mit einem gewissen Eigenleben. Es pflegt bestimmte kleine Eigenarten, gewinnt an Individualität und offenbart sogar deutliche Vor- und auch Nachteile. Nicht, daß man auf es einreden muß, um Einfluß zu nehmen, vielleicht sogar zu überzeugen, aber eine Form von Zwiesprache im Unterbewußtsein entwickelt sich doch. Kommt man ihm mit großem Wohlwollen und Verständnis entgegen, scheint es so, als gäbe es diese Hinwendung auch zurück. Eben die berühmte Auswirkung der inneren Einstellung als Reflex auf das uns Umgebende, mit, von und in dem wir wirken und leben.

Uns vergänglichen Menschen gegenüber hat es einen unschätzbaren Vorteil, es überdauert uns alle – zumal wenn es noch so solide gebaut ist wie Cazalou – um Generationen, um Jahrhunderte. Alle unter seinem Dach schutzsuchenden Menschen haben es im Wandel der Zeiten geprägt, und geduldig paßt es sich den immer neuen Bedürfnissen und den sich ständig ändernden Zeiten und Epochen mit ihren unterschiedlichen Anforderungen widerspruchslos an. Cazalou mit seinem methusalemischen Alter und der ansprechenden Verjüngungskur ist eine solche Persönlichkeit: in sich ruhend, schutzgebend, Würde, Schönheit und klassische Proportionen ausstrahlend. Vielleicht sogar verständnisvoll und abgeklärt, ist es – so glauben wir zu wissen – immer nur zur Freude seiner jeweiligen Bewohner dagewesen.

Périgord mit Gaumen

Essen und Speisen in seiner Gesamtheit, beginnend mit dem Einkauf der Produkte über deren Zubereitung mit dem anschließenden Verzehr beim entspannenden Genuß des Essens, bis hin zum hochherrschaftlichen Tafeln, ist in Frankreich eine Lieblingsbeschäftigung, genaugenommen eigentlich eine Art Volksphilosophie. Selbst bei der Wahl eines Ferienzieles kann diese Grundhaltung durchaus als Anspruch mitentscheidend sein. Küche, Kochen und alles was damit zusammenhängt, müssen auch im Urlaub stimmen. Und da jede Regionalküche in Frankreich natürlich so ihre Spezialgerichte auf den Teller bringt und man diese am besten vor Ort genießt, könnte man auch deshalb dort ja mal hinfahren. Also zieht es, abgesehen von anderen Abwechslungen wie Landschaft, Sehenswürdigkeiten und Klima, die gaumenverwöhnten Franzosen schon allein wegen der vielen Leckerbissen ins Périgord. Und das zu Recht. Denn hier befinden wir uns – auch nach einhelliger und neidloser Einschätzung der in Küchendingen sonst eher penibel lokalpatriotisch Denkenden – uneingeschränkt in einem phantastischen *royaume de gueule*. So poetisch klingend kann man das im Französischen ohne Übertreibung ausdrücken: in einem Königreich wahrer Gaumenfreuden. Angesprochen auf das Périgord, ist die Reaktion der Franzosen durchweg immer die gleiche. Bevor man auch nur ein einziges Wort über Land und Leute verliert, wird sich als erstes über die Küche *à la périgordine*, also auf Périgordiner Art, nur in den höchsten Lobpreisungen geäußert. Mit verklärten Augen und nach innen gekehrten Sinnen, demonstrativ die Lippen benetzend, ehrfurchtsvoll und fast schon im Flüsterton vernimmt man ausschließlich Hochmeinendes über diese phänomenale Regionalküche mit so herausragenden Delikatessen wie der kostbaren *foie gras*/Stopfleber von Gans/*oie* oder Ente/*canard,* beide natürlich *truffée*/getrüffelt, über die unbeschreiblichen, geheimnisumwitterten *Périgord*-Trüffeln mit dem sich vor ihr verneigenden Renommee eines Diamanten der *gourmets,* sowie auch über Einfaches wie eine *omelette aux truffes*/getrüffelte Eieromelette und ein *bon confit*/im eigenen Fett eingekochte Geflügelteile, meist Keulen. Es ist dann die Rede von waldwürzigen *cèpes*/Steinpilzen, zarten *morilles*/Morcheln, orangegelben, duftenden *girolles*/ Pfifferlingen, diversen anderen Waldpilzen und schmackhaften *châtaignes*/Edelkastanien, den Maronen aus den herbstlichen Wäldern. Alle schwärmen auch vom einzigartigen *cou farci,* der raffinierten *sauce Périgueux,* den deftigen *pommes sarladaises* und manchmal auch von einer hier typischen Hausmannskost, der einfachen *mique* und dem rustikalen *pot-au-feu,* einer Art Eintopf. Befragt über die Einstufung der verschiedenen Regionalküchen ihres geliebten Hexagons, ergab – zum großen Erstaunen – eine Erhebung, daß fast fünfzig Prozent aller Franzosen als erste die *cuisine périgordine* benannten. Die restlichen Prozente teilen sich dann alle anderen Regionen, einschließlich der nun auch durch ihren rührigen Protagonisten Paul Bocuse in Deutschland berühmt gewordenen und bewunderten *haute cuisine* der Lyonnaiser Küche. Aber sie gilt eben schon als weit über der Norm stehende, hohe Kochkunst.

Nirgendwo sonst als im Land der Enten und Gänse gibt es

wohl bessere *magret de canard*, die vollfleischigen Brustteile der auch für die *foie gras* gezüchteten Barberieenten. Stramme Halbpfünder, die wie Steaks in der Pfanne oder aber auch über dem Holzkohlengrill zubereitet werden. Seit einigen Jahren kann man solche *magrets* sogar mild geräuchert erstehen. Aber auch – ansonsten in Frankreich nicht so im Vordergrund stehend, jedoch im Périgord jedes Menü einleitend – die tollen Périgordiner Suppen, wie den *pot-au-feu* oder, noch typischer, mit einer *carcasse d'oie*/Gänseknochen, den schnell zubereiteten *Tourin (à l'ail)* oder den *Tourin périgourdin*, die leckere *soupe à la citrouille* oder die sättigende *soupe de fèves*. Auch eine *salade de gésier*/Blattsalat mit gekochten und danach in ihrem Fett eingemachten Geflügelmägen wird in der Aufzählung kaum fehlen, zumal wenn alles mit wohlschmeckendem Walnußöl und gehackten Nüssen angemacht ist. Spätestens beim *gâteau aux noix*, einem leckeren Walnußkuchen, der feinen *tarte de Beynac*, den luftigen *œufs à la neige à la sarladaise* oder dem einfachen *quatre-quarts*/Sandkuchen, wird dann mit der Zunge geschnalzt. Dies ist nur eine kleine Auswahl der verbreitetsten Gerichte, die alle lecker und empfehlenswert sind. Viele werden mit Trüffelaroma verfeinert. Insbesondere die hier erwähnten. Der Inspiration der Küchenenthusiasten aber sind keinerlei Grenzen gesetzt.

Eine Besonderheit der Périgordiner Küche ist die überwiegende Zubereitung in Gänse- oder Entenschmalz, das ja bei den zahlreichen Geflügelschlachtungen in Mengen anfällt. Butter tritt einstweilen in den Hintergrund. Zu den Salaten, will man wirklich im Originalgeschmack verbleiben, darf man dann eigentlich nur Walnußöl erster Pressung verwenden. Zum Schluß wird immer auch sehr pointiert darauf hingewiesen, daß Weine erster Güte aus dem Anbaugebiet um Bordeaux ja unweit, ganz in der Nachbarschaft, gekeltert werden. Im Périgord selbst, genauer im *Périgord Pourpre,* liegen die renommierten Weinberge von Bergérac mit ihren landesweit berühmten Rot- und Weißweinen, die auch in Deutschland schon viele Freunde gefunden haben.

Hier im Périgord, wo man auf dem Lande über alle Voraussetzungen und Rohstoffe verfügt, macht man seine Schnäpse, Liköre, Aperitifs und Digestifs schon mal selbst. Vieles mit Walnüssen in jedem Reifezustand, unter Hinzufügen wilder Schlehen, würziger Kräuter, gekelterten Weins, vollreifer Pfirsiche oder auch mal Feigenblätter. Das alles wird dann gekonnt fermentiert. Die Bauern destillieren aus Weintrauben – ob mit oder ohne Genehmigung, habe ich nie herausfinden können – einen hochprozentigen, glasklaren Branntwein / *eau de vie* (wörtlich: Lebenswasser), der in Frankreich sonst *marc* heißt, hier aber in der Umgangssprache *gnoul* genannt, in Italien als Grappa getrunken wird – und bei uns unter dem Namen Trester wohlbekannt ist. Hausrezepte werden von Generation zu Generation weitervererbt und tragen so herrliche Namen wie: *liqueur de vieux garçon, ratafia,* aber auch *liqueur de noix* / Nußlikör und *liqueur de genièvre* / Wacholderlikör und viele andere. Man trinke sie mit Bedacht. Ihr lieblicher Geschmack täuscht leicht über ihre Wirkung hinweg und hat schon so manchen Zecher ohne Vorankündigung umgehauen. Den hohen Alkoholgehalt spürt man oft erst, wenn es schon fast zu spät ist.

Adressen, bei welchem Bauern man wohl den besten *gnoul* bekommt, werden nur hinter vorgehaltener Hand gehandelt, und dabei wird sehr geheimnisvoll getan. So dauerte es eine gewisse Zeit, bis man auch mich ins Vertrauen zog und mir eine Quelle zugänglich machte. Unverhofft kam mein guter Alkoholexperte Marius vorbei und lud mich ein, mit ihm zum Hof Bournat zu fahren, denn dort bekämen wir den richtigen, hochprozentigen Tropfen allererster Qualität, und zu einem ganz günstigen Preis. Ein besonders fein destillierter, klarer Branntwein ohne kopfschmerzenbereitende Fuselstoffe. Er habe damit beste Erfahrungen gemacht. Was ich ihm nach meinen bisherigen Einblicken in seinen Alkoholkonsum bedenkenlos abnahm. Flaschen müsse ich aber mitnehmen. Am besten die genormten Einliterweinflaschen, denn dann hätten wir auch gleich ein geeichtes Maß dabei.

Der Bauer erwartete uns bereits und hatte seine Probierflaschen mit Trester und Zwetschgengeist auf dem Küchentisch aufgebaut. Also kosten. Und das heißt, dem Kunden ein volles Glas – mir schien es wie ein Fünfstöckiger – einzuschenken. War das nun Großzügigkeit, oder sollte der Alkohol mein Portemonnaie lockern? Marius, ganz Experte, tauchte erst einmal seinen Finger ein und zerrieb sorgfältig und ruhig das kostbare aromatische Naß auf seinem Handrücken. Nachdem er die Hand gefächelt hatte, sog er die aufsteigenden Dämpfe genüßlich durch seine weit aufgeblähte Nase ein, grunzte anerkennend und leerte daraufhin sein Probierglas in einem Zug. Schon beim Hinsehen drehte sich in mir alles. Marius jedoch stieß genüßlich die in Mund und Kehle verbliebenen Tresterdämpfe wieder aus, wobei er behauptete, daß erst jetzt die Zunge den wahren Geschmack erfassen könne, und orderte zwei Flaschen Trester und eine Flasche Zwetschgenwasser. Allerdings nur mit der lachenden Auflage, daß ihm dann mindestens noch ein Probierglas pro Flasche zustünde.

Leider konnte ich – zwar noch stocknüchtern – ihrer Unterhaltung kaum folgen, denn die beiden plauderten munter périgordinisches *Patois*. Es zählt zu den okzitanischen Sprachen, hat nur entfernt Ähnlichkeit mit dem Französischen und klingt ein wenig wie Vulgärlatein. Im Selbstverständnis des Südwestens stellt es eine eigenständige Sprache dar, die die Lokalpatrioten keinesfalls nur als Dialekt verstanden wissen wollen. Ein wenig mit Rücksicht auf mich ergänzten die beiden hin und wieder einige halbe Sätze auf französisch, so daß ich wenigstens ungefähr verstehen konnte, worum es ging.

Als plötzlich ein Wagen im Hof vorfuhr und dann das scheppernde Zuschlagen einer Autotür zu vernehmen war, wechselten beide einige aufgeregte Worte, und flugs waren alle Flaschen in den Wandschränken verstaut. Auch die leeren. Und vor uns standen nur noch vollgeschenkte Weingläser, um die sich unser Gespräch anscheinend drehen sollte. Weinhandel ist wohl unverdächtig. Die Tür ging auf, und wer trat ein? Ein Gendarm in voller Dienstuniform. Er wurde freudig begrüßt. Man stellte mich als Weinkäufer vor und tauschte einige Neuigkeiten aus, die ich gerade noch mitbekam. Dann wurde, sehr zu meinem Leidwesen, untereinander wieder nur *Patois* gesprochen.

Kurz darauf stieg der Bauer hinunter in seinen Keller und kam zurück – ich traute meinen Augen nicht – mit einer Literflasche feinstem *gnoul,* die er dem Dorfsheriff aushändigte. Der bezahlte, grinste mir vielsagend zu und verabschiedete sich mit dem Hinweis, wir sollten, obwohl seine Kollegen heute hier in der Gegend keinen Dienst machten, lieber nicht soviel trinken. Man muß dazu wissen, daß in und um Weinanbaugebiete herum gewöhnlicherweise nie vor dem Genuß von Wein gewarnt wird – desto mehr aber vor dem von Schnaps. Wußte er, was hier gespielt wurde? Natürlich brannte mir diese Frage auf den Nägeln.

Ich wollte nicht glauben, daß der freundliche Gendarm so völlig ahnungslos über unser Treiben war, und bekam das auch voll von meinen Kumpanen bestätigt. Nun aber verstand ich überhaupt nichts mehr und bat, mir meine verwirrten Gedanken doch ordnen zu helfen. »Na ja, *Monsieur*«, sagte der – war er es nun? – Schwarzbrenner, »es ist doch besser, wenn er offiziell keine Notiz nehmen muß. Er ist schließlich nicht nur Gendarm, sondern auch unser Kumpel. Wir bringen ihn dann nicht in Bedrängnis. Glaub mir, er hat es auch lieber so.« Und mit einem übertriebenen Augenzwinkern: »Ach so, seine Flasche! Ja, die braucht er zum Desinfizieren.« Auf meine ergänzende Frage, ob er denn solchen Alkohol nicht denaturieren müsse, schaute er mich verständnislos an. »Das macht man wohl, aber dann läßt er sich doch nicht mehr trinken.« Und obwohl ich nun deutlich spürte, daß meine Fragerei allmählich als lästig empfunden wurde, juckte es mich noch ein letztes Mal unter der Zunge. »Und warum haben Sie seine Flasche aus dem Keller geholt? Hier oben stehen doch genug herum.« »Ich habe doch gesagt, er kauft Desinfektionsmittel. Mein Alkohol hat immerhin um die sechzig Prozent. Und Chemikalien lagere ich im Keller. Das weiß er auch. Den Trinkschnaps aber halte ich hier oben zum Verkauf bereit, und den wollte er doch nicht. Man muß das Leben nicht noch unnötig verkomplizieren.« Deutlicher ging's nun nicht mehr, und Marius – schelmisch an mich gewandt, hakte freundlich, aber doch leicht unwirsch nach: »*Cher copain*, wir sind doch nicht vom *Deuxième Bureau**, sondern nur hierhergekommen, um unseren Schnaps zu kaufen. Oder willst du ihm die Kunden vergraulen? Nun trink aus, und laß uns zurückfahren.« Wegen der Flaschen an Bord ging es mit Umwegen auf versteckten Pfaden heimwärts über Waldwege, die ich noch nie zuvor gefahren war. Marius nannte diese heimliche Strecke vielsagend den *sentier des ivrognes*, den – etwas freier übersetzt – Säuferpfad.

* *französischer Geheimdienst*

Wenn nicht zu Hause oder im Lokal selbst, trifft man sich schon ein wenig vor dem Essen auf einen schnellen Aperitif im Bistro um die Ecke, wo man bisweilen auch kurz nach dem Essen nochmals einkehrt, um mit einem Digestif, dem Verdauungsschnaps oder -likör, begleitet von einem Kaffee, das Essen zu beschließen. Egal wo und unter welchen Umständen man speist, es muß immer eine Menüabfolge von mindestens drei, vier, möglichst fünf Gängen sein – und seien sie noch so bescheiden. Speziell im Périgord wird als erstes eine Suppe/*potage* serviert, die in diesem Landstrich einen hohen Stellenwert hat. Doch kurz bevor der Teller leer ist, übt man hier eine Gewohnheit, die *le chabrol* genannt wird. So man will, denn manch Auswärtiger traut sich nicht wegen der guten Tischmanieren. *Faire le chabrol* ist eine eigentümliche, speziell im Südwesten Frankreichs zu findende Tischsitte. Zu einigen Löffeln im Teller verbliebener Suppe wird ausreichend Rotwein gekippt – immer ein einfacher Landwein – und dann beides zusammen ausgelöffelt – wenn man es vornehm machen will. Im Périgord nimmt es aber niemand übel, wenn der Teller, so wie auf dem Lande früher gang und gäbe, an den Mund geführt und so direkt ausgetrunken wird, aber bitte nicht schlürfen. Ursprünglich hatte diese Gepflogenheit eine durchaus begründete Rechtfertigung, denn so wurde gleichzeitig der Teller gespült und für den nächsten Gang auf schmackhafte Weise »gereinigt«. Und man hatte schon mal einen kräftigen Schluck genommen. Natürlich gibt es, wie immer bei solch außergewöhnlichen Gebräuchen, auch eine zu Herzen gehende Legende, die mit »es war einmal« beginnt:
Bei dem Gutsherrn Maître Timothé in Bayac (Beaumont) soll einst ein Knecht namens Pierre Célestin Chabrol in Lohn und Brot gestanden haben. Mit seinen gerade neunzehn Lenzen verliebte er sich unsäglich in die Bauerstochter

Anette, die seine Liebe auch gegen den Widerstand des Vaters erwiderte. Es war ein heißer Spätsommertag, und als einer der fleißigsten hatte Pierre Célestin bei der Weinlese so geschuftet, daß er sich zu müde fühlte, um abends noch am lustigen Treiben der jungen Leute teilzunehmen. So sank er schon vor dem Essen ermattet auf seinen Strohsack, um ein wenig zu verschnaufen, und schlief sofort fest ein. Nur seine geliebte Anette vermißte ihn bei Tisch und brachte ihm einen Napf kräftigender Suppe an sein Nachtlager. Doch als er fast aufgegessen hatte und sich mit einem Schluck Wein stärken wollte, war kein Trinkbecher da. Und obwohl in seinem Teller noch etwas Bouillon schwamm, füllte Anette seinen Wein direkt vom Faß in den Teller ab. Zufrieden und satt schlief unser guter Chabrol dann weiter den tiefen Schlaf des Gerechten. Nach dem morgendlichen Erwachen fragte er sich verwundert, weshalb er sich gerade heute so besonders frisch und kräftig fühle, sein Tagwerk zu beginnen, und führte das auf den abendlichen Mischtrunk zurück. Also setzte er diese Gewohnheit regelmäßig fort und erlangte Bärenkräfte, Tatendrang, Geschick und Weisheit, so daß er bei seinem Bauern bis zum Verwalter aufstieg und als geachteter Mann bald darauf seine Anette heiraten durfte. Seiner Erfahrung mit dieser überzeugenden und kräfteverleihenden Abrundung des ersten Gangs eifern alle guten Périgordiner und Aquitanier auch heute noch nach. Kaum ein Auswärtiger, dem sie nicht auch Spaß bereitet. Und wenn wir unseren Franzosen vom Périgord erzählen, lautet eine der ersten Fragen immer: »*Eh alors, vous avez fait aussi du chabrol?*«[*]

Man weiß nicht mehr, wann das war – vermutlich wohl in der Zeit der Romantik, zu der diese Geschichte so gut paßt,

[*] »*Na, habt ihr auch Chabrol gemacht?*«

aber die Legende berichtet weiter, daß der gute Chabrol –
nun zum Paten dieser schönen Sitte Südwestfrankreichs
erkoren – mit seiner Lebensweise ein methusalemisches Alter erreicht haben soll. Spätestens hieraus, und das ist wohl
die heimliche Aussage dieser tiefgründigen Parabel, muß
auch die zänkischste Bäuerin begreifen, daß man den
schwer arbeitenden Männern niemals ihren Wein vorent-
halten darf. Wenn ihnen schon das Trinken verwehrt ist, so
dürfen sie ihn – so getarnt – wenigstens essen. Nach franzö-
sischem Verständnis ist Wein sowieso kein Alkohol. Als ich
einmal eine Spritze bekam, geschah das mit der Anweisung,
in den nächsten vierundzwanzig Stunden keinen Alkohol zu
trinken. Ein Viertelliter Wein jedoch sei mir erlaubt.
Meinem Freund André und mir bereitet das Tellertrinken
jedesmal ein spitzbübisches Vergnügen, wenn wir auswärts
essen gehen. Besonders in vornehmeren Restaurants, wenn
unsere auf Etikette bedachten Frauen vor Scham am liebsten im Fußboden versinken würden. Aus Erfahrung klug,
postieren wir immer schon rechtzeitig unsere Schienbeine
so, daß sie außer Reichweite unserer langbeinigen Gegenüber sind. Unsere Vorführung animiert immer wieder noch
Zaudernde, und in einigen mutigen Zugereisten finden wir
schnell Nachahmer, die meist ähnliche Bedenken ihrer
Ehehälften zerstreuen müssen oder auszufechten haben.
Spätestens dann hören wir wie ertappte Lausejungs: »Da
seht ihr, was ihr wieder angerichtet habt!«
Einst begleitete uns die damals schon hoch in den Achtzi-
gern stehende Großmutter, die alte Georgette, in das im
Michelinführer mit zwei Sternen ausgezeichnete Restaurant
»Le Centenaire« in Les Eyzies. Die würdige alte Dame, ein
Urgestein des Périgord, ließ es sich in diesen vornehmen
Hallen nicht nehmen, ihrer Landessitte gemäß zu verfah-
ren, und machte traditionell *chabrol*. Alles Flehen ihrer

Enkelin, hier in diesem vornehmen Umfeld doch bitte darauf zu verzichten, wischte sie mit der Bemerkung vom Tisch: »*Ma chère*, wir sind hier im Périgord, und du wirst sehen, die Fremden werden sich freuen und mir nacheifern.« Und so geschah es auch. Prompt war *Grand-mère* in diesem Gourmettempel der Star des Abends, und die Direktion schenkte noch einen extra ein.

Im Anschluß wird dann die erste Vorspeise/*hors d'hœuvre* gereicht, der normalerweise mindestens ein Zwischengericht/*entremet* und dann der Hauptgang/*plat de résistance* folgt. Käse/*fromage*, dazu eventuell ein knackiger Salat, und eine Nachspeise/*dessert* runden das Menü ab. Unter Hinzufügen weiterer, ausgeklügelt aufeinander abgestimmter Zwischengerichte kann solch eine Speisenabfolge aber noch erheblich bis endlos scheinend ausgedehnt werden. Bis hin zu einer, *trou normand* genannten, Unterbrechung mittendrin, bei der, folgt man korrekt dieser altnormannischen Tisch- und Trinksitte, ein Glas hochprozentiger *Calvados*-Apfelschnaps als Magenfreund innerhalb eines opulenten Mahls geleert wird. Er regt die Magensäfte an, worauf man wieder Appetit verspürt. Und weiter geht's.

Wenn man nicht an solche Abläufe gewöhnt ist, achte man sehr auf die jeweiligen Mengen und bescheide sich, vom jeweilig gereichten Gang lieber nicht zuviel zu essen, auch wenn das oft schwerfällt und die Gerichte noch so verführerisch von ihren Platten winken. Man sollte schon von allem kosten können. Der Gesamtgenuß – ein gutes Menü ist wie eine Komposition für die Geschmacksnerven, bei der die Speisen einander ergänzen sollen – wird so noch viel runder und attraktiver. Also teile man sich die drei bis vier oder mehr Gänge mengenmäßig mit selbst auferlegter Zurückhaltung so vernünftig auf, daß immer noch ausreichend Platz für den nächsten Gang verbleibt. Zugegeben, das erfordert schon ein wenig Erfahrung, Training und auch Disziplin, läßt sich aber mit Wonne erlernen. Ein kleiner Tip: Selbst wenn man die Menükarte nicht versteht, und auch Franzosen müssen bei all den Phantasienamen immer wieder nachfragen, zähle man ganz einfach die Gänge durch. Aber anschließend dann beim Essen bitte nicht wieder die Übersicht verlieren.

Besonders zubereitete Gerichte haben immer wieder den Ablauf der Geschichte begleitet, wenn nicht sogar nachhaltig beeinflußt. Etliche haben eine echte, viele wohl nur eine angedichtet Historie. Ein recht bekanntes Gericht des ersten Kaisers der Franzosen sei hier als signifikantes Beispiel erwähnt. Napoleon Bonaparte ließ sich vor der Schlacht von Morengo von seinem Leibkoch ein Huhn zubereiten, das später so berühmt gewordene *poulet à la Morengo*, das sich von einer normalen Zubereitung hauptsächlich darin unterscheidet, daß der Koch, in Ermangelung von Butter auf dem Schlachtfeld – wie kann das nur passieren? und das in Frankreich – auf Speiseöl zurückgreifen mußte. Napoleon gewann – derart gut verköstigt – seine Schlacht und die Menschheit ein neues Hühnergericht. Dieses schlachtentscheidende, napoleonische Mahl ist nicht dem Vergessen anheimgefallen und taucht hin und wieder auf den Speisekarten kleiner und großer Restaurants auf. Vielleicht lag der siegreiche Schlachtenverlauf ja tatsächlich an dem leckeren Federvieh, zumindest aber an der Kunst des Kochs. Kein Historiker hat bislang derartige Einflüsse in seine analytischen Überlegungen mit einbezogen. Solch bedeutende, wohl sogar mitbestimmende Faktoren nun endlich aufgreifend, werden wir sicher eines Tages mit einer Dissertation beglückt, etwa mit folgendem Titel: »Der Meisterkoch in seiner Bedeutung als schlachtenlenkender Rührkellentaktiker und Saucenstratege, unter Berücksichtigung der normativen Kraft gezielt eingesetzter Bratfette und Gewürzprisen in der *Haute Cuisine*«.

Streng genommen kann man eigentlich kaum von einer allgemeinen französischen Küche sprechen. Es gibt in Frankreich viele Regionalküchen, die alle ihre Besonderheiten pflegen. Ein Urteil abzugeben, welche von ihnen nun die schmackhafteste sei, ist schon deshalb gar nicht möglich, weil die Geschmäcker glücklicherweise sehr verschieden sind und es in jeder Küche Highlights, Gutbürgerliches und auch Durchschnittliches gibt. Letztere holen neuerdings, wie eine Art Gegenbewegung zur *Nouvelle Cuisine*, merklich auf. Also eine Rückbesinnung auf die einfache, dann aber unter den Händen der Meisterköche verfeinerte Hausmannskost, die es natürlich auch in Frankreich gibt. Die *Haute Cuisine* genannte Kochkunst hat sich ihrer nun also mit entsprechender Einflußnahme eifrig angenommen.

Eine der wenigen Küchen aber, die sich nur in Maßen in die *Nouvelle Cuisine* einbetten läßt, ist die Kochkunst des Périgord. Sie ist zu bodenständig, kennt kaum Kurzgekochtes, hat als Schwerpunkt einige Konservenzubereitungen und liebt stramme Saucen. Letztendlich ist sie auch eine deftige Kost mit ureigenen Landeserzeugnissen. Klima, Boden, Natur und Traditionen im Périgord bringen ganz besondere Produkte und Zubereitungsweisen hervor, die kaum in anderen Landesteilen anzutreffen sind und somit zum Fundament einer sich recht rustikal darstellenden Kochkunst wurden, die sich von daher fremder Gestaltung aber entzieht.

Hier in den schattigen Wäldern, unter Eichen, Stechpalmen, Haselsträuchern und Wacholderbüschen gedeiht die besonders aromatische Périgord-Trüffel (tuber melanosporum), die Königin aller Pilze. Jeder echte Périgordiner wird ihren Ruf mit Klauen und Zahnen gegenüber anderen Sorten, deren es noch etliche gibt, verteidigen und schaut auf die Trüffeln der benachbarten Departements, der Provence, des italienischen Piemont oder Spaniens mit einem milden Lächeln herab. Gerade aber mit dieser Périgord-Trüffel wird ein kaum zu rechtfertigender Kult getrieben. Sie ist inzwischen in die Preiskategorie von Kaviar vorgedrungen und geheimnisvoll wie kaum ein anderes Wildgewächs. Ich stelle mir vor, daß im Mittelalter die Spezereien des Orients eine ähnliche, bis ins Mystische verklärte Bewunderung erfahren haben müssen. Wer wußte denn schon, wo und wie der Pfeffer wächst – bei den Römern der Antike teurer als Gold. Bis in die Neuzeit wurden ganze Armeen ausgerüstet und in Marsch gesetzt, um den lukrativen Gewürzhandel zu beherrschen. Erst durch die Entdeckung des Seeweges nach Ostasien wurden diese Kostbarkeiten dann zu – allerdings damals für breite Schichten nach wie vor unerschwinglichen – Zutaten. Ähnlich also den heutigen Luxusprodukten Kaviar und Trüffel.

Ihre Majestät, die Trüffel, wird seit Jahren leider immer seltener. Liegt es nun an den nachteiligen Umwelteinflüssen, am übermäßigen Absuchen oder vielleicht auch an Klimaveränderungen? Man weiß es noch nicht, vermutet aber ein Zusammenwirken all dieser Faktoren. Fast jeder im Périgord versucht sich im Trüffelsuchen, aber nur ganz wenige haben Erfolg. Unser Freund, der Archäologe Lucien, beruflich ständig in der Feldmark unterwegs, hat sogar seinen Yorkshire-Terrier, seine Bonsai-Dogge, wie er den Winzling liebevoll bezeichnet, als Trüffelhund abgerichtet. Unglaublich zu beobachten, wie unermüdlich und mit welchem Spüreifer dieser Zwerg durch das Unterholz wieselt und aufgeregt kläfft, sobald er eine Trüffel erschnüffelt hat. Die eigentlichen Spezialisten, die als *truffeurs* bezeichneten Trüffelsammler, aber sind Meister ihres Fachs und auch immer ein wenig geheimnisumwitterte Heimlichtuer. Kaum eine ehrliche Profession arbeitet so im verborgenen wie sie, denn man will seine kostbaren Fundstellen auf keinen Fall preisgeben. Sie sind das wichtigste Kapital und damit absolutes und bestgehütetes Geheimnis. Meist mit Hilfe der von ihnen in mühsamer Lehrarbeit abgerichteten Spürhunde suchen sie den im Erdreich verborgen wachsenden Trüffelpilz, der in einträchtiger Symbiose am Wurzelwerk seiner Wirtsbäume lebt. Am aromatischsten sind die an Eichen, Stecheichen, Wacholder und Hasel wachsenden Exemplare. Es scheint, daß Bäume mit ansitzenden Trüffeln oft kräftiger und gesünder sind. Der Pilz selbst ist wirklich keine Schönheit: eine bis faustgroße, unregelmäßig geformte Knolle, schwarz-braun bis schwarz, umhüllt von einer runzeligen, pickeligen Haut. Aber, je nach Reifegrad, mit einem betörenden, einzigartigen Duft, der mit dieser Unansehnlichkeit unvermutet, fast unerklärlich kontrastiert.

In Begleitung ihrer Trüffelhunde gehen die *truffeurs* schon bei Tagesanbruch regelrecht auf die Trüffeljagd. Fähige, ausdauernde Trüffelhunde sind rar, stellen daher ein kleines Vermögen dar und wechseln, wenn sie überhaupt zu verkaufen sind, nur für viele tausend Francs den Besitzer. Obwohl ihre Nasen und ihr Eifer sogar besser sind, bedient man sich zum Suchen kaum noch der Trüffelschweine. Und dies auch aus einem ganz profanen Grund, über den man als Außenstehender milde lächeln möchte. Sie sind nämlich zu unhandlich und auch zu verräterisch. Denn um heutzutage einigermaßen erfolgreiche Ernten einfahren zu können, müssen mehr und mehr, oft sehr weit auseinanderliegende Trüffelstellen, die sogenannten *truffières*, regelmäßig und intensiv abgesucht werden. Der fleißige Sammler aber bekommt seinen Hund – so lustig sich das auch anhören mag – einfach besser auf den Rücksitz des Autos als jede noch so wohl erzogene Trüffelsau. Diese ist ausgewachsen

immerhin ein stattliches Tier und obendrein nicht stuben-
rein. Übrigens reagieren nur Sauen auf das Trüffelaroma.
Hat der Spürhund dann eine Trüffelstelle erschnüffelt,
erhält er zur Belohnung einen Leckerbissen. Die vermuteten Knollen werden vorsichtig mehr aus der Erde gepult als
gegraben, das Erdreich danach wieder geglättet und anschließend so sorgfältig getarnt, daß in der Umgebung aber
auch rein gar nichts mehr auf Trüffeln hinweist. Und weiter
geht's. Stunden- und tagelang bergauf, bergab durch die
verkrauteten Wälder. Ein mühsames, jedoch auch lohnen-
des Geschäft. Immer hart am Busen der Natur.

Von frühmorgens bis spätabends im sinkenden Büchsen-
licht grasen die *truffeurs* ihre Fundstellen minutiös ab. Meines Wissens wählt keiner dieser heimlichtuerischen Burschen jemals den direkten Anfahrtsweg zu seinen Plätzen.
Um sich nur ja nicht zu verraten, werden weite Umwege in
Kauf genommen. Schließlich stiehlt er sich heimlich in seine
Wälder. Mit Hund fällt man da auch weit weniger auf als mit
einer Sau an der Leine. Überall im Périgord begegnet man
Schildern mit der sehr ernst zu nehmenden Aufschrift:
Défense de truffer (Trüffelsuchen verboten). Und trotzdem
schleichen sie sich daran vorbei. Wird einer erwischt, kann
ihn das allerdings teuer zu stehen kommen.

Kehrt der *truffeur* zurück, wird er immer untertreiben (es
könnte ihm ja doch jemand nachspioniert haben oder ihn
aushorchen wollen) und im Brustton der Überzeugung
behaupten, er habe kaum etwas gefunden, und überhaupt
sei die Saison noch nie so miserabel gewesen wie in diesem
Jahr. Und wenn das so enttäuschend weiter gehe, werde er
bald gar nicht mehr losziehen. Das hält Nachahmer fern
und – in einem gesunden Nebeneffekt – natürlich auch
den Preis hoch.

Da die Trüffel von Jahr zu Jahr teurer wird – 1993 kostete

ein Kilo Trüffeln um die 4000 Francs –, sind die Sammler während der Hauptsaison zwischen Ende November bis Anfang März kaum zu halten. Allerdings – nur nicht so bekannt – findet sich auch außerhalb dieser Hauptsaison die weniger aromatische, aber auch recht wohlduftende Sommertrüffel (tuber aestivum) in den Wäldern und kostet auch »nur« um 200 Francs. Sie ist innen etwas weißlich geädert.

Zwar versucht man seit geraumer Zeit, die kostbare Wintertrüffel in Plantagen anzubauen und hat damit sogar gewisse, wenn auch noch minimale Erfolge, denn unser duftender Erdpilz ist launisch und unberechenbar, wie es sich für eine Primadonna geziemt. Mit den bisher erarbeiteten, sich ständig widersprechenden Erfahrungen gründete sich erst ein bescheidener Produktionsbetrieb. Vor kurzem nun soll aber angeblich doch der Durchbruch an der Universität Hannover gelungen sein. An achtundzwanzig Eichensämlingen, die mit dem Trüffelmyzel geimpft wurden, sollen regelmäßig um vier Kilo des »schwarzen Diamanten der Gastronomie« geerntet worden sein. Es wäre fast schade, wenn der Anbau nun doch gelänge. Eines der hitzigsten Gesprächsthemen in den Bistros hätte sich dann ein für allemal erledigt.

Die Trüffel ist auch in Mitteleuropa beheimatet und somit kein Fremdling in deutschen Wäldern. Noch im letzten Jahrhundert wurden von Forstbesitzern die Trüffeljagden gegen gutes Geld verpachtet. Der männliche Adel genoß diesen geheimnisvollen, im verborgenen gedeihenden Knollenpilz einst als angeblich potenzförderndes Aphrodisiakum.

Schon bei Vertragsabschluß hatte Marie-France uns erzählt, daß sie sich aus ihrer Kindheit gut an sehr ertragreiche *truffières* in den Wäldern um Cazalou erinnere. Mindestens ein Dutzend, eher mehr, hätten einst Trüffeln ergeben. Man müßte sie nur wiederentdecken und dabei besonders auf das dort wachsende Moos achten, das immer etwas angebrannt zu sein scheint. Wiederfinden geht auch ohne Hund oder Schwein, nämlich *à la mouche,* mit Hilfe der Fliege, und das geht so:

Auf das Erdreich über der reifenden Trüffel setzt sich eine besondere Fliegenart, die man mit einem belaubten Stöckchen, das man kurz über den Erdboden führt, aufscheuchen kann. Solche Zweige liefert die auch im Winter blättertragende Stecheiche. Steigt also eine Fliege hoch, so nehme man eine Handvoll Erde, schnuppere an ihr, ob sie nach Trüffelparfum duftet und wenn ja, kratze man vorsichtig das Erdreich mit einer kleinen Handhacke beiseite, wobei man unbedingt darauf achte, auf keinen Fall das Wurzelwerk, das Pilzmyzel, über Gebühr zu zerstören, denn nur dann besteht die Chance, in der nächsten Saison am selben Platz wieder fündig zu werden. Ganz einfach also, dachten auch wir. Ich habe sorgfältigst alle Hinweise beachtet und Fliege um Fliege aufsteigen sehen, auf Knien vorsichtig und im Schweiße meines Angesichts ganze Wälder umgepflügt – bloß Trüffeln habe ich auf solche Weise anfangs nicht eine gefunden. Da diese Fliege der Schmeißfliege sehr ähnelt, wird auch immer wieder die Geschichte erzählt, daß im Eifer der Trüffelgier ein jeder fiebrige *truffeur* mindestens schon einmal irrtümlich in Hundehaufen gegriffen habe. Auch unser Marius, der nun meine weitere Suche unterstützen sollte.

Allein kam ich also nicht weiter, und wieder wußte André Rat. Sein Nachbar, der uns nun gut bekannte Marius, sei doch *truffeur.* Einer der besten weit und breit, ein *renard de bois,* ein Waldfuchs, wie seine achtunggebietende Klassifizierung lautete. Bekannt in jedem Weiler der Umgebung als ein Original, das mit sehr viel *Pastis,* Wein und Frohsinn seine Bahn durchs Leben zieht. Aber Marius ist ein sehr spezieller Fall. Ein stimmungsabhängiger Totalindividualist mit vielen verdrehten Ansichten und einer sehr eigenen Lebensweise, immer wieder verbunden mit tiefen Blicken ins Glas. Er sei nur zu bewegen, wenn er etwas dafür bekäme. Zum Beispiel das alleinige Recht der Trüffelsuche in unseren Wäldern. Als wir dem zustimmten, war er dann auch sofort Feuer und Flamme, versprach alles sorgfältigst abzusammeln und mit uns dann halbe/halbe zu teilen, sozusagen ein Deputat im umgekehrten Sinn. So ist es Brauch, behauptete er. Wenn er entsprechend fündig würde, und fünf, sechs Kilo wären möglich, doch immer noch ein ansehnliches Geschäft für beide, tröstete er uns. Vergnügt rieb er sich die Hände. Wenn wir dann zu Weihnachten wiederkommen, könne er uns die Stellen zeigen und hätte auch bestimmt schon einige Trüffeln für uns. Oder er würde sie für uns einkochen.

Die Zeit kam, unser Deputat einzufordern. Aber, so versicherte er uns immer und immer wieder, die Ausbeute war sehr mager gewesen, denn irgendein anderer hätte die wertvollen Trüffeln aus unseren Wäldern gestohlen. Das Jahr darauf waren es das ungünstige Klima, dann die Waldmäuse, die alles aufgefressen hatten, darauf eine unerklärliche Krankheit und auch mal die Maden. Ausreden wie gegenüber dem Finanzamt. Bei seinem Erfindungsreichtum in puncto ausweichender, glaubhaft erscheinender Erklärungen ist wirklich ein befähigter Politiker an ihm verlorengegangen. Da wir aber so nett seien, ihm das alleinige Begehungsrecht zu gewähren und ihm der Dieb durch die Lappen gegangen sei, fühle er sich verantwortlich und in unserer Schuld. Er wolle sich deswegen auch erkenntlich zeigen und uns zusätzlich einige Trüffeln von seinen abgeben. Wir konnten uns des Verdachts nicht erwehren, daß wir wohl von unseren eigenen Trüffeln geschenkt bekamen. Da unsere Abmachung aber nun bestand, sollten wir sie bei einem guten Wein – davon trank der gute Marius wie gesagt unmäßig und war auch immer mehr oder weniger im entsprechenden Zustand – besiegeln und bei einer würzigen *omelette aux truffes*, die er uns nun zubereiten wolle, über alles reden. Er tat sehr geheimnisvoll und nannte sie unverständlicherweise seine *omelette des pauvres*, das Omelett der Armen, worauf wir uns überhaupt keinen Reim machen konnten, ist doch die Trüffel sündhaft teuer. Aus dem Nebenzimmer seiner bescheidenen Kate holte er neun Eier, schnupperte kopfnickend an ihnen, verquirlte sie dann ausgiebig mit einigen Löffeln *crème fraîche*, erhitzte etwas Gänsefett in der Pfanne, bis es dampfte, und gab die geschlagenen Eier hinein. Nach wenigen Minuten war das Omelett fertig und schmeckte vorzüglich nach Trüffeln. Nur von den sonst immer auffällig sichtbaren, hineingesprenkelten, schwarzen Trüffelstückchen war keines darin zu entdecken. Auch müßten die vorbereiteten Eier zusammen mit den Trüffeln vorab mindestens zehn Stunden lang ziehen. »Marius, bleib bei der Wahrheit. Hast du etwa künstliches Aroma genommen?« Ehrlich entrüstet, verzog er angewidert sein Gesicht und lüftete mit spitzbübischem Grinsen sein erstaunliches Geheimnis: »*Viens, mon pote, je te fais voir mon petit truc! Ça va te faire plaisir.*« [*]

In einer Kiste mit Erde, in der er die bereits gesammelten Trüffeln bis zum kommenden Verkauf zwischenlagerte, steckten, zusammen mit den Trüffeln, noch weitere Eier. Die poröse Eierschale läßt das Trüffelaroma passieren, und

---

[*] »*Komm, Kumpel. Ich zeig' dir meinen kleinen Trick. Das wird dir Spaß machen.*«

das rohe Ei nimmt so den alles durchdringenden Trüffelge-schmack an – *omelette aux truffes* ohne jede Trüffel. Lecker, genial einfach und preiswert zugleich. Er hatte recht, eine sparsame Zubereitungsform, zugeschnitten auf die schmalen Geldbeutel armer Leute. Es war das erste Mal, daß wir erlebten, daß man auch Aroma stehlen kann – und ohne jemanden dabei zu schädigen. Als eingefleischter Junggeselle hatte Marius noch viele solcher Tricks auf Lager. Besonders seine angesetzten Liköre und Aperitifs waren bei allen hochgeschätzt.

Wer dieses Parfumeurverfahren nun anzweifeln möchte, mache doch selber die Probe aufs Exempel mit folgendem Test: Man nehme zum Beispiel eine reife Banane oder einen anderen deftigen Aromaträger und sperre sie mit einem Ei zusammen einige Tage in einer festverschlossenen Box in den Kühlschrank. Sie werden sehen, nein kosten, innerhalb kurzer Zeit schmeckt das Ei durchdringend nach Banane oder was Sie gewählt haben.

Drei Trüffelstellen in den Wäldern rund um Cazalou hat Marius mir gezigt. Im Dorf aber meinten alle, es müsse noch mindestens drei bis vier weitere Plätze geben. Alles Neider, die ihm nur etwas am Zeug flicken wollen, stritt er das immer ab. Fragen kann ich ihn nun nicht mehr. Er ist in die ewigen Trüffeljagdgründe eingegangen und hat sein Wissen mit ins Grab genommen, so wie es sich für ein echtes Geheimnis auch gehört. Zwei weitere *truffières* allerdings habe ich seitdem noch entdecken können und immer behutsam und sehr vorsichtig nachgegraben, ohne das Myzel zu sehr zu verletzen. Wenn Trocken- und Feuchtperioden übers Jahr der verwöhnten Trüffel zusagen, ernte ich diese edlen Duftpilze immer wieder an denselben Plätzen, also in denselben *truffières.* Allerdings in sehr unterschiedlichen Mengen und Größen. Warum, weiß niemand, und die Antworten darauf sind unterschiedlich bis widersprüchlich – ganz ähnlich denen der Angler auf die Frage, wann denn die Fische anbeißen.

Als Marius, der, wie gesagt, dem Wein leider doch zu ausgiebig zusprach, mich einmal frühmorgens zum Pilzesuchen abholte – wir wollten die hier besonders aromatischen Steinpilze, Pfifferlinge, die teilweise mehr als handtellergroß werden, und Riesenschirmlinge (auch Parasol), die im Périgord wegen der in der Hutmitte leicht herausragenden Wölbung *nez de chat*/Katzennäschen genannt werden, sammeln –, bat er mich, doch für einen satten Frühstücksimbiß, einen *casse-croûte* für uns beide zur Stärkung unterwegs zu sorgen. Er bringe ausreichend zu trinken mit. Das war ja auch seine Domäne. Streng nach dem Grundsatz »Nur der frühe Vogel fängt den Wurm« stiegen wir schon kurz nach Sonnenaufgang in den taunassen Wald. Gegen neun Uhr – wir waren inzwischen schon gut fündig geworden – wurde dann zünftig gepicknickt, denn hügelauf, hügelgab Pilzesuchen in den verkrauteten Bergwäldern, dem sich wie eine Schlange flink durch das Unterholz windenden *truffeur* folgend, macht hungrig. Marius wollte auch nicht länger die drei (!) Liter Wein mit sich herumschleppen, die er uns für den kurzen Vormittag abgefüllt hatte. Meine Frau hatte uns vier stramm belegte *baguettes* und einige Früchte mitgegeben, so daß wir eine gute Unterlage hatten. Zwar trank ich weitaus weniger als der trinkfeste Schluckspecht, war aber literweisen Wein zum Frühstück nun wirklich nicht gewohnt. Heimgekehrt gegen Mittag, stand ich also witzelnd und wankend in der Haustür – aber immerhin mit vollen Körben. Im Schatten der Weinpergola schliefen wir dann unseren Rausch bis tief in die Nachmittagsstunden hinein aus. Kaum aufgewacht, reichte Marius mir schon wieder ein Glas. Nichts für ungut, aber nun mußte und wollte ich passen. Um den kurz darauf fälligen Aperitif mit den Nachbarn kam ich aber nicht mehr herum. Die trinken jedoch glücklicherweise genau so zurückhaltend, wie ich es für richtig halte, und nehmen es auch nicht übel, wenn man Alkoholisches mal ausschlägt. Das war wohl auch der Grund, weshalb sich der immer durstige Marius recht bald verabschiedete.

Um als Freund und Genießer in renommierter und raffinierter Küche so richtig schwelgen zu können, muß den zubereitenden Köchen für ihr Wirken unbedingt die Voraussetzung geschaffen sein, nur auf die allerbesten Produkte aus Garten, Wald und Feld, und diese so frisch wie möglich, zurückgreifen zu können. Ob für daheim oder professionell, im Périgord lassen die Essenseinkäufer beim Erstehen ihrer Zutaten eine fast rituelle Sorgfalt walten und messen hier Frische nicht in Tagen, sondern in Stunden.

Ein Forum dieser herrlichen Rohstoffe sind die überaus reichhaltigen, lebhaft bunten Wochenmärkte, die eine zentrale Rolle im Leben der Einheimischen spielen. Freundliche, jederzeit hilfsbereite und zumeist auch sehr humorvolle Marktleute stehen einem dabei mit wohlmeinendem Rat zur Seite und liefern auch unaufgefordert und sehr gern von ihnen besonders erprobte Rezepte gratis mit dazu: »*Madame*, meine Auberginen sind heute besonders gut. Haben Sie schon mal probiert, sie auf folgende Art und Weise zuzubereiten? Ein leckeres Rezept, kann ich Ihnen versichern. Ich habe es noch von unserer Großmutter, der besten Köchin in meinem Dorf.« Und während er auf der hier noch immer gebräuchlichen Handwaage, sehr historisch *romaine* genannt, alles geschickt abwiegt, folgt, sehr anschaulich und detailliert geschildert, ein persönlich erprobtes und immer erfolgreiches Kochrezept – zur Nachahmung empfohlen.

»Ich gebe immer eine Prise von diesem oder einen Schuß von jenem dazu. Die Ofenhitze sollte nicht zu hoch sein. Probieren Sie es doch mal auf meine Weise. Ihre Gäste werden begeistert sein. Ich kann Ihnen das nur empfehlen. Sagen Sie mir doch das nächste Mal, wie Ihnen mein Tip gemundet hat.« Diese Ratschläge sind Gold wert und garantieren zugleich den nächsten Marktbesuch eines potentiellen und auch zufriedenen bis beeindruckten Kunden. Service in seiner Urform. Und so ganz nebenbei hat man auch seinen kleinen Plausch mit Freunden und Nachbarn. So ist der Gang über den Markt nicht nur das Besorgen notwendigen Proviants, sondern zugleich auch Begegnungsort zur Festigung und Stärkung sozialer Bindungen. Nur eilig darf man es dabei nicht haben.

Die Warenangebote auf den Märkten im Périgord quellen über von schmackhaften und wegen des fruchtbaren Bodens und des gesegneten Klimas prächtigen Früchten und Gemüsen. Alle sind sie hier mindestens eine Nummer größer, saftiger und aromatischer als anderswo. Wir sahen schon Kohlrabis in Kohlkopfgröße, Kürbisse von gut einem Meter Durchmesser und Hühnereier, die von Gänsen gelegt schienen. Einmal rätselten wir, was für ein Geflügel dieses Riesentier mit goldgelber Gänsehaut wohl sein könne. Kaum zu glauben, ein gigantisches Maishuhn. Vorwiegend mit Mais gefüttert, frisch geschlachtet und noch am Abend auf den Tisch. Kein fades Batteriehuhn. Alle landwirtschaftlichen Produkte des Périgord haben ganz ohne Zweifel einen besonders ausgeprägten Geschmack, sind herzhafter als sonst gewohnt. Das mag am zuträglichen Klima, am besonderen Boden, aber natürlich auch an der Acker- und Gartenbaukunst der Einheimischen liegen. Geschickt zubereitet, gut dosiert gewürzt und kunstvoll auf dem Teller dekoriert, wird das Ergebnis zu einem *véritable régal,* einem wahrhaftigen Festschmaus, wie man sich gegenseitig begeistert versichert.

Um sich ein leckeres Gericht périgordinischer Schnecken zu Gemüte zu führen, ist ein Marktbesuch nicht unbedingt vonnöten, wenn man, ausnahmsweise mal auf Regen hoffend, spätabends im Dunkeln mit der Taschenlampe die triefenden Mauern und Hecken selbst absucht. Hier findet man die Périgord-Schnecke, die dunkel gestreift und nicht ganz so groß wie die Weinbergschnecke ist. Und die Gefahr, daß die *petit escargot gris du Périgord* genannte Molluske entflieht, ist auch nicht gegeben. Sie kommen sehr zahlreich vor, und man hat schnell seine Mahlzeit zusammen. Bei sorgfältiger, allerdings recht aufwendiger Zubereitung, sind sie überaus schmackhaft. Natürlich haben die Périgordiner ein Spezialrezept zur Zubereitung: *escargots farcis à la périgourdine,* das Sie in jedem Regionalkochbuch finden.

Aber erst muß man sie mal haben, und da wir in diesem Sommer mit Regen fast zu sehr gesegnet waren, machten wir uns abends, zusammen mit den Kindern, ein jeder bewaffnet mit eigener Taschenlampe und Sammelbüchse, auf zum Schneckensammeln. Wir erbeuteten reichlich und brachten sie in einem eigens für diesen Zweck vorbereiteten Maschendrahtkäfig unter. Da dieser aber nicht die gesamte, reichhaltige Beute aufnehmen konnte, nahmen wir als zusätzliche Stallungen noch zwei Kartons hinzu. Wenn die Schnecken nicht gefüttert werden, leeren sie sich im Laufe der nächsten drei Tage, werden dann aus den Schneckenhäusern gelöst und in Salzwasser, das ein wenig mit Essig versetzt ist, ausgiebig gewaschen. Das so gesäuberte Fleisch wird wieder in die Schneckenhäuser zurückbugsiert, mit Kräuterbutter zugedeckelt und im Ofen bei mäßiger Hitze gebacken.

Als nun die drei Tage Warten verstrichen waren, gingen wir

in die Garage, um mit den weiteren Vorbereitungen fortzu-
fahren. Die Schnecken im Käfig hatten sich inzwischen in
der Tat leergelaufen, aber von den beiden Kartons, geschweige denn von ihren Schnecken, war nichts zu sehen.
Jeder, der Zugang zur Garage hatte, versicherte uns, keinen
der Kartons fortgenommen zu haben. Was aber war geschehen? Wer klaut denn Schnecken? André, dem wir betroffen
von diesem Rätsel erzählten, hielt sich den Bauch vor Lachen und ging mit uns in die Garage, um uns unser Mißge-
schick zu erklären. Überall zeigte er uns die inzwischen
angetrockneten, silbrig glänzenden Schleimspuren, die die
Schnecken auf ihrem stürmischen Fluchtweg hinterlassen
hatten. Und am Ende einer jeden Silbertrasse klebte tatsächlich eine Schnecke. Was wir nicht wußten: Schnecken fressen mit Vorliebe Pappkarton, am liebsten ordinäre Wellpap-
pe. Dort lag auch tatsächlich noch ein Rest angenagten
Kartons. Sie hatten also ihre beiden Gefängnisse in Ruhe
verputzt und sich dann wohlgenährt aus dem Staube gemacht. Auch wer nur langsam kriecht, kommt dennoch
stetig voran. Viele müssen den Weg durch die offenstehen-
den Fenster in die Freiheit zurückgefunden haben. Für
unser Mahl blieben uns aber immer noch reichlich übrig,
so daß das Festessen angesetzt werden konnte. Noch mal
von vorn das Ganze und die Wiedereingefangenen hinein
in einen Drahtkäfig. Da wir reichlich *petis gris* hatten, verfiel
Claudette auf die ansonsten recht abwegige Idee, Schnek-
ken ausnahmsweise mal als Hauptgericht zu servieren. Also
wurde unter einem riesigen Walnußbaum für zwölf Personen eine Tafel gedeckt und an einem wundervollen Som-
mertag ein unvergeßliches Schneckenessen zelebriert, von
dem wir heute noch schwärmen. Da Mollusken schwer ver-
daulich sind, müssen sie vor allem gut gekaut und mit
reichlich Wein hinuntergespült werden, was für uns die

herrlichste Begründung war, dem edlen Tropfen reichlich zuzusprechen.

Doch Marius fehlte noch. Er hatte darum gebeten, unbedingt geweckt zu werden, denn zum einen wollte er auf keinen Fall das Festessen mit dem reichlich strömenden Wein versäumen, zum anderen aber beabsichtigte er, als guter Bürger unbedingt vorher noch zur Präsidentenwahl ins Dorf hinunterzugehen. Als ich ihn gegen halb elf aus den Federn holen wollte, erschrak ich doch sehr. Der Arme war zwar schon auf, hatte aber ein fürchterlich blutunterlaufenes blaues Auge, das ihn jedoch offensichtlich kaum schmerzte, denn er grinste vergnügt über seinen Milchkaffee hinweg, kaute genüßlich auf seiner *tartine*[*] und schob alles auf das verflixte Moped, dessen Vorderrad angeblich blockiert hatte, so daß er in tiefer Nacht kopfüber im Straßengraben gelandet sei. Man gewann jedoch eher den Eindruck, daß ihm seine alkoholgeschwängerten Blutwerte auch jetzt noch den Kopf vernebelten. Meine Einladung, ihn zum Wahllokal in das kleine Rathaus zu fahren, nahm er dankbar an. Dann könnten wir ja auch seine verunglückte *mobilette*[**], die er unterwegs im Graben hatte zurücklassen müssen, auf der Rückfahrt auflesen.

Im Wahllokal angelangt, wiegte der Bürgermeister bedenklich sein Haupt und fragte, unseren guten Marius zweifelnd musternd, ob er sich denn wirklich in der Lage sehe, in diesem blessierten Zustand auch wählen zu können. Marius, selbstbewußt und bekannt für seine schalkhafte Schlagfertigkeit, die – so sagt man – besonders im aquitanischen Westen, gepaart mit dem inneren Stolz und Wesen seiner Bewohner, so ausgeprägt ist, entgegnete auf seine typisch

[*] *Brotschnitte*
[**] *Moped*

gestelzte Art, die rein gar nicht zu seinem recht ramponierten Äußeren paßte: »*Monsieur le Maire, avec tout mon respect, je vous remercie infiniment pour votre sollicitude. Comme vous le voyez, j'ai mon œil blessé bien à droite. Mais du fait que je vote toujours gauche, je voie bien clair. Ne vous inquiétez pas, Monsieur le Maire.*«[*] Sprach's und schritt, keine Antwort abwartend, in Richtung Wahlurne.

Wie üblich hatte Marius die Lacher sofort auf seiner Seite, zumal der solchermaßen auf den Arm genommene Bürgermeister politisch die Seite der Bürgerlichen vertrat. Was blieb *Monsieur le Maire* also anderes übrig, als mit einer einladenden Geste den Weg zur Stimmkabine freizugeben. Erst zum Dessert tauchte unser wandelnder Weinkrug wieder auf. Man hatte ihn ob seines gelungenen Scherzes sofort zu etlichen Umtrunken geladen. Und da kann und will ein Marius nicht widerstehen.

Zwar ist das *Périgord Noir* mit seinen häufigen und auch heftigen Frühjahrsfrösten aus klimatischen Gründen kein Obstanbaugebiet, doch die Früchte, die in den Hausgärten durchkommen, sind einmalig lecker, saftig und sonnengesüßt. Schon etwas tiefer gelegen, also nur ein wenig weiter westlich und südlich im *Périgord Pourpre* sowie in den angrenzenden Departements jedoch ziehen sich riesige Obstplantagen dahin, so weit das Auge reicht. Die *prunes d'Agen*, die Pflaumen aus der Gegend um Agen beispielsweise, werden in ganz Frankreich gerühmt. Und die im Périgord liegenden Erdbeerfelder beliefern das gesamte Land mit zuckersüßen, duftenden Früchten. Nirgendwo sonst findet man Erdbeeren aus zweiter Ernte im September. Diese können

[*] *»Herr Bürgermeister, mit all meinem Respekt danke ich Ihnen für Ihre Fürsorge. Wie Sie sehen, habe ich mein rechtes Auge verletzt. Da ich aber immer die Linke wähle, sehe ich recht klar. Keine Sorge also, Herr Bürgermeister.«*

nicht mehr als äußerlich ansprechende Handelsklasse außer Landes gebracht werden. Sie erfüllen keine der sturen Brüsseler Bürokratennormen, mit denen zum Beispiel Tomaten nach Schnittfestigkeit und nicht nach Geschmack beurteilt werden und die Biegung der Banane mathematisch zementiert wird. Unsere tiefroten Früchte sind für die Beamten zu klein und hin und wieder sogar ein wenig schrumpelig. Also ohne jeden normativen Rückhalt einer Beamten- und Handelsklasse vom grünen Tisch. Fast möchte man im Sinne des Futterneids argumentieren, glücklicherweise bleiben sie im Land. Unter ihrem unvorteilhaften Äußeren verbirgt sich nämlich ein besonders lieblicher Kern. Die Sonne hat diese Zweiternte – eine Art Nachlese – über die Sommermonate in voller Reife aufgehen lassen und so richtig satt versüßt. Wir haben auch spätsommerliche Erdbeerbowlen mit diesen Früchten angesetzt; allein ihr Duft hat die Gäste schon trunken gemacht.

Zur Abrundung guter Küche darf natürlich der Wein nie zu kurz kommen. Im Inneren des *Périgord Noir* wird Wein von den Bauern nur für den Hausgebrauch angebaut, so wie eben überall in Frankreich, wo das klimatisch nur einigermaßen möglich ist. Diese Weine sind hundertprozentig naturrein, sehr dunkel, meist herzhaft säuerlich und alles andere als herausragende Gewächse, eben nur für den alltäglichen Eigenbedarf bestimmt. Sie gelangen auch nie in den Handel. Von unserem Nachbarn Marcel bekommen wir regelmäßig einige seiner Flaschen geschenkt, die wir mit Genuß trinken und die rasch ihren Weg die Kehle hinunter finden.

Auf herausragende heimische Gewächse, die mit der Périgordiner Küche harmonieren, braucht jedoch niemand zu verzichten, denn bereits im benachbarten *Périgord Pourpre* werden die Bergerac-Weine gepflegt, zu deren besonderen

Lagen der kräftige *Pécharmant* zählt. Auch Kenner geben freimütig zu, daß er einem guten *Bordeaux* in nichts nachsteht. Und der *Monbazillac*, so benannt nach einem eindrucksvollen Schloß, ist ein landes- bis europaweit geschätzter, goldfarbener Süßwein, der harmonisch die Desserts begleitet und eigentümlicherweise hier auch zur *foie gras* getrunken wird. Um an die Spitzenweine zu gelangen, fährt man dann nur noch einige Kilometer westwärts und ist bereits mitten in den riesigen und weltweit renommierten Weinbergen rund um Bordeaux, deren östlichste Lage die Weine von St. Emilion und im Anschluß Pomerol sind. Weiter gen Westen gelangen wir schon in die Anbaugebiete mit so berühmten Namen wie: *Bourg, Blaye, Entre-Deux-Mers, Sauternes, Barsac, Graves, Margaux, Médoc, Haut-Médoc, St. Julien, Paulliac* und *St. Estèphe.* Der Bereich dürfte abgesteckt sein, die Unterscheidungen und Qualifizierungen jedoch erfordern jahrelanges, intensives Gaumentraining. Schwerpunkte und Geschmacksrichtungen, welche Lage nun also zu bevorzugen sei, kann und sollte man – unbeeinflußt von sämtlichen Weinführern – ganz hoheitlich nur der eigenen Zunge überlassen. Aber eigentlich kann man fast alles blind vertrauend trinken, denn keiner dieser die Kehle hinunterrinnenden Rebensäfte ist jemals ohne Qualität. Auch einfache Bordeaux bewahren ihr unvergleichliches Feuer. Selbst ihre satte Farbe wurde zum Synonym eines einfühlsamen und ruhig-dunklen Rottons, eben des Bordeauxrots.

Nicht weit entfernt, gewissermaßen im angrenzenden Hinterland gelegen, befindet sich auch noch das überschaubare Anbaugebiet von *Cahors* mit seinen bodenständigen, tiefroten Weinen. Ihre herzhaft-herbe Geschmacksrichtung empfiehlt sich besonders als Begleitung zu Wildbret. Mit unverhohlenem Stolz betonen die *Cahors*-Winzer immer wieder, daß es in früherer Zeit gerade ihre Weine waren, die von den ausländischen Aufkäufern in Bordeaux verlangt wurden. Erst danach entwickelte man den Anbau um Bordeaux herum – bis hin zu seiner heutigen Weltgeltung. Über den Fluß Lot, der in die Garonne mündet und in dessen Tal hauptsächlich die Weingärten liegen, besteht zudem eine direkte Transportverbindung mit Anschluß zum Atlantik und in die weite Welt.

Eines Tages schenkten wir Marcel Weißwein deutscher Provenienz. Drei Flaschen prämierten Nahe-Wein von unseren besten, die er recht skeptisch beäugte. Wein aus Deutschland? Dieses kalte Land nördlicher Gestade, an dessen Küsten nach Meinung vieler Südländer doch Eisberge stranden und der Schnee auch im Hochsommer kaum schmilzt. Und da wächst Wein? Und der soll auch noch genießbar sein? Höflich nahm er die Flaschen in Empfang. Er hat es dann doch gewagt, eine zu kosten, und erzählte uns das nächste Mal begeistert von diesem edlen Tropfen. Die zwei verbliebenen Flaschen wurden daraufhin erst auf der nächsten Familienfeier als etwas Besonderes feierlich hervorgeholt und von allen Gästen mit Lob bedacht. Und das will bei diesen verwöhnten Gaumenfetischisten wirklich etwas heißen. Alle tafelnden Périgordiner ließen dann auch ihrer Anerkennung freien Lauf. Daß Deutschland aber mit Abstand der größte Weißweinproduzent der Welt ist und sich viele Meriten für edle Tropfen erworben hat, rief doch fassungsloses Erstaunen hervor. So etwas hatte man den zwar auf anderen Gebieten so tüchtigen Deutschen nun doch nicht zugetraut. Wir fühlten uns geehrt, und seitdem versorgen wir den guten Marcel – auch zu unserer eigenen Freude – ständig mit trockenem Mosel, Saar, Nahe oder Ruwer, denn diese Lagen treffen nach unserem Dafürhalten besonders gut den Geschmack der hiesigen Bewohner. Marcel aber hatte sich inzwischen umgetan und irgendwoher eine Flasche deutschen Rotwein organisiert. Sicher nicht das Aushängeschild deutscher Winzerkunst. So war es fast tröstlich für ihn, selbstbewußt und mit Überzeugung feststellen zu können: »Aber Rotwein, den könnt ihr nicht so gut wie wir.«

Über die Gastronomie, also die Restaurantlandschaft im einzelnen, zu berichten, wo und wie gut man in diesem oder jenem Lokal speist, soll den einschlägigen Restaurantführern überlassen bleiben, wobei dem Benutzer Zurückhaltung geraten sein sollte, denn die Aussagen sind teils widersprüchlich. Zudem kommen auch ständig neue Lokale hinzu, und die Buchausgaben sind immer auf die Jahre der Tests zu beziehen. Also dürfte sich inzwischen auch etwas geändert haben, und kein Buch kann so aktuell sein, daß es Neueröffnungen berücksichtigt. So gibt es viele Restaurants, einfache, gutbürgerliche, gehobene und auch aus der obersten Kategorie, die nirgendwo verzeichnet sind, weil sie entweder zu neu sind oder wirklich im Verborgenen blühen. Man sollte sie, so wie es gerade kommt, ausprobieren oder die Einheimischen fragen. Dann allerdings bereite man sich auf ein längeres Für und Wider und weit ausgreifende Erläuterungen vor. Ein tatsächliches Risiko besteht in diesem Kücheneldorado kaum. Zumal wenn man die Beurteilung kritisch angeht und sich auf die im Périgord typischen Gerichte beschränkt. Unsere persönlichen Erfahrungen mögen vielleicht nicht repräsentativ sein, aber in all den langen Jahren sind wir nur zweimal enttäuscht worden. Also statistisch unbedeutend.

Urig und sehr zu empfehlen sind die in den letzten Jahren immer mehr in Mode gekommenen, enorm preiswerten *tables d'hôtes*, die den Bauernhöfen angegliederten Mittags- und Abendtische, die sich zumeist zwar nur auf ein bis zwei, teils sogar drei Menüs mit recht niedrigen Staffelpreisen beschränken. Aber diese sind dann auch das Nonplusultra. Alle verarbeiteten Produkte sind von erlesener Güte und immer knackfrisch. Denn viele der landestypischen Zutaten, die logischerweise die Basis dieser familiengeführten Lokale sind, werden auf den Höfen in Eigenproduktion gepflanzt und gezüchtet. Diese Voraussetzung ist sogar eine der Bedingung, daß ein Bauernhof das offizielle *table d'hôte*-Schild führen darf. Serviert wird natürlich besonderes Geflügel, aber auch das Fleisch von Schlacht- und Milchvieh, sowie die Gemüse, Salate und Früchte. Viele der Küchenkräuter und andere Zutaten, wie sie nur unter südlicher Sonne zum vollen Aroma heranreifen, kommen von den hauseigenen Kräuterbeeten und aus den meist von den Bäuerinnen liebevoll gepflegten *potagers*, den Küchengärten. Pilze, Trüffeln und Maronen stammen aus den Wäldern ringsum. Wein und Tresterschnaps sind oftmals auch vom eigenen Anbau, bzw. aus Hausbrand. Einige Bauernwirte haben herausgefunden, daß selbstgebackenes Brot besonders zugkräftig ist. Jeder traditionelle Hof hat heute immer noch seinen eigenen, alten Steinbackofen, der nur reaktiviert werden muß.

Um vom Staat die Erlaubnis zum *table d'hôte* zu bekommen, muß sich der Bauer bestimmten Vorgaben, Anordnungen und Regeln fügen und sich auch schon mal Kontrollen gefallen lassen. Das fällt diesen Individualisten schwer und schreckt auch viele ab, trennt aber die Spreu vom Weizen. Nun sollte man vermuten, daß es in diesen recht einfach geführten Lokalen mit der Professionalität des Service so eine Sache ist. Aber weit gefehlt, denn was an Schliff mangelt, wird durch persönliches Engagement mehr als wettgemacht. Man möchte so richtig Gastgeber sein, und das gelingt auch, indem man fehlende Perfektion mit von Herzen kommender Gastlichkeit, die ja sowieso zur Landestradition gehört, kompensiert. Der Gast fühlt sich in diesem Umfeld wirklich geborgen, beachtet und wird verwöhnt. Franzosen sind da auch sehr anspruchsvoll. Die Geschäftstüchtigkeit, die den Bauern durchaus eigen ist, bleibt unbemerkt im Hintergrund. Vielleicht liegt hierin und in ihrer Ursprünglichkeit der enorme Zuspruch begründet, den die *tables d'hôtes* immer mehr erfahren.

Von unseren Freunden hatten wir eine Empfehlung bekommen, unbedingt den weitab im Wald gelegenen Hof – nennen wir ihn *La Garrigue* – zu einem Essen aufzusuchen. Vorbestellung sei nicht nötig, man fände immer Platz. Wir hatten dann auch einige Mühe, das Versteck zu finden. Fünf perfekt mit originalem Porzellan aus Limoges gedeckte Tische in einem frisch renovierten, geschmackvoll dekorierten Speisesaal standen zur Auswahl. Wir waren die einzigen Gäste, und die freundliche Tochter der kleinen Bauernstelle bediente uns. Das bedauernswerte, aber sehr hübsche Mädchen schielte fürchterlich, und da man beim Bestellen ja Blickkontakt aufnimmt, entspann sich folgende amüsante Geschichte:

Sie schaute wohl mich an und fragte nach meinen Wünschen. Durch den Silberblick fühlte sich jedoch meine Frau angesprochen und bestellte. Daraufhin wandte sie sich natürlich meiner Frau zu und empfahl ihr eine besondere Vorspeise des Hauses, woraufhin unser danebensitzender Sohn meinte, die möge er aber gar nicht. Uns war das schon ein wenig peinlich, und wir waren verwirrt. Sie – offensichtlich gewöhnt an diese Blickverirrungen – aber keineswegs, und nach einigen Mühen und Blickontakte vermeidend, hatte sie dann alles auf ihrem Block. Das périgordinische Menü war, wie die Franzosen sagen, *copieux*/ausgesprochen üppig, und exzellent, wobei der Preis in keinem Verhältnis zur gebotenen Leistung stand. Das spricht sich schnell herum, und heutzutage muß man Tage vorher reservieren. Sicher erlaubten die zusätzlichen Einkünfte der Familie, den Augenfehler der Schönen zu beheben. Bald darauf heiratete sie, und inzwischen haben die jungen Leute – wir haben sie Célestin und Anette getauft – den Hof übernommen. Als ihre treuen Stammgäste aus der Anfangszeit gehen wir noch heute ab und zu dort essen und lachen immer wieder herzlich über unser damaliges gemeinsames Erlebnis.

Wenn zum Abschluß dann der Bauer mit seiner Flasche selbstgebranntem Digestif unterm Arm, seiner *eau de vie* – Vorsicht: hochprozentig –, am Tisch zu einem kleinen Schwatz über Land und Leute auftaucht, ist die Welt so richtig in Ordnung. Ein bleibender Eindruck unter südlicher Sonne in einer zauberhaften, sattgrünen Landschaft. In der Gesellschaft von freundlichen Menschen, nach einem wohlschmeckendem Essen, und dann noch einen »Verteiler« obendrauf – was kann es Schöneres geben! Doch, nur noch eins, aber dazu sind wir jetzt viel zu satt und zu träge.

Ich habe noch keinen Franzosen erlebt, der, sobald er aus dem Ausland heimkehrt, seine Eindrücke, die Küche betreffend, nicht mit bedauerndem Achselzucken über deren Unzulänglichkeiten wiedergibt. Wobei er durchaus auch respektvolle Erfahrungen gemacht hat, aber die hören sich doch mehr nach Tröstung an und sollen seinen Küchenstolz wohl nur relativieren. Weil sie nun aber Essen so sehr lieben und in Sachen Kochkunst ein recht chauvinistisches Verhalten an den Tag legen, kam meine Frau eines Tages auf die abwegige Idee, ihnen doch einmal etwas typisch Deutsches vorzusetzen, denn auch die Deutschen, sogar die aus dem Norden, haben interessante Gerichte. Deftige Kost, so recht den klimatischen Verhältnissen angepaßt und fast exotisch für französische Gaumen. Da unsere Nation weltweit als Sauerkrautesser abgestempelt ist, lag also nichts näher, als Farbe zu bekennen und ein richtiges Sauerkraut zu servieren. Natürlich wußten wir, daß das *choucroute alsacienne*, also das im Elsaß zubereitete Sauerkraut, in Frankreich eine hochangesehene Speise ist. Die Herrin auf Cazalou kochte es aber auf norddeutsche Art, verfeinerte den Geschmack mit etwas Ananas. Wacholderbeeren pflückten wir vor der Tür. Von unserem Hamburger Schlachter, der die Absicht meiner Frau mit ungläubigem Staunen quittierte, als sie ihm ihr Vorhaben schilderte, brachten wir eigens Kohlwürste, Speck und Gepökeltes mit. Obwohl auch in Frankreich schon seit langem überall deutsches Bier zu kaufen ist, packten wir trotzdem zwei Kisten mit in den Kofferraum.

Ein wenig mulmig war uns schon, vor den französischen Freunden so frech mit unserer Hausmannskost aufzutreten, kein Vorgericht und kein Zwischengericht anzubieten, sondern gleich in die vollen zu gehen. Wenn das nur gut ging. Vom unerwarteten Erfolg dieser Tafelfreuden wurden wir dann doch völlig überrascht. Er war unvorstellbar, denn alle langten zu wie die Scheunendrescher und waren voll des Lobes. Vierzehn Personen saßen zu Tisch, der überreich gedeckt war. Nicht eine Sauerkrautfaser, geschweige denn eine Wurst blieben zurück. Dieser große Anklang hatte zur Folge, daß die deutsche Küche im Périgord auf Wunsch unserer Périgordiner fortgesetzt werden mußte. Mit – bedenkt man die Geschmacksrichtung speziell der Südfranzosen – so abenteuerlichen Gerichten wie Grünkohl und Pinkel, beides in Frankreich völlig unbekannt, Ente in Beifußsauce mit Rotkohl – die Franzosen verzehren Rotkohl sonst ausschließlich als Rohkost –, Gans mit Äpfeln gefüllt, unserem typischen Kartoffelsalat, dazu gegrillte Schinkenwürste und Thüringer Bratwurst. Auch Birnen,

Bohnen und Speck wurden schon ausprobiert, wobei wir das Glück haben, daß neben unserem Haus eine herbe Wildbirne wächst, die sich besonders gut für dieses Gericht eignet. Aber auch so einfache Dinge wie kerniges Schwarzbrot mit Gänseschmalz. Wir haben etliche französische Freunde, denen wir in Deutschland gerade mit den in Frankreich sonst unbekannten Bratwürsten eine riesige Freude bereiten können. Einmal gab es zum Abschluß Harzerkäse zum Kosten. Auch der wurde in den höchsten Tönen gelobt. Es muß also gar nicht immer vom Allerfeinsten, sondern nur schmackhaft, bodenständig und etwas Besonderes oder Seltenes sein.

Wenn sie auch am liebsten zu Hause tafeln, bei sich, in ihrem geliebten Périgord – da weiß man, was man hat – sind unsere Gäste dennoch begeistert, wenn auf Cazalou wieder etwas Norddeutsches auf den Tisch kommen soll. Inzwischen reifte all dies schon zu einer kleinen Tradition heran, die zu jedem Jahreswechsel in der Winterszeit mit immer mehr Gästen wiederholt wird. Wir müssen wohl bald anbauen.

Aussteigen?

Pèrigordiner Tage

Kaum zurückgekehrt und akklimatisiert, möchten wir jedesmal für immer bleiben. Zweifel aber sind angebracht, ob wir, die wir am Rande einer Großstadt leben, uns auch wirklich für das Dasein auf dem Lande eignen. Daheim haben wir beides: die manchmal vorteilhafte Anonymität der Großstadt, gepaart mit der persönlichen Zugänglichkeit einer überschaubaren Randgemeinde der kurzen Wege, wo man sich kennt. Auf dem Lande hingegen herrscht – ob man nun will oder nicht – eine für eingefleischte Städter gewöhnungsbedürftige, bisweilen einschnürende kleine Welt, eine gewisse Enge und immer wieder viel Klatsch in den verpflichtenden Nachbarschaften. Kein Abseits mehr? Aber auch die bis zur Türschwelle reichende Natur, zugängliche Menschen, voller Hilfsbereitschaft, Verständnis und Gelassenheit, fernab des bisherigen Trubels. Ein anderes Zeitgefühl. Zu geruhsam? Aktivitäten entfalten wir doch selbst! Werden wir uns die naturbedingten Abläufe zu eigen machen können? Gedanken über Gedanken, die in viele Fragen münden, aber genaugenommen keine echten Zweifel. Eigentlich nur Verzagtheit vor dem Ungewissen.

Die dörfliche Gemeinschaft ist überschaubar, steht zueinander, aber sie schaut sich auch gegenseitig in die Töpfe. Individualität ist zwar Trumpf, aber nur wenig ist zu verbergen, gar zu verheimlichen. Jeder bekommt alles mit. Auch das, was eigentlich unter der Decke bleiben sollte. Da aber jeder jeden kennt und man sich gegenseitig kaum etwas vormachen kann, bedingt diese Offenheit auch Hinwendung, Verständnis für den anderen. Vieles läßt man ihm durchgehen, entschuldigt seine Marotten, wenn sie nicht gar zu lästig werden. Zumindest hat man eine beachtlich hohe Toleranzschwelle. Zwar kritisiert man, klascht über viele, aber wenn es darauf ankommt, wenn einer von außerhalb denjenigen angreift, steht man treu an seiner Seite. Ähnlich wie bei Geschwistern, die sofort ihre Zwistigkeiten untereinander begraben, wenn es einer wagt, sich einzumischen oder gar Partei zu ergreifen. Dann steht man plötzlich fest wie ein Bollwerk und füreinander ein.

Dabei rührt uns auch Amüsantes bis Tragikomisches. Denn als wir eines Tages in das von uns so sehr geschätzte Restaurant *»Le Cyrano«* einkehren wollten, hing mitten in der Hauptsaison hinter der gekalkten Glastür das abweisende Schild: *Fermeture annuelle* – Jahresferien. Verwirrt, weil uns der gesunde Erwerbssinn des Besitzers immer beeindruckt hatte, fragten wir unsere Freunde, was denn dort vorgefallen sei. »Ach ja, jammerschade. Das ist wegen der dummen Soutane.« Auch das machte keinen Sinn und wir hinterfragten Näheres. »Na ja, ihr wißt doch, daß die *patronne* ein Techtelmechtel mit dem Pfarrer des Nachbarkirchspiels hat.« Nun wurden wir erst richtig neugierig. »Ja, das ist allen seit langem bekannt. Jeder amüsiert sich darüber, aber keiner hat doch wirklich etwas dagegen, schon gar nicht ihr Ehemann. Nur diese vertrocknete Jungfer. Ihr wißt schon, wen wir meinen. Wir wissen, daß *Monsieur* dieses kuriose Verhältnis duldete. Gar nicht einmal zähneknirschend, denn er hat das doch auch weidlich für sich ausgenutzt. Der Lebemann konnte so seine nicht zu knappen amourösen Eskapaden am Rande dieser nur noch auf dem Papier existierenden Ehe ausleben. Mit Wonne, wie wir alle wissen.

Und dabei hatte er noch den Segen der Kirche, wie überall immer wieder begrinst wurde. Wo ist also bitte der Grund zum plötzlichen Bruch? Mal im Ernst, dürfen die sich gegenseitig moralische Verfehlungen vorwerfen? Beide haben sich doch arrangiert und dabei geschäftlich beispielhaft ergänzt. Danach ging jeder seiner Wege.« »Ja, richtig. Und das verlief auch so lange gut und in für die Öffenlichkeit kaum getarnten Bahnen, wie zumindest nach außen hin die Form gewahrt wurde. Nur, dann mußte sie übertreiben und des Pfarrers Soutane auf *Monsieurs* Leine im Park beim Restaurant trocknen. Und, das muß ein jeder einsehen, so was geht doch nun wirklich zu weit – es macht ihn zum Gespött der Leute. Alles ist nun in die Brüche gegangen, bloß weil sie sich nicht an die Spielregeln halten konnte. Traurig, das gutgehende Restaurant steht jetzt zum Verkauf.« Ja, die Fassade ist im Frankreich der Bourgoisie nun einmal unverzichtbar. Nur in Frankreich?

Wer die Nähe netter Menschen, eine herrliche Gegend, die volle Natur, ein warmes, zuträgliches Klima und Gaumengenüsse sucht, und wer tut das nicht, der wird auch im Périgord zu Hause sein können. Richtig wohl aber wird er sich nur fühlen, wenn er ein wenig des Französischen mächtig ist, die Landessitten respektiert, sich den Gepflogenheiten und Gebräuchen anpaßt und nicht zu sehr gegen den Strom schwimmt. Natürlich nicht bis zur Selbstaufgabe und schon gar nicht, indem man seine Herkunft verleugnet, aber doch so weit, daß sich das gastgebende Land glücklich schätzt, einen Freund oder vielleicht sogar einen Neubürger hinzugewonnen zu haben. Wenn man sich dann noch, bewußt oder unbewußt, eigentlich immer ein derartiges Leben gewünscht hat und Mut zum Sprung – sagen wir milde – ins lauwarme Wasser besitzt, gibt es uberhaupt keine Bedenken gegen eine Umorientierung. Das aber ist, einmal abgesehen von den damit verbundenen Finanzen, für die meisten doch ein recht schwieriges Unterfangen, bis hin zu einem Wagnis mit stets offenem Ausgang. Mit anderen Worten, der Unterschied zu unserem üblichen Tagestrott ist elementar und bedarf schon bei den ersten Überlegungen, soweit der Entschluß noch nicht völlig herangereift ist, unweigerlich innerer Anpassung, bis hin zu einer sich in mancher Hinsicht wandelnden Einstellung.

Das dann auf einen zukommende, neue Leben verläuft in völlig anderen Bahnen und Rhythmen, denn es heißt bekennend: Leben auf dem Lande. Und das ist gewiß weitaus mehr, als ein nur kurzweiliger Urlaub. Auch ist man auf dem Lande in seiner Grundhaltung eher konservativ. Die Naturnähe bedeutet zugleich aber auch das Schwinden der Erleichterungen einer gelegentlich doch wünschenswerten Großstadt. Für etliche Erledigungen oder Anschaffungen muß man sich fortan aufraffen und in die nächste Stadt pilgern, wobei noch längst nicht gewährleistet ist, daß man dort auch das Gesuchte findet. Aber man wird dabei erstaunt feststellen, auf wieviel man mit einem Mal ohne jegliches Bedauern oder gar Wehklagen verzichten kann.

Den Ablauf allen Geschehens trennen Welten von den ganz anderen Zwängen und Einflußnahmen, denen gelernte Städter unterworfen sind. Hier auf dem Land wird der Ablauf – ob man will oder nicht – nun weitestgehend von der Natur beeinflußt, die somit mehr und mehr an die Stelle zwingender Termine tritt. Zwänge und Vorgaben werden aber nicht endgültig aufhören, wie so manch einer erträumt. Sie werden nur umgeschichtet, bekommen andere Wertigkeiten, bis hin zum lässigen Negieren. Ein Kaleidoskop ungeahnter Einflußnahmen und Anforderungen kommt – meist schön gemächlich – auf einen zu. Die meisten werden mit freudiger, auch neugieriger Zustimmung gern aufgenommen. Man wollte ja die Veränderung, und nun hat man sie. Dazu will man stehen. Wenn man jedoch meint, man muß, dann ist das schon ein Warnsignal, das nicht übersehen werden sollte.

Schon künftig weitestgehend auf den Wecker – welch Teufelsinstrument – verzichten zu dürfen ist doch ein unbändiges Vergnügen. Der Sonnenaufgang wird zum wahren, zum erlebten Tagesbeginn. Immer wieder. Auch dann noch, wenn man ihn verschläft oder geruhsam vertrödelt. Trotzdem markiert unausweichlich er den naturgegebenen Start in den kommenden Tag. Das hat er indirekt früher ja auch getan, bloß die meisten von uns Stadtmenschen nehmen das kaum oder nur am Rande oder überhaupt nicht wahr.

Im Tagesablauf der Stadt sind es Termin- und Produktionskalender, Arbeitsbeginn und Fahrzeiten, die uns lenken, gewissermaßen ohne Unterlaß bevormunden, bis hin zum allseits so sehr und berechtigterweise beklagten, selbstzerstörerischen Streß. Allein in der zischenden Phonetik dieses Wortes schrillt ja schon seine inhaltliche Gefahr schneidend wieder: drei einfache und ein Doppelkonsonant und nur ein einziger, mickriger Vokal – kurz, messerscharf und akzentuiert mit klirrender Kürze ausgesprochen. Ich vermute, dieses zermürbende Idiom in seinem heutigen, allumfassenden Herrschaftsanspruch gab es vor unserer hektischen Moderne noch gar nicht. Wer hat dieses drangsalierende Wort bloß erfunden!?

Wenn sich dann der Tag dem Ende zuneigt und die Sonne sinkt, was in der Stadt ebenfalls weniger wahrgenommen wird, außer daß plötzlich Straßenbeleuchtung und Leuchtreklame angeht und die Autofahrer die Scheinwerfer einschalten müssen, werden Abend und sinkende Sonne mehr und mehr zum Endpunkt aller Abläufe. Etwas Natürliches in uns verkündet, daß das Tagwerk nun beendet ist. Auf dem Lande wird das entsprechend deutlicher empfunden. Auch ohne Uhr. Ländlich ausgedrückt: man spannt ab. In Frankreich ist dann die Stunde des Aperitifs angebrochen. Hierzu trifft man sich im nahegelegenen Café, im Bistro am *zinc*, am Tresen, oder setzt sich im Kreise der nach und nach eintrudelnden Tischgenossen zusammen, tauscht Neuigkeiten aus und plaudert ein wenig über das, was war und was man noch vor sich hat. Belangloses ist Trumpf. Vor allem werden ausgiebig die anstehenden Abendessen besprochen, denn in der Heimat der Kochkunst speist man auch abends warm und freut sich auf mehrere Gänge. Das Diner zum Tagesausklang nimmt den wichtigsten Platz ein, auch wenn viele heutzutage dabei – genau wie anderswo auch – in die unvermeidliche Glotze starren. Oftmals läuft sie als häßliche Geräuschkulisse nur mit, und keiner beachtet sie weiter.

Die Natur begibt sich nun so allmählich zur Ruhe. Doch das Dunkel erwacht jetzt zu neuem Leben. Intensiv und fremd. Die meist unsichtbaren Nachtaktiven übernehmen das Ruder, immer etwas unheimlich für uns Menschen, die wir in erster Linie auf unsere Augenlicht fixiert sind. Und das Licht ist weg. Plötzlich müssen wir uns hauptsächlich auf unser Gehör verlassen – und viele Laute erscheinen uns fremd, lassen uns bisweilen sogar schaudern. In den ruhelosen Ballungszentren wird es zwar auch ruhiger, aber Tag- und Nachtgeräusche unterscheiden sich weniger kraß. Die nächste Schicht tritt an. Nachtdienst auf dem Lande aber ist weitgehend unbekannt. Ob in Stadt oder Land, außer einigen Paradiesvögeln arbeitet kaum ein Mensch nachts mit Begeisterung und ist nur mit entsprechenden Vergünstigungen zu ködern, das hochkomplizierte, nie ruhen könnende Räderwerk am Laufen zu halten. Die Schöpfung hat uns offensichtlich für den hellichten Tag konstruiert, was beileibe keine Hetzrede gegen die vielen, unwiderstehlichen Reize der Nacht sein soll; ist sie doch wohl mehr dem Vergnügen geweiht.

Alle diese Zwänge haben wir uns zwar weitestgehend selbst auferlegt, würden ihnen aber gerne entfliehen. Lieber heute als morgen – und können es nicht. Schließlich sind wir alle, jeder an seinem Platz, ein mehr oder weniger wichtiges Rädchen im Getriebe der Arbeitswelt zur Schaffung eines die Statistiker faszinierenden, möglichst ständig steigenden Bruttosozialprodukts. Kaum jemand begreift das zwar so recht, bewundert aber gerne die soundsoviel Prozent Zuwachs. Und steigt es einmal nicht so oder ist sogar rückläufig, hebt ein großes Geschrei an, und jeder im Staate – ob Befugter oder kümmerlicher Laie – bemängelt die zahlreichen Fehler und Dummheiten der Verantwortlichen, nur nicht bei sich selbst – eben typisch Mensch. Keiner darf ausfallen, denn sonst könnte dieser Wirtschaftskosmos schiefliegen oder sogar ins Trudeln geraten. Bloß das nicht, meinen wir uns auferlegen zu müssen. Wohl erst seitdem es entsprechende Statistiken gibt, verstärkt sich die Zukunftsangst.

Doch im Urlaub oder an den kurzen Wochenenden haben wir die Möglichkeit, das Rad einmal anzuhalten und all diesen Vorgaben Einhalt zu gebieten. Viele tun aber auch das nicht, haben die Weisheit vergessen, am siebten Tage zu ruhen, und beklagen lieber fast genießerisch die tägliche Hatz. Bedeutsam blättern sie vor aller Augen immer wieder ihren weitvorausplanenden Terminkalender auf, um aller Welt vor Augen zu führen, wie gefragt und überaus wichtig sie sind – nein, sie sich nehmen! Die Hektik ist zu unserem Lebensstil, ja Lebensinhalt, aber auch zum Damoklesschwert für unser Gleichgewicht geworden. Wir haben all diese Vorgaben so verinnerlicht, daß wir eben nicht mehr aus unserer Haut können, obwohl es andererseits doch oft genug zum Aus-der-Haut-Fahren ist.

Spätestens wenn wir das aber ernsthaft wollen, schmieden wir Pläne und trösten uns damit, daß es im Urlaub ganz anders werden wird. Doch schon im nächsten Moment brüten wir über den Prospekten des Urlaubsziels, um den Anfahrtsweg zeitlich knapp zu erfassen, die Programme noch flutschender einzuteilen, und hecken aus, wie wir die Sehenswürdigkeiten am besten in unseren Terminplan vor Ort einbetten können. Möglichst viel in möglichst geraffter Zeit, denn auch die Urlaubszeit ist kostbar, und die Urlaubskasse will äußerst nutzbringend angelegt sein. Also wieder kein Sichtreibenlassen oder wenn, dann nur entsprechend geregelt und streng geplant.

Erkenntnisse auf dem neuen, immer kräftiger ausgreifenden Wissenschaftsfeld der Freizeit – Äonen von Forschern beschäftigen sich ja inzwischen ausschließlich mit diesem Thema – aber haben uns auch bewiesen, daß ein vortrefflich organisierter, bis ins Detail durchgeplanter Urlaubsablauf durchaus auch rekonstruktiv für Geist, Körper und Seele ist. Ich frage mich allerdings immer wieder, was in unseren Industriegesellschaften wohl falsch gelaufen oder gepolt ist, wenn ihre Eierköpfe unseren Erholungs- und Entspannungsbereich nun auch noch erforschen und beeinflussen müssen. Bis hin zu Animation und alles bestimmenden Empfehlungen, wie man sich auch im Urlaub am besten zu verhalten habe, um beschäftigt zu bleiben, keinen Schaden dabei zu nehmen und dann möglichst fit zurückzukehren, damit wir im Anschluß wieder ausgeglichene Leistung erbringen. Zum Beispiel für die Freizeitindustrie! Welch eine widersprüchliche Wortschöpfung und Richtung!

Ein eigentlich trauriges Zeichen, wenn man offensichtlich zu der Erkenntnis gelangt ist, die Menschen können – sich selbst überlassen – nichts mehr mit sich anfangen. Und das, wo ihnen doch jetzt ungeahnte Möglichkeiten in allen Richtungen offenstehen. Noch nie in unseren modernen Gesellschaften, auf die wir so stolz sind, hatten wir so viel Zeit für uns selbst, für unsere Kinder, für unsere Familie, für unsere privaten Neigungen und Leidenschaften und nutzen sie, nach vorliegenden Erkenntnissen, offensichtlich jedoch weitestgehend falsch. Und wenn man dann auch noch erfährt, daß sich Familienstreitereien besonders in der Freizeit hochschaukeln und die meisten Ehescheidungen nach Wochenenden und nach Urlauben eingereicht werden, muß doch etwas schieflaufen, zumindest arg verquer sein am System, seinen Inhalten und besonders seinen Auswirkungen. Fallen wir aus der »wohlbehüteten« Arbeitswelt in ein tiefes Freizeitloch, aus dem wir nur mühsam wieder herauskrabbeln können oder vielleicht auch gar nicht? Und wenn, dann nur mit hochwissenschaftlicher Assistenz, wie man uns glauben machen will. Wir brauchen sie wohl doch, diese Freizeitforscher, die uns unbeholfene bis kopflose Freizeiter an die Hand nehmen müssen, um uns den richtigen Weg zu weisen.

Offen und ehrlich bewundern und beneiden wir die Gelassenheit der Südländer, möchten gern auch so leben. Lippenbekenntnisse, denn kaum jemand ist bereit, dafür den in Fleisch und Blut übergegangenen Lebensstil – besonders als von Ungeduld geprägter Deutscher – mit den fortwährend selbst auferlegten Terminzwängen radikal auszuheben. Es geht wohl auch nicht mehr, ist wie eine Zwangsjacke, fast eine zweite, angegossene Haut, aus der wir erst recht nicht schlupfen können. Und nur ein bißchen schwanger, nein, das ist unmöglich.

Wie oft schon haben sich meine Périgordiner diese Klagen bereits anhören müssen und verständnislos bis unwirsch darauf reagiert. Sie wollen einen so dummen Lebensstil nicht kommentieren. Und da sie sich auch nicht so wichtig nehmen wie eingebildete oder echte Entscheidungsträger, haben sie nur einen Ratschlag zu erteilen: *»Viens t'installer chez nous, cher ami!«*[*] Wir leben doch nicht schlecht, oder findest du es bei uns zu langweilig? Einverstanden, für unsere jungen Leute ist hier zu wenig Abwechslung. Aber brauchst du das denn noch? Und wenn dir wirklich einmal alles zu eng wird, wenn dir die Geruhsamkeit auf die Nerven geht, fahr doch für ein paar Tage nach Paris und hetz zum Spaß mit denen rum, wenn's unbedingt sein muß. Scheint dir ja irgendwie zu gefallen. Du wirst schon bald wieder reumütig zu uns zurückfinden.« Wenn das alles so einfach wäre! Doch es gibt Wagemutige. Einen solchen Nachbarn sollten wir bald bekommen.

Mehrfach hatte man es uns schon zugetragen – auf dem Lande machen Neuigkeiten schnell die Runde, und diese wäre doch nun ganz bestimmt wichtig für uns: Die alte Witwe Bonnieux sei ins Seniorenstift gezogen und habe ihr Anwesen einem Makler mit Verbindungen nach Deutschland übergeben. Und dafür interessiere sich nun ein deutsches Ehepaar, die sich wohl oben auf dem Hügel ansiedeln wollen. Man wußte auch schon, daß sie aus Süddeutschland stammen. Der Besitz der Madame Bonnieux, einer sehr umgänglichen und fröhlichen Frau, grenzt teilweise an unseren. Vor einigen Jahren noch hatten wir sogar zwei Parzellen mit ihr getauscht. Und den Rest mit einer schönen Walnußplantage würden nun Deutsche erstehen. Also bekämen wir einen neuen, direkten Nachbarn. Immerhin ver-

---

[*] *»Komm, lieber Freund, laß dich bei uns nieder!«*

wunderlich, denn unsere Landsleute finden sich selten im Périgord. Sie zieht es mehr in die Mittelmeerregionen und an die Atlantikküste. Doch diese machten es wahr. Kurzentschlossen griffen sie zu, stiegen zu Hause im Schwabenländle aus und genießen nun jeden Tag ihre schöne Aussicht, das weiche Klima und die Freiheit, jetzt endlich mal das tun und lassen zu können, was ihnen beliebt.

Als nun zurückgezogen lebender, vormals selbstständiger Gemüsegärtner verfügt dieser Neupérigordiner über einen unschätzbaren Vorteil. Er kennt die Natur und das Landleben und kann sich mühelos in den neuen Lebenskreis einbringen. Von Anfang an hat er daher auch direkten Zugang zu Denkweise und Empfindungen der Einheimischen gefunden, die natürlich hocherfreut waren, mal keinen Städter anlernen zu müssen. Mut aber haben die beiden Schwaben in der Verständigung bewiesen, denn als sie im Périgord einzogen, endeten ihre mageren Französischkenntnisse schon bei *bonjour* und *merci*. Aber das hat sich gegeben, wenn auch beider Aussprache immer noch herrlich schwäbisch gefärbt ist und wohl auch bleiben wird. Hier rümpft niemand die Nase darüber. Im Gegenteil, den Périgordinern bereiten diese Klänge offensichtlich sogar Spaß. Nun bauen beide ihr Gemüse nur noch für den Eigenbedarf an und gehen so richtig auf in der neuen Heimat. Der Hausherr hat inzwischen einen ansehnlichen Weinberg angepflanzt. Sein ganzer Stolz, den er mit Hingabe pflegt und der den Dörflern immer wieder Bewunderung abverlangt. Auch wir sind mit Stolz dabei, denn alles wird von Akazienstecken aus den Wäldern von Cazalou zusammengehalten. Akazie eignet sich dafür mit am besten, denn sie ist witterungsbeständig, zäh und verrottet kaum. Nur mit dem Ertrag hat es bisher noch nicht so richtig geklappt. Hochsensibel, wie so ein Weinberg nun einmal ist, schlagen entweder

die Frühjahrsfröste erbarmungslos zu, oder – da der Frei-
zeitwinzer die Chemiekeule nur in der allergrößten Not aus
dem Giftschrank holt – Pilzbefall verdirbt die Reben, und
bösartige Insekten, Milben und anderes Ungeziefer greift in
Heerscharen an. Gegen die Rehe, die die zarten Triebe über
alles schätzen, wurde ein mannshoher Abwehrzaun errichtet. Doch trotz Mißernten bleibt immer noch genug zur
Lese. Immerhin doch so lohnend, daß er mit diesen hand-
gepflegten Trauben einen köstlichen, absolut naturbelasse-
nen Wein keltern kann und die Flaschen mehr als übers Jahr
hinreichen. Ein wunderbarer, immer wieder genossener
Nachbarschaftstrunk.

Abends auf ihrem Westhang sitzend und in die untergehen-
de Sonne hineinsinnierend, drehen sich unsere Gespräche
endlos immer um das gleiche Thema, es den beiden gleich-
zutun: Sollen wir auch oder sollen wir nicht. Vielleicht das
nächste Mal. Doch wenn man wirklich will und nicht nur
meint, sehnsüchtig zu wollen, soll man sich diese Frage gar
nicht erst stellen.

Hier leben aber auch Menschen, die die Erkenntnis der
Gemächlichkeit schon in jungen Jahren begriffen und verinnerlicht haben. Oftmals freischaffende Künstler oder
auch nur Lebenskünstler, die es eher beherrschen, sich
diesen zweiten, beschaulicheren, bisweilen aber auch zähe-
ren und von so manchem Verzicht begleiteten Lebensweg
zu wählen. Mein Périgordiner Freund Jules ist so ein immer
wieder bewundertes Genie. Einer, der sorglos in den Tag
hineinlebt, auf das Räderwerk pfeift und sich damit ständig
die Schmähungen der Spießer einhandelt. Er ist ein allseits
bekannter Müßiggänger, verplaudert und vertrödelt –
wenn es ihm gefällt – Stunden, Tage und Wochen. Zuweilen
sieht man ihn auch nur so dasitzen und mit gebremstem bis
herablassendem Interesse auf die Eifrigen ringsum schau-

en. Und das im geruhsamen Périgord. Angesprochen auf seine Arbeitsauffassung, zuckt er nur vielsagend mit den Schultern und philosophiert über Hetze, Nervosität und andere Beklemmungen, die ihm – nach seiner Aussage – fremd seien. Seine Devise lautet, und jetzt übertreibt er, wenn man sein umfangreiches Werk kennt: Müßiggang hat Gold im Munde. Er zieht es vor, jeden Tag immer wieder neu auf sich zukommen zu lassen. Gestalten will er ihn nur sehr zurückhaltend. Und wenn es sich irgendwie machen läßt – lieber ganz ohne Planung. Trotzdem macht er dann auch etwas daraus, was er aber nicht so gerne hört. Er ist ein gottbegnadeter Maler und malt für die Touristen, für die Einheimischen, für sich und – ganz wichtig – besonders für sein Töchterchen. Aber nur, wenn er Lust hat. Claire, seine energische Frau hat es längst aufgegeben, ihn zu einem bürgerlicheren Leben zu bewegen. Er möchte, so seine Worte, lieber so verderbt bleiben, so wie bisher, liebt dieses Leben über alles, freut sich, wenn man ihn Tagedieb schimpft, und lächelt fast glücklich, wenn die Bourgeoisie mißbilligend über diesen zahmen Bürgerschreck den Kopf schüttelt angesichts seiner Boheme. Seine im weichen Licht dieser Landschaft gehaltenen Ölbilder und Aquarelle werden überwiegend mit guten Kritiken bedacht, teilweise sogar über den grünen Klee gelobt. Viele Galeristen haben schon versucht, ihn zu Ausstellungen zu bewegen, aber dann müßte er ja anderen Folge leisten, und nichts wäre für ihn abscheulicher als ein solcher Zwang. Und Bilder zu verkaufen, beherrsche er sowieso selbst viel besser – wie wir bald sehen werden.

Immerhin ist er noch so bürgerlich, daß er wohlmeinende Freunde um Toleranz ihm gegenüber bittet. Denn lädt man ihn zum Essen zu sich nach Hause ein, betont er immer, daß er gerne versuchen wolle, um acht Uhr auch zu erscheinen –

versprechen allerdings könne er nichts. Und begründen warum, empfände er als Zumutung. Er hat auch nichts dagegen einzuwenden, wenn ihm Claire zum pünktlichen Erscheinen das Auto entführt und er dann bisweilen mit einen ansehnlich Fußmarsch hinterherzotteln muß. Dabei stört ihn auch überhaupt nicht, wenn die anderen Gäste – wir sind in Frankreich! – schon beim Hauptgang angelangt sind. Bei seinen weitgestreuten Talenten nimmt er dann schon mal die Gitarre zur Hand und stimmt etwas Tischmusik an. Bisher war Jules übrigens immer pünktlich – wenn man ihm bis zu 45 Minuten und auch mehr an akademischem Viertel einräumt.

Seine Gemälde malt er nur dann, wenn ihn die Muse küßt – wie er es nennt. Doch diese launische Dame hält sich auch schon mal Monate zurück. Küßt ihn seine Muse, so geschieht das meist kurz nach Sonnenaufgang, denn nur dann – das ist seine feste Überzeugung – sind seine Inspiration, seine Kunst und seine Person wirklich eins und er ganz allein mit sich und dem aus ihm strömenden Kunstschaffen. Es ist das neugeborene Licht des klaren, duftenden Morgens, das seine Phantasie beflügelt und seine Gestalten und Sujets so anziehend macht. Sie erscheinen absonderlich verträumt, aber dennoch nicht fremd und sehr lebensnah. Bisweilen fast wie von nebenan. So erzielen seine Werke recht ansehnliche Preise und erlauben der Familie ein zufriedenes Leben.

Besonders an Markttagen sitzt er oft mit seinem besten Freund, dem jungen Kunsthandwerker James, zusammen, einem Inselemigranten, der irgendwann im Périgord hängengeblieben ist, und zuweilen verträumt mit typisch britischem Humor von sich sagt: »Einst, so meine ich mich zu erinnern, war ich doch mal Engländer, oder?« James hat eine lukrative kleine Marktlücke für sich ausgespäht. Er kopiert die steinzeitlichen Höhlenmalereien geschickt auf Scherben von Soelnhofener Platten und erzielt so auf natürlichem Untergrund eine Miniaturwirkung dieser uralten Kunst. Bei den Touristen findet seine ansprechende Fließbandmalerei als begehrtes Souvenir mit einmaligem Lokalkolorit reißenden Absatz. Neuerdings kombiniert er unverfroren Steinzeit und Moderne und montiert eine Uhr mit dazu. Angesprochen auf die Frage des Geschmacks, lächelt er nachsichtig und belehrt: »Wenn die Leute schon nur im Eiltempo wahrnehmen, welch großartige Kunst uns aus der Steinzeit überliefert ist – und auch weil doch heute alles immer so unbedingt praktisch sein muß –, sollen sie wenigstens beim Zeitablesen den Blick über diese Bilder schweifen lassen und sie unbewußt in sich aufnehmen. Und leider ist es doch so: Zeit wird heute mehr beachtet als Kunst! Meine Kombination ist also originell, macht Sinn und schlägt zwei Fliegen mit einer Klappe.«

Ein Dritter gesellt sich hinzu, der ebenfalls etwas typisch Périgordinisches produziert und viel Kraft dabei einsetzen muß für eine Arbeit, die in der heutigen Zeit eigentlich gar keinen Platz mehr hat, aber als historisches Anschaungsmaterial hochbegehrt ist, zumal das Ansichnehmen von Originalen bei hoher Strafe verboten ist. Yves ist Feuersteinschläger und beherrscht ein selbst angelerntes, seltenes Handwerk, das über zig Jahrtausende verschollen war. So dient er nicht nur den Souvenirjägern und bewahrt die Originalfundplätze mit vor Plünderung, sondern hilft auch den Ausgräbern bei ihrem neuen Wissenschaftszweig, der angewandten Archäologie. Mit beachtlichem Geschick bearbeitet er nur bergfrischen Feuerstein, wohl genau so, wie in Urzeiten einst der Steinzeitmensch unter seinem Abri oder vor dem Höhleneingang saß und den rauhen Stein zum Gebrauchsgegenstand umformte. Sein Ausgangsmate-

rial holt Yves tief aus der Erde, aus einer von ihm geheimge-
haltenen Mine in der Gegend von Bergerac. Bald besser
noch als die Paläonthologen kennt er sich aus in den urzeit-
lichen Handwerksabläufen und spaltet den Flint nach seinen jahrelangen Erfahrungen mit den Techniken der verschiedenen Steinzeitperioden. Treu innerhalb der jeweiligen Epoche verbleibend, denn nie würde er sie vermischen
und damit verfälschen, gar neue Ideen oder Kreationen
schaffen. Seine Arbeit soll in erster Linie der Wissenschaft
dienen, ihr Erkenntnisse vermitteln. Dafür muß der Verkauf
an die Touristen den Mann ernähren. Bewundernd kann
man ihm bei der Arbeit in seinem an der Straße gelegenen
Atelier zuschauen, wie er in den zwei Grundtechniken zum
einen aus den Knollen das Steinwerkzeug herausarbeitet,
zum anderen vom Kern saubere Abschläge trennt und diese
dann, fast zisilierend, in dünne, rasiermesserscharfe Klingen verwandelt. Man muß staunen, wie rasch unter seinen
kunstfertigen Händen so ein klassisches Steinwerkzeug Gestalt annimmt. Vom Original nur durch seinen Neuzustand
zu unterscheiden. Angeboten wird das Geschaffene immer
als zeitgenössische Nachbildung.

Sein Handwerk mit einigem Stolz beherrschend und aus-
übend, glaubt Yves sogar herausgefunden zu haben, daß
sich bei bestimmten Techniken nur das Holz des Buchs-
baums als Schlägel eignet. Dann wieder ein Gneiskiesel aus
dem Fluß oder eine abgeworfene Geweihstange. Oft auch
führt er recht kontroverse Diskussionen mit seinen welt-
fremden Studiosi, wie er sie gern etwas bemitleidend zu
nennen pflegt. Die Herren Wissenschaftler hören aber
durchaus aufmerksam auf seine langjährigen Erfahrungen,
seine subtilen Erkenntnisse aus der täglichen Praxis und
nehmen seinen Rat ernst. Wenn er sie von einem bestimmten, neu gewonnenen Know-how überzeugen kann, ist das

die Anerkennung seiner Arbeit und für ihn der größte Lohn.

Gerade gefertigt, erkennt man recht gut, daß der soeben perfekt hergestellte Faustkeil aus der fernen *Moustérien*-Zeit des Neandertalers, die zerbrechlich anmutenden Lorbeerblattspitzen des *Solutréen*, die winzige, widerhakenbesetzte Pfeilspitze des *Azilien*, die aus Hirschgeweih modelierte Speerschleuder des *Magdalenien* oder das holzgeschäftete, glattpolierte Steinbeil der Jungsteinzeit neu sind. Spätestens jetzt begreift man aber auch, daß diese Menschen aus grauer Vorzeit, ja auch der allgemein und fälschlich als so primitiv angesehene Neandertaler, bereits von einem sehr komplexen Denken gelenkt wurden. Es ist nun durch Zuschauen für uns Heutige erfahrbar, daß dieses komplizierte, einzig mit großer Erfahrung auszuübende Handwerk nur mit einer festen Vorstellung von dem zu erzielenden Produkt zu verwirklichen ist. Dabei gewonnene Erfahrungen müssen an die nächste Generation weitergegeben worden sein. Das wiederum bedingt Sprache. Sicher verkennen wir die Intelligenz des gedrungen gebauten Neandertalers, mit seiner fliehenden Stirn, von dem mal ein Wissenschaftler, ihn uns näherbringen wollend und scherzend gesagt hat: »Wenn ich ihn in Hemd und Hose stecke, ihm eine Krawatte umbinde und in Paris Metro fahren ließe, wüde ihn niemand als Fremdling ausmachen.«

Unsere drei sind nicht nur Lebenskünstler, sondern darüber hinaus tüchtige Verkäufer. Denn auch der Künstler Jules weiß sehr genau, wie er den besten Preis für seine Bilder herausholt. Er ist ein harter Brocken, wenn man mit ihm feilscht, handelt mit Inbrunst und behauptet sogar, es sei ebenfalls eine Kunst, dem anderen, je nach Interessenlage, den Preis zu zahlen oder von ihm zu erhalten, der beiden Feilschenden gerecht wird. Dabei sollen beide mit dem Gefühl auseinandergehen, nicht voll zum Zuge gekommen zu sein. Nur dann war es ein ausgeglichener Handel, ein gerechtes Geschäft. In diesem Sinne läßt Jules sich so gar nicht in die Schablone pressen, die wir uns von abgehobenen Künstlern fertigen, die ja nach landläufiger Meinung überwiegend in einem Wolkenkuckucksheim wohnen. Ein Mensch mit seinen Talenten und Begabungen ist schon zu beneiden – insgeheim oder offen –, zumal wenn er auch noch die Vermarktung seiner Kunst aus den Effeff beherrscht. Bei vielen Einheimischen habe ich schon seine Bilder hängen sehen. Und einem Landmann Geld für ein Bild aus der Tasche zu locken, bedarf schon einer respektablen Überzeugungskunst. Allerdings sind diese Landleute hier zugänglicher und weitaus empfänglicher für Kunst, als man es gemeinhin außerhalb der Städte gewohnt ist.

Und mir bietet Jules stets die ganz besondere Gelegenheit – eigentlich hatte er ja den Präsidenten der Republik, zumindest aber irgendeinen anderen, kaum geringeren Superprominenten im Auge gehabt, aber die haben sich, weil sie den Einflüsterungen irgend so eines unverständigen bis unverschämten Beraters und Kunstbanausen folgten, anders entschieden –, daß ich, und nur ich, jetzt diese einmalige Gelegenheit nutzen darf, zu einem unglaublich niedrigen Kurs dieses einmalige Kunstwerk erstehen zu dürfen. Wenn ich dann mehr und mehr abweisend in meine Zeitung schaue, werde ich allerdings immer weniger bedrängt. Noch geschickter ist es, wenn es gelingt, sein Verkaufstalent auf ein anderes, möglichst noch untrainiertes Opfer zu lenken. Die dann auf Jules zutreffende Bezeichnung wäre auf deutsch »Nervensäge«, das französische Pendant lautet *cassepied*.

Sein kaufmännisches Verständnis schlägt durchaus makabre Kapriolen und geht so weit, daß er ein stolzes Lager von Bildern angelegt hat – für später. Denn – so betont er immer wieder mit einem wissenden und auch etwas durchsichtigem Grinsen: »Posthum werde ich so richtig reich! Ihr müßt jetzt kaufen, jetzt bin ich noch preiswert zu haben: Wenn ihr später weiterverkauft, könnt ihr mit meinem Tod regelrecht schachern und Kohle machen. Dann aber, wenn ihr die Früchte meines Schaffens eingestrichen habt, denkt auch an mich. Für den zehnten Teil eures Reibachs kauft ihr einige von den besten Flaschen *Paulliac* – ihr wißt, mein Lieblingswein – und schickt ihn schnurstracks zu mir in den Himmel. Aber bitte feilscht dabei nicht so ausgekocht, wie dieser Deutsch-Périgordiner, der ja wohl im Basar groß geworden ist. Sollte der Versand problematisch werden, weil die *PTT* – was nach meiner Meinung *petit travail tranquille*[*] bedeutet – noch immer keinen direkten Draht nach oben haben, obwohl sie sich doch ständig so gottgleich verhält, dürft ihr meinen *Paulliac* auch auf Erden, aber nur für mich und mein Angedenken, bei einigen schönen Trinkliedern leeren. Dabei vergeßt bitte nicht meinen Lieblingstrinkspruch« – und jetzt dreht er sein Weinglas im Licht und wendet sich mit genießerischem Blick dem rubinroten Tropfen zu:

»Toi, qui tu as souffert de la grêle et du vent,
viens te reposer là-dedans!«[**]

Einige Entschlossene also riskieren es und steigen um, nicht aus, wählen einen anderen Lebensweg als den bisherigen. Sie können – so wie unser Nachbar – ihr Glück finden, wenn auch diese grundlegende Änderung des Lebensstils, der Lebensumstände und der Ansprüche erst einmal gelernt sein will. Manche haben es trotz wirklichen und eifri-

---

[*] *kleine geruhsame Arbeit*
[**] (etwa:) *»Du, der du gelitten hast unter Hagel und Winden,*
komm herein und erhol' dich hier drinnen!«

gen Bemühens nicht ausgehalten und sind reumütig in ihre alte Welt zurückgekehrt. Andere finden ihr wahres Ziel. Zum Beispiel dann, wenn sie unverhofft und recht fassungslos entdecken, daß eine bislang verschüttete, künstlerische Gabe in ihnen wohnt, die so gar nicht in ihr bisheriges Leben paßt und nun neue Erfüllung ist, ja von der man sogar auch finanziellen Nutzen haben kann. Vielleicht bescheidener als bisher. Für einige wohl auch das erste Mal in ihrem Leben, etwas Eigenproduziertes unter die Leute gebracht zu haben. Sicher ein ähnliches Gefühl der Zufriedenheit, das früher Handwerker nach Vollendung einer Arbeit erfüllt haben muß.

Zum Beispiel schreiben sie Bücher, verzweifeln immer wieder an der Frage, ob das überhaupt einer lesen will, freuen sich jedoch unbändig über ehrlichen Zuspruch, Anregung und Beachtung. Und wenn sie dann auch noch Anerkennung finden oder vielleicht eines fernen Tages sogar Ruhm für ihr Werk ernten, um so mehr. Gesunde Selbstzweifel, verbunden mit konstruktiver Eigenkritik, bewahren jedoch vor Überheblichkeit und führen auf den Boden der Tatsachen zurück, lassen den Schaffenden immer wieder an den denken, dem er Entspannug und ein wenig Frohsinn vermitteln will. Sich künstlerisch ausdrücken zu können, ist eine der höchsten Gaben, eigentlich eine Gnade. Diejenigen, denen sie zuteil wurde, sollten unendlich dankbar dafür sein.

Allerdings, je älter, besser je weiser man wird, desto einfacher, weil überlegter, geschieht auch der Umstieg.Und wenn es nur die eigene Beruhigung ist, man habe doch nun mit genügend Kraft und Engagement sein Scherflein zur Entwicklung des Bruttosozialprodukts beigesteuert und dürfe sich deshalb allmählich aus dem zermürbenden Getriebe verabschieden, sich sozusagen zurücklehnen. Etwas anderes tun heißt jedoch noch lange nicht, sich völlig zur Ruhe zu setzen, wie gern bemäkelt wird. Bekanntermaßen haben Rentner ja die wenigste Zeit! Andere versuchen es vorübergehend, suchen einen Mittelweg, eine Kombination aus beidem für sich durchzusetzen. Das ist die schwierigste Methode und läuft meist auf einen endgültigen Umstieg oder auch Aufgabe dieses Plans hinaus. Ein Leben mit Abstrichen am Althergebrachten und mit Zugewinnen im neuen Umfeld fordert zu Entschlüssen heraus. Vielleicht anfangs zaudernd und noch zögerlich, aber mit immer wieder zu überprüfenden Einsichten gelangt man dann schließlich bis zu der Erkenntnis, daß diese neue Lebensform keine Gratwanderung ist zwischen den beiden Antipoden Pflicht und Abkehr, sondern ein Bekennen und Entscheiden mit dem Ziel zusätzlicher Lebensqualität und Erfüllung. Sicher auch verbunden mit Verzichtübungen, also ein wenig unter Hintanstellung des bisher Materiellen. Wer sich dieser Bejahung unterwirft, sich an ihr erfreut, hat sein Ziel erkannt und wird es realisieren können und sein kleines Paradies gewinnen. Gleichmut und Zufriedenheit können dann einkehren, und die lang ersehnte Erfüllung breitet sich in der Seele aus.

Ein jeder, der will, kann diesen Pfad beschreiten und sich neuer, so ganz anderer Lebensfacetten erfreuen. Doch eines bleibt und ist absolut sicher – Leben in seinen Grundzügen ist auf der ganzen Welt gleich, ob auf dem Lande oder in der Stadt. Deshalb ist eine solche Veränderung eigentlich nur die Angleichung und das Erreichen gesteckter und wirklich gewollter Ziele. Es scheint ganz so: Das Périgord fordert hierzu heraus und ist für diesen Schritt ein offenherziges, vielversprechendes Fleckchen Erde.